JN071652

和敬塾

塾生に向けた13名の講演録

大講堂（和敬塾学生ホール2階）

大講堂では年に数回、塾生向けの講演会が開催されます。

大講堂前廊下に掲示された講演者色紙

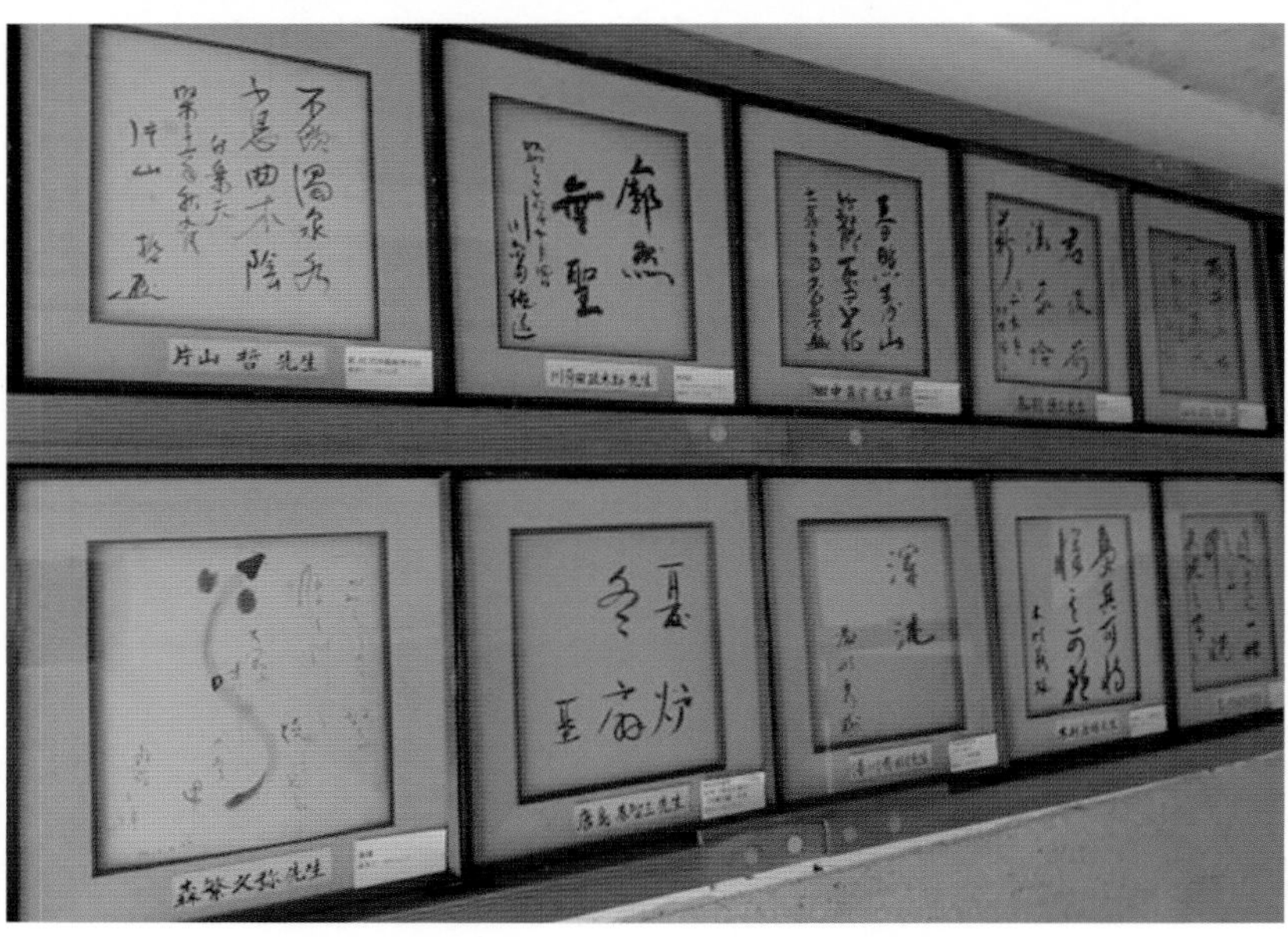

今回の講演録に掲載された講演者の色紙も掲示されています。

目次

まえがき

１９４５年（昭和20年）８月の敗戦による人心の荒廃を目の当たりにした和敬塾の創立者前川喜作は、日本の復興にこれから必要なことは「人的資源の発展のみ」との信念から、「知識だけではない、広い情操と人間性にある」との理念を掲げ、その実現の決意の下に私財をなげうち、１９５５年（昭和30年）に、現在の場所（東京都文京区目白台）に男子大学生寮「一般財団法人和敬塾」を設立しました。

聖徳太子の十七条憲法にある「和敬」の精神に基づく人間形成は、創立以来「共同生活」での実践と体験を通して醸成されてきました。

豊かな知性と豊富な徳性を持ち合わせた「人間形成」の醸成には、塾生自らの活動に加えて、内外の広い知見に触れることが極めて重要であるとして、「講演会には塾生は必ず出席するものとする」と塾則に規定して講演会は位置づけられました。

そして、昭和32年４月に三笠宮崇仁親王殿下をお迎えして「オリエント史」についてご講演を賜り、爾来、５５０回を超える講演が、４月の入塾式、５月の創立記念塾祭、12月の予餞会の行事を中心に折々に開催されてきました。

昭和32年９月15日の落成式における、創立者前川喜作の「４年ごとに積み重ね積み重ねして残して行かれる努力と精進が、共同の精神的遺産となって、善美な伝統を形造られ、そしてそれが、後へ後へと伝承されて行くならば、我々の、この塾に対する止み難き念願も、逐次実を結んで行く事と信じて疑わないのであります。」との将来への熱き思いと強い覚悟を込めた式辞の精神は、あせることなく今日まで引き継がれてきました。

以前は必須であった出席も、今は「塾生はつとめて出席するものとする」と塾則は変わりましたが、講演会の重要性はいささかも変わるものではありません。

本書は、２０２５年（令和７年）に創立70年の節目を迎えるにあたり、その精神を担ってこられた数多くのご講演の中から一部を収録し、和敬塾の歩みの一端としてまとめたものです。

創立者の覚悟と、それにご賛同下さりご講演を賜りましたご講演者の思いが、塾友をはじめとする関係者の皆様の記憶に残ることができましたら、何よりの喜びとするところです。

和敬塾講演録編纂委員会

本講演録は、現在では不適切と思われる表現が用いられている場合がありますが、講演時の時代背景を尊重し、当時のままとしております。

また重複した表現については、講演内容に影響がない範囲で修正を加えています。

【年表】

明治時代	
1868年（明治1年）	戊辰戦争（〜1869年）
1871年（明治4年）	廃藩置県
1872年（明治5年）	太陽暦施行（12月3日→明治6年1月1日）
1873年（明治6年）	明治六年の政変（征韓論争）
1874年（明治7年）	板垣退助らが民撰議員設立の建白書を提出
1877年（明治10年）	西南戦争
1881年（明治14年）	明治十四年の政変
1889年（明治22年）	大日本帝国憲法が発布される
1890年（明治23年）	第一回衆議院議員選挙
1894年（明治27年）	治外法権の回復に成功
	日清戦争（〜1895年）
1902年（明治35年）	日英同盟締結
1904年（明治37年）	日露戦争（〜1905年）
1910年（明治43年）	韓国併合
1911年（明治44年）	関税自主権の回復に成功
大正時代	
1913年（大正2年）	第一次護憲運動（〜1913年）

１９１４年（大正３年）	第一次世界大戦（～１９１８年）
１９２３年（大正12年）	関東大震災
１９２５年（大正14年）	治安維持法、普通選挙法成立
昭和時代	
１９３１年（昭和６年）	満州事変
１９３２年（昭和７年）	五・一五事件
１９３６年（昭和11年）	二・二六事件
１９３７年（昭和12年）	日中戦争（～１９４５年）
１９４０年（昭和15年）	日独伊三国同盟締結
１９４１年（昭和16年）	太平洋戦争（～１９４５年）
１９４５年（昭和20年）	日本無条件降伏
	前川喜作、前身の「和敬会」創設
１９４６年（昭和21年）	日本国憲法が公布（１９４７年に施行）
１９５０年（昭和25年）	朝鮮戦争勃発（１９５３年７月27日休戦）
１９５１年（昭和26年）	サンフランシスコ平和条約調印
１９５１年（昭和26年）	日米安全保障条約調印
１９５４年（昭和29年）	自衛隊設置
１９５５年（昭和30年）	「和敬塾」設立
１９５６年（昭和31年）	日ソ共同宣言
１９５７年（昭和32年）	獨協学園長 **天野 貞祐「今日に生きる倫理」**……………………………………17ページ

	4月 消費税開始（3%）
1990年（平成2年）	前早稲田大学総長 **西原 春夫「リーダーシップの条件」**……259ページ
1991年（平成3年）	湾岸戦争
	ソ連崩壊
	バブル経済崩壊
1993年（平成5年）	Jリーグ開幕
1995年（平成7年）	1月 阪神淡路大震災
	3月 地下鉄サリン事件
1997年（平成9年）	消費税が5%へ
1998年（平成10年）	長野オリンピック開催
	解剖学者 北里大学教授 **養老 孟司「脳と現代社会」**……281ページ
1999年（平成11年）	東海村JCO臨界事故
	北陸先端科学技術大学院大学 知識科学研究科長 教授 **野中 郁次郎「知識創造企業」**……309ページ
2001年（平成13年）	アメリカ同時多発テロ
2002年（平成14年）	日朝平壌宣言
2009年（平成21年）	民主党政権誕生（自民党から民主党へ政権交代）
2011年（平成23年）	東日本大震災
2012年（平成24年）	東京スカイツリー開業
2014年（平成26年）	7月 集団的自衛権閣議決定

2014年（平成26年）	10月 消費税が8％へ
2015年（平成27年）	安全保障関連法案可決
2016年（平成28年）	4月 熊本地震
	5月 伊勢志摩サミット
令和時代	
2019年（令和元年）	5月 元号『令和』へ改元
	6月 G20サミット
	10月 消費税が10％へ
2020年（令和2年）	新型コロナウイルス感染症のパンデミック（世界的大流行）
2021年（令和3年）	7月 東京オリンピック2020
	前年から続くコロナパンデミックにより、2021年に延期された
2022年（令和4年）	2月 ロシアのウクライナ侵攻
	7月 安倍晋三元首相銃撃事件
2023年（令和5年）	5月 広島サミット開催

講演録

昭和三十二年十一月　ご講演

獨協学園長

天野 貞祐

■ 天野 貞祐(あまの ていゆう)略歴

1884年(明治17年)〜1980年(昭和55年)

神奈川県津久井郡生まれ。京都帝国大学哲学科卒、京都大学名誉教授、文学博士。第七高等学校教員を経て、1919年西田幾太郎の推薦により学習院高等科教員。1926年に京都大学文学部助教授。1930年、カント「純粋理性批判」を日本で初めて完訳。1931年同大学教授。定年後は甲南高校校長、第一高等学校長、日本育英会会長を歴任し、1950年に吉田茂内閣の招聘を受けて文部大臣となる。1961年に文化功労者、1964年に獨協大学創立、初代学長となる。1973年、勲一等旭日大綬章受章。

著書「天野貞祐全集」「カント純粋理性批判の形而上学的性格」「道理の感覚」「学生に与ふる書」「今日に生き忍會理」「新時代に思う」ほか多数。

今日に生きる倫理

私達は、みな、今日に生きているわけです。私共の生きている今日というのは、普通の物理学でいうような、巾のないものでなくして、巾を持っているものであると思うのであります。即ち、一方からいうと、私達は過去を背負っている。また、一方からいうと、未来を孕んでいる。そういう現実の中に生きているのであります。

そういう現実の中で、君達がどういうように生きていったらいいかということを、お話ししてみようと思います。

我々は、それぞれの過去を背負い、未来を孕む一つの現実の中に生きている。それを仮に「環境」というなら、環境の中に生きている。そして、その環境というものが、我々に対して、非常な力を持っている。これは諸君の御承知の通りであります。

ことに、現在、我々の物の考え方というのは、どちらかといえば、環境というものに重きを置く考えです。例えば、一つの出来事があると、本人の責任を考えるよりも、先ず、そういうことが起るというような環境なのだ、そういうようなことが起る世界なんだ、というような、環境というものを非常に重く見るような考え方であります。ところで、そういう環境というのは、すべて自分達が作ったというものではないのであって、或る意味では、自分達は環境の中に置かれた、といってもよいわけであります。

例えば、極端にいえば、親から生れようとして生れて来たわけではなく、また、生れたとたんに某(それがし)の子である。或いは、日本国に生れようといって生れて来たのではないのであって、生れたとたんに日本国民である。即ち、そういう意味では、ハイデッガーの有名な「人間存在というのは、投げ込まれた存在」ということが云えるわけで、私達は、一つの環境の中に投げ込まれたといってもよい存在ではなかろうか。そういう環境というものが非常な力を持っている。いいかえると、我々はみんな、それぞれ運命を背負っているといってよいわけだと思います。或る意味では、運命の重圧のもとに、自分達があえいでいるといってもよいのであります。

ところで、その運命というのは、一体、我々に対してどういう力を持っているかということが非常に問題だと思う。或る人達は、環境というものを分析すると、その基盤をなすものは経済生活であるという。たしかに環境の基盤をなすものは経済生活である。だから、経済生活というものが人間を作っている。言い換えれば、経済生活が人間を作るのである。暮しが豊かだというと、考え方までも貧乏のようなゆとりのない考え方になる。例えば、暮しが悪いというと、考え方までも豊かになるというように、経済生活というものが人間の生活を左右するというように考える。

勿論、そのようなことがあるということは事実でありますが、そういう考え方をもっと極端にすると、盗みをした人間があったとすると、それは貧乏のためである。貧乏というものは、政治が悪いからだ、社会の不幸だというような考え方をする人がいる。盗みをしたのは貧乏のためだ、貧乏は政治が悪いのだというような考え方は、一体どういうものであろうかと考えてみますと、もし、我々の生活というものが、環境というものに支配されているとするならば、我々の生活も自然も現象と同じことなる。

自然現象というのは、一定の原因があれば一定の結果が起るというように、必然性によって絶対的に支配されている。例えば、石を投げれば必ず落ちる。火を燃せば必ず燃えあがる。その間に偶然を入れる余地は、自然現象には全然ない。

ところが、人間も一定の環境に置かれるとそれに支配されるというならば、自然現象と同じことである。したがって、善悪ということはないということにならざるを得ないのであります。

ところで、盗みをしたのは貧乏のためであるといった論をする人に限って、政治が悪いとか、社会が不公平だとか云うことは、論理が非常に不徹底だといわなければならない。その論理からすれば、政治が良いも悪いもない。みな自然の必然性によって支配されているといわなければならない。

ドイツでいま非常に力のある哲学者にハイデッガーと並んでヤスペルス（ヤスパース）という哲学者があるということは諸君も知っておられるかと思う。そのヤスペルスが『哲学入門』という本で次のようなことをいっている。「或る裁判所で、裁判長が被告に有罪の判決を下した。そうしたところ、被告が非常に憤慨して裁判長に喰ってかかった。被告のいうのには、『どうして裁判長は自分を有罪にするのか、自分は何にも悪いのではなく、自分の境遇が悪くてしたのにどうして有罪の判決を下すか』。裁判長が答えていうのには、もしもあなたの論理が正しいとすると、境遇が悪いのであって、本人が悪くないのであり、責められるべきものは境遇で本人を責めてはいけないという論理になる。すると実は私も裁判長という境遇のためにこの判決を下したのであるから、あなたの論理からゆくと責められるべきものは裁判長という境遇であって、私ではないのであるから、私を責めるということはあなたの論理に矛盾する」と答えたと書いている。

ようするに、そういう理論からすれば、責任とか善悪ということはないのである。人間のすることは総て、自然、必然的に規定されているということにならざるを得ないのであります。

即ち、そういう論理からは、善悪というものは迷いだ、というようにならなければならない。だから政治が悪いとか、社会が不公平ということはあり得ない。政治家もそれぞれの環境のためにそういった行為をしたのであるから、何も政治家が悪いのではなく、自然現象と同じである。人間のすることは、石が投げられて落ちるのと同じであるという論理にならなければならない。

そういう宿命論とか必然論とかいうものは、確かに頭で考えることが出来る。しかし頭で考えることが出来ても、我々の体験には合わないのである。例えば、諸君のうちに一人でも、後悔という体験を持たない方はないと思うのである。ところで後悔というものはどういうことであるかというと、あの時はああいうことをしたけれどもしない方がよかったとか、あの時は右へ行ったけれども左に行けばよかったとかというように、起ったことも起らないことも、どちらも可能だったということを前提として、後悔というものが意味を持ってくると思うのである。起るべきことが、自然、必然的に起こったことを後悔するのはナンセンスなことだと思う。ところが後悔という体験は、我々が生きているという体験と同じことであって、それが全然意味を持たないということであれば、人生というものも意味を持たないものと同じになってくる。善悪というものがないということは、頭で考えてもすべて自然、必然的だということは出来るけれども、それでは我々の体験とは合っていない。我々の生活というものは成り立たない。そのように頭で考えることが出来ても、それが我々の体験に合ってこないことを、俗に観念論という。

一体、観念論という言葉は、もとはそういう意味ではなく、認識論上の言葉で、我々の認識している世界はそのまま実在でなくして、我々の主観の要素が加わって出来ている世界である、というのが観念論である。けれども、俗には、一応頭で考えることは出来るけれども体験には合わないことを観念論といわれている。

そのように善悪はないのだというようなことは、観念的に云えても現実には云うことが出来ない。ところが一番現実的な、一番具体的な、例えば、盗みをしたのは貧乏のためだ、という論をする人が、最も観念的なことを云っていると思うのである。

そういうわけで、人間というものは全く環境によって作られてしまうとか、或いは運命によって人間が作られるとかいうことは、一つの観念論であって、現実の我々の体験を説明するわけにはいかない。ここで私は次のようなことを思い出すのであります。

今から三年前、西独の総同盟の書記長のアルビンカンという人が日本に来た。この人が日独協会で次のような話をした。「西独の経済はもう復興し確立して、少しの心配もない。一体何が西独の経済を確立させたか。こういうことに対して世間はみんな、西独の奇蹟というけれども、奇蹟でもなんでもない。それは経営者も労働者も国の経済が確立するまでは、決して経済の復興を阻害するようなことはしないという建前でやってきた。だから西独の経済を復興させたのは奇蹟ではなくして、経営者と労働者の思慮と自己犠牲だ」と云った。

私はそれを聞きながら次のように思ったのである。西独も日本も敗戦という運命を背負っているということには変りがない。むしろドイツの方が国を両断されているから、ひどい運命を背負ったといって過言ではない。ところがドイツは自国の経済が確立するまでは、復興を阻害するようなことはやらないと云って、経済を確立した。日本はどうかといえば、戦後は色々な争議が勃発し、特需という利益があったにかかわらず、今もって日本経済は確立していないように思うのである。

敗戦という運命にあえばみんなが同じになるかというと、決してそうではない。「禍いを転じて、福となす」というものもあれば、「禍いを益々禍いに」してしまうものもある。私はその時に、以上のように感じたのであります。

アリストテレスが『ニコマコス倫理学』という書物の中で「運命というものは、人間では如何とも出来ないものを持っている。けれども運命に対する対し方は、人間の自由にまかされている」といっている。その例として、アリストテレスは「同じ靴を作る革でも、良い靴屋の手にかかれば、良い靴が出来る。悪い靴屋の手にかかれば、悪い靴が出来る」ということを云っているのである。同じ運命でも、或る人は禍を益々禍とし、他の者は禍を転じて福とすると云うように、運命に如何とも出来ないものがあっても、それに対処する仕方は、人間の自由にまかされるといっている。

人間はただ運命のままになるのではなくて、運命を切り拓くとか、或いは自分の環境を立てなおすということは、みんながしていることであると思う。環境通りになっているわけではないのである。

例えば、こういう立派な環境で諸君のように勉強されれば、みんな勉強がよく出来るというのが事実であると思う。けれども、諸君の中に何人かがほんとうにこういう所を理解して、そしてこういう所を使って、ほんとうに勉強に励むということをされれば、自然、みんなが勉強に励むような環境になるというのも事実だと思う。

環境が諸君を作るというのも事実だけれども、諸君がまた環境を作るというのもまた事実である。したがって、人間はただ環境に作られるというだけでなく、環境を作るという力を持っている。西田哲学の云い方をすれば、人間は環境に作られながら、環境を作り、歴史に作られながら、歴史を作り、運命に作られながら、運命を作るものだと云える。私は以上、こういうことをいって来たのでありす。環境の力というものは非常に大きい。けれども、人間は環境を作るという力を持っている。その力を私は自由というのである。

自由というと、一般世間では、何でも自分のしたいほうだいのことをするのが自由であると考えますが、もしも、人間がしたいほうだいのことをするのが自由とするならば、動物の方がよほど自由だと思うのである。人間はしたいことも我慢する。それが人間であり、また出来ないのが人間である。人権宣言第一条には「人間は生れながらにして自由であって、その尊厳と権利に於いては平等である。人間は理性と良心を与えられていて相互に同胞の精神をもって行動しなければならない」といっている。

人間は生れながらにして自由だといって、人間の本質を自由だというふうに規定している。またヘーゲルの有名な言葉では「物の本質は重さであり、人間精神の本質は自由だ」とある。

人間の本質が自由だとして、それが動物より劣っているとしたら非常におかしい話である。人間をして人間たらしむる自由というのは、決してしたいほうだいをするような自由ではないというべきだと思う。自由というのは、人間が自分で自分の在り方を決める際に、自分の情欲とか我儘を自分で支配する力、そういう力が自由だというべきだと思うのである。

それでは、法律上の自由はどういうのかと云うと、例えば、新憲法では基本的人権というのを非常に強くいって、それについて吾々は色々な自由とか権利というものをもらっているのでありますが、それは無際限でないのであって、いつでもそこには制限がついている。その制限は一体どういう制限であるかといえば、「公共の福祉に反しない限り」という制限である。例えば、憲法第十三条を見ますと、そこには「総て国民は個人として尊重される。生命の自由及び幸福追求に対する国民の権利については、公共の福祉に反しない限り、立法、その他の国政上で最大の尊重を必要とする」、或いは二十二条には「何人も公共の福祉に反しない限り居住の移転及び職業の選択の自由を有する」といって、公共の福祉に反しないという条件を付けて我々はいろんな権利とか自由とかをもっているということは憲法の規定するところである。人間は、自分勝手にやるのではなくして、自分で自分を制御するという力を持っている。それで法律は、これだけのことはやってよいというのが法律上の自由である。

ルーズベルトが四つの自由といったのは有名である。第一は、欠乏からの自由。第二は、恐怖からの自由。第三は、言論の自由。第四は、信教の自由。これが、ルーズベルトの四つの自由であるということであるが、はじめの二つは、我々は人格であるから共同して実現すべき社会的自由だと思うのである。次の二つは、法律上の自由である。法律上の自由というのは前にも述べた通り、許可の意味の自由である。そこで、私は、自由について四つの区別をしようと思うのであります。

第一は、決断の自由。第二は、実践的自由。第三は、法律上の自由。第四は、社会的自由。以上を分析すると第一と第二は人格的自由、第三と第四は法律上の自由。この二つを混同するところに色々な議論の混雑がおこると思うのである。

昨年、石川達三氏が「世界は変った」という文章を朝日新聞に書いて、日本は自由の過剰だからして、過剰な自由を制限すべきだという主旨のことを云って物議をかもしたことがある。

石川氏の論は大体、次のような論であったと思う。ソ連や中共は社会が整頓して進歩がある。けれども、日本の社会は整頓せず進歩がない。それは、日本に自由が過剰であるからだという論である。

自由過剰というから非常に非難を受けたのであるが、しかし、この論はもう少し考えて見る必要がある。尤も石川氏の論に対して総ての批評家が一致していたことは「ソ連や中共では、社会が整頓して進歩があるけれども、しかし、それは、如何なる犠牲に於いて得たかという石川氏の反省がない」。こういうことをみんなが云った。私もそれは同感である。けれども、ソ連や中共は社会が整頓して進歩があるが、日本は無いという事は、一応考えて見る必要がある。私の考えでは、ソ連や中共の人民は非常に教育程度が低い。これは誰でも認めるところである。

私のいう第一、第二の人格的自由というものの程度もまた非常に低いと思う。それでは法律上の自由はどうだろうか。ソ連、中共の人民はほとんど法律上の自由を持っていないといっていいくらいである。言い換えれば、人格的自由というものも非常に低いけれども、法律上の自由も非常に範囲が狭い。ようするに両者が釣り合っているということがいえるのである。したがって為政者はどういうことでも自由にやれる。ここに独裁政治の長所を持っているといえる。私は最近のソ連の科学の発達等もその独裁政治の一面だと思うのであります。

例えば、アメリカでも戦争中にはほとんど大統領の独裁であって、それが原子力の発展に寄与したといわれている。だから独裁政治はよいというのでない。独裁政治は非常な危険を蔵している。しかし、ソ連で社会が整頓しているというのは、人民のほとんどが政治的自由をもたないところにあると思う。ようするに人格的自由と政治的自由がバランスしているところにあると思う。日本はどうかというと、教育が進んでいるから人格的自由というのは非常に高いけれども、法律的自由というのはほとんど無際限といってもよい。日本を苦しめているものは、人格的自由と法律的自由のアンバランスであると思うのであります。

ヘーゲルの有名な言葉で「歴史の進歩は自由の意識の進歩だ」というのがある。ほんとうの人格的自由は、自分で決断し、自分の我儘を自分でおさえてゆく意味での自由であり、それが高ければ高い程、社会は進歩するのである。けれども、それだけではない。そういう自由と法律上の自由というものがバランスしていないところに日本の悩みがあると思う。ただ、石川氏が制限しろという自由は、法律上の自由であって人格的自由ではないというふうに解すれば、何にもむずかしい問題ではない、極めて簡単な問題だと思えるのである。

自由というものを考えてゆくと、人間は単に境遇によって作られるのでなく、境遇を自分で作ってゆく力を人間が持っている。それが自由である。したがって、人間のすることが善いとか悪いとかいうことがあるが、人間のすることが総て自然現象であるなれば、善いことや悪いことはない。人間がすることに善いとか、悪いことをするということは自由がある。したがって、善いことか悪いことがあるということは、いいかえると道徳があるということである。

道徳ということについて、先ず一般に道徳が変るということが云われているが、はたして道徳が変るかといえば、変らないところと変るところがある。では変るところはどこかといえば、今まで自覚されないことが新しく自覚されるということである。例えば、戦争前までは、働くということはいやしいことの様に思っていたけれども、戦後は働くということが良いことだ、正しく働き、正しく生きるというところに人間の本当の生きかたがあるというようなことは、道徳が変ったといってもよい。或いは、今まで自覚されていたけれどもそれを特に前面に押出すということがある。例えば、自由ということはギリシャの昔から知られていることであるけれども、近世になって自由ということが強くいわれ、特に戦後の日本に於いて強く前面に押出された。こういうのも道徳が変ったといっていいと思われる。

道徳が変るということで一番大切なことは、その本質は変らないけれども、その道徳の在り方が変り、その作用が変り、実現の仕方が変るのである。

そこで道徳とは一体どういうものであるのか。道徳とは、社会を成立させるために吾々がしたがわなければならないことであると思うのである。

法というと、法律だけが法のように考えますが、礼儀も法であるし、会社の規約も法であるし、この寮の規則も法である。もっと遡ると、東洋では道とか、西洋でいうなら神の意志というものも法であると思う。道徳も一つの法であると思うのであります。

倫理の「倫」とは「ともがら」ということであり、「理」とは「筋道」ということである。即ち「ともがらの筋道」が道徳である。社会を成り立たせるところの筋道が道徳である。諸君のなさっている寮生活も一つの社会ですが、寮生活をするためには、みんながお互いに信頼し合う、互いに正直である、みんなが勤勉であるとか、約束は守るということがなければ寮生活というものが成り立たないと思う。そういうものを成り立たせる筋道が道徳である。そういう道徳が無闇に変ってしまうというわけはないのである。人間存在の理法であって、また事実変っていない。しかし、その在り方が変って来ているということである。

ところでもう一歩進んで考えてみると、その在り方というのは時代とか国というだけではなく、一つ一つの場合違っているといってもよい。実在はギリシャの哲学者がいったように万物流転であって、たえず内容が変っているのであるから、親切といえばいつでも人に「イエス」と云った方が親切と限らない。或る時は「ノー」と云った方が親切である。又、勇気というのは、いつでも強く出るのが勇気と限らない、或る時は隠忍した方が勇気がある。このようにその時その時によって吾々のすることというのは、違っていなければならない。

以上のように考えて来ますと、それでは何が人間の標準というのかと云うと、昔から「中」ということが云われて、ギリシャでも中庸と云い、東洋でも中庸といっているのである。例えば、ケチと云うのもいけない。また、放漫というのもいけない。ケチと放漫の中に位する寛厚ということがいわれている。或いは臆病はいけない。しかし、粗暴もいけない。その中に当る勇気がいるのである。「中」ということがよいのだと東西共にいわれている。この場合、何が中だということを決めることがむずかしい。そこで若い諸君に次のことを考えていただきたい。

人間は始めから善意を持たなければ問題にならない。善意というものは人間に欠くべからざる条件である。善意さえあれば、それでよいかと云うと、善意だけでは足りない。もし私達が善意をもって考えさえすれば必ずその考えが適当するとすれば、人生は実に楽だと思うのである。ところが自分がどんなに善意をもって考えても、自分のすることが的中するとは限らない。油断をすればいつでも間違う危険にさらされている。これが人生である。人間は考える存在者で、考えるということが人間の偉大さであるけれども、考えたことが的中するとは限らない。我々はいつも自分が良いと思っても、良くない場合があり得るという謙遜な気持を持っているべきだと思う。

ことに今日は非常に知識が専門化して、判断がむずかしくなって来ている。人の運命に関したり、或いは、国の大事であったりするような事であったりすることについては、判断が非常に慎重でなければならない。自分のよくわからないことを判断することくらい、非学問的なことはない。

道徳が、法律と違って非常に大切にしていることは、どういう動機からやるかということである。法律であると情状酌量という時には動機ということが関係するが、一般には、法に合っていさえすればよいのである。道徳はどういう動機からやるかということが非常に重要なために、動機さえよければそれでよいという考えが起りやすい。自分はよいつもりでやっても間違うということがある。

今日、ことに学校では社会科ということをいって、そして子供の注意をみな社会に向けてしまっている。子供が社会の欠点をいろいろ批判すると、批判的精神といって喜んでいる先生もいる。ところが批判というのは、いつでも自分がよく理解する事でなくては批判は出来ない。経済学を知らない者が経済学を批判することは出来ない。

批判ということについて、カントは「書物を批判するとか、システムを批判するということではなくして、自分の認識能力を批判する。即ち、おのれ自身を知れと云うことが批判ということの一番根本だ」と云っている。ところが、今の世間では、自分が一体それを批判する力を持っているかという反省は、一つもない。教育のことを何にも知らない人が、教育の批判をする。そういった事は批判的精神に非常に反している。批判的精神とか学問的精神というのは、先ずそのことがらを理解し、その上で、理解したことを判断する。断定ということに出来るだけ慎重だということを、批判的精神というのである。そこで私共に重要なことは、知識を磨くということである。道徳というと、善意志ということをもっぱら人は重んずるが、善意志も勿論大切であるけれども、知識を磨くということが非常に大切である。

昔から東洋では、智、仁、勇と云ったり、ギリシャでは智、勇、節制、正義を徳といっているが、智ということが非常に大切であるといっている。判断が間違えなくなることや、善意志というのは勿論大切で、これがなければ駄目であるけれども、同時に智性を開発するということがまた、道徳生活にとって非常に大切だということを考えなければならない。

昨今、道徳教育ということがやかましくいわれているが、一方に於いて私達は善意志を中心にして、所謂、徳を身に付けることが大切であるが、同時に智を身に付けることも非常に大切であると考えざるを得ない。

道徳教育には二つの面がある。一つは、善意志を中心として、自分というものを反省して自分の心を正しくする面である。昔の修身というのはそういう考え方である。同時にまた、一方では知識を磨いて思慮を養うという二つの面を持っているということを考えなければならないと思う。我々は自分が主観的に善しと判断すれば、いつでも善いというのではなくして、主観的に善しとする判断が客観性を持つようになる。それが教養ということである。人間を一番向上させ教養することは、我々の精神の集中努力だということであると思う。それで知識を、体験というものにもたらすことが出来る。人間を一番堕落させることは、イージー・ゴーイングということであると思う。今の日本を苦しめている一つの事は、よく知らないことを勝手に判断しているということにあると思うわけである。

以上、私は個人という立場に立って如何に生くべきかという問題を考えてきたが、我々は、ただ個人ではなくして国民なのであるから、国民として今日に生きる倫理はどういうことかということを考えてみようと思うのであります。それは即ち、個人と国家という問題になってくるのであるが、個人と国家ということについて、戦前から戦争中にかけては、個人というものは国家にデペンドした存在で、それ自身独立の存在でない故に、個人というのはただ国の方便になればそれでよいという全体主義というものが支配的であった。しかし、個人を粗末にして国が栄えることができないということは敗戦が証明している。

ところが、戦後になると、今度は逆で個人さえ幸福ならば国なぞはどうでもよいという考えが強くなって来ているが、個人を粗末にする考えが間違っているように、国家を粗末にする考えも間違っている。

国が独立自由をなくして、一方、個人は幸福であるということはあり得ない。これは残念なことであるけれども、民族や国家の違いということは実に大きな意味を持っていて、自分の国が他国に征服されて支配されるというようなことがあれば、それは、国民の幸福はとうていあり得ないと思う。国は国民を大切にし、国民は国を愛するというのが、国家と個人の倫理でなければならないと思うのである。そこで愛国などというと非常に古めかしいことのように思うけれどもそうではない。一体、愛国とはどういうことかというと、よく世間では国が自分に良くしてくれれば、この国を愛する値打があるから愛国だという。こういう愛国論を分析すると、愛国というのは、ようするに利害関係である。はたして愛国というのは、そういうことであるだろうか。私は愛国とは決して利害の関係ではないと思う。奄美大島の人が日本に復帰したといって非常に喜んだが、これは暮しがよくなるといって喜んだのでは断じてない。我々が祖先このかた、およそ二千年、この太平洋の同じ島に住んで同じ日本語を話して、同じ皇室を戴いてそして同じ運命をしのいできた運命共同体が、日本国である。そして、運命共同体の精神的な空気を吸って、私共は生れてきた、この日本国という運命共同体は吾々にとっては存在の母体だといっていいのである。血液の一滴にも祖先の血を感ずるというのが、この日本国である。したがって、それに対して、自分達が愛情を持つのは当然の話であると思う。父母に対するような自然な愛情を国に対して持っているのである。値打があるから愛するというけれども、値打がなければ愛さないというのは他人の国のことだろうと思う。或いは文化財のことだと思うのである。

学問とか芸術というものは、値打がなければ愛さないものである。が、自分の国なのである、自分達がその一員なのである。したがって対象的なものでなくして、主体的なものである。だから国が値打がないなら、値打のあるようにするというのが愛国と思う。

それでは、国を良くするにはどうしたらよいか、それには自分を良くするにある。自分を良くするにはどうしたらよいか、自分の在り方に忠実だということだと、私は思っている。学生は学生の在り方で、和敬塾の塾生は、塾生の在り方に忠実であるということだと思う。その在り方に忠実ということが自分を良くする。それが家を良くし国を良くし、世界を良くするのだと思う。したがって、愛国というと自分の生活と何か遠いことのように考えるが、非常に間違っている。

我々が日常生活に忠実であるということが愛国だと思うのである。愛国ということに続いて、考えていただきたいのは天皇ということである。

天皇とは一体どう考えたらよいか。私は、憲法第一条通りに考えている。第一条に「天皇は日本国の象徴で日本国民統合の象徴だ」とある。象徴とはギリシャ以来の哲学の概念で、例えば、マイクロフォンは現代科学の進歩を象徴している。現代科学の進歩ということは頭で考えることで、理念的なことである。

また、マイクロフォンというものは眼で見たり手でつかむことが出来る。これが象徴なのである。象徴というとなにか頭で考えたことのように思うから、分からないのである。象徴というのは手でつかめるものである。眼で見えるものである。

言語を考えてみると、思想というものは頭で考えるものであり、言語は話せば聞えるし、文字に書けば見えるもの、すなわち、感覚的なものである。言語は思想の象徴である。我々は思想を日本語という言語で象徴している。そのように考えて、これを定義的に云えば「理念的なものを感覚的なものが表している時に、その感覚的なものを象徴という」。

ところで、「天皇」というものを考えてみると「天皇」は日本国の象徴というのであるが、みなさん、日本国とは何であるか。日本国とは、国土が日本国というならば、それでは足りないのである。国土というのは非常に重要な要素であるが、歴史も伝統もない、むき出しの国土が日本国ということはない。そうでなく、先程述べたように、我々が同じ国土に住んでいて、そして色々の種族から一つの民族を形成し、同じ日本語を話し、同じ皇室を戴き、同じ運命をしのいで来た運命共同体のものである。その全体的なものを、「天皇」という眼で見えるし、写真に撮れる人が表しているから、「天皇」が日本国の象徴であり、日本国民統合の象徴だというのであるが、統合というのは、諸君、どこにもないのである。

統合とは、理念的なものである。その統合を「天皇」という目で見える人が表しているから、日本国民統合の象徴なのである。したがって、「天皇」を尊ぶということは、日本国を尊ぶということである。「天皇」は象徴ですから、政治権力は持っておられないけれども、皆様に考えて戴きたいのです。この戦争をやめたというのは＝天皇＝の力である。＝天皇＝以外にこの戦争をやめるということは出来なかった。これは誰でも認めるところである。その力を＝天皇＝はもっている。或いはまた、マッカーサーに対し日本国民のためなら自分はどうなってもよい、あなたの思う通りにやりなさいと云って、マックァーサーを人格的に圧倒したという、道徳的な力をもっておられる。それを権威というなら、天皇は権力は持っていないが、権威は持っているということが云えると思う。そのように＝天皇＝を考えていけばよいのではないか。

みなさん、イギリスの大宰相チャーチルが、かよわい女王に対して、どんなに丁寧な態度をとっているか、そしてイギリスの国民がどんなにそれをよしとしているか、私の聞いた話であるけれども、戦後のイギリスは生活がとてもひどかった。その時に国民は、自分達はしかたがないが、女王だけは総て平常と同じにしてもらいたいと熱望したと云う。そういう気持がイギリスを依然として世界で有力な国にしていると思う。

日本は天皇が象徴で、そして総理大臣が国会の指名に依って選ばれ、全責任を負って政治をするという形が一番良いと思うのであります。

さて、一体、何のために民族とか国家とかいうものがあるのか。民族とか国家というものは、優れた文化を作るためにあると思うのである。ギリシャの国がどうなったところで、ギリシャ文化は人類の宝である。

二十世紀の時代は、一体何をなすべきか、何を人類に残すべきか。それは、優れた文化をのこすことである。しかし、優れた文化というのは、世界を一つにして、国語を一つにした文化でなく、それぞれの国が、めいめいの国語をもって文化を発達させる、即ち、個性を発揮するということが世界文化を豊かにすることである。

最近日本にこられた、ガブリエル・マルセル氏が「単一の国語では詩が書けない。単一の文化というものは内容が貧弱だ」といわれた。私と同じような考えを持っておられるので非常に心強く思っている。そこで二十世紀は、各国が、それぞれの文化を作り、それを総合して大きな文化を作ることが、人類の残すべき最大のものであると思う。ただし、警察とか運輸とかについては、世界は一つになった方がよいのである。

個性というのは、いつでも普遍性をもっているものだと云える。個性と普遍性とが矛盾するといったような考え方ほど、間違った考えはない。ほんとうの意味の日本的ということは、同時に、世界的ということである。

例えば、日本の雪舟の絵というものは、中国の絵とさえ違う個性をもっている。それではその絵が日本しか通用しないかと云えば、世界中が雪舟の絵をアプリシエートしている。そういうように個性的というのが世界性をもっていることなのである。

それでは、何が日本の個性であるかというと、日本の国柄をして成り立たせる一つのものは、皇室である。「天皇」というのは、日本の国柄である。或いは日本の言葉である。吾々は思想を象徴するのに日本語で象徴するように、国を象徴するのに「天皇」で象徴している。そういう個性的な日本が、世界性を持っているのである。

日本で最も世界性を持った人物はどういう人物であるか。例えば内村鑑三は非常な愛国者である。内村先生が熱血を注いだ「聖書の研究」という雑誌のモットーはキリストのため、国のためということである。世界的であるということは、国のため、日本的であるということである。福沢諭吉でも、西田幾多郎でも、夏目漱石でも、長岡半太郎でも、世界性を持った思想家は非常に日本的人物である。

そこで最後ですが、今の日本というものに対してみなさんのなかには、こんな四等国とか五等国では駄目だというような考え方の人はないかも知れませんが、世間には大分あると思うのであります。しかし、一体、五等国とか六等国というけれども国の値打は何が値打であるか。国の値打というのは、領土の広さではないと思う。領土の広さは望ましいけれども、国の値打は、私は徳性だと思うのである。第二には文化を作る力、文化の創造力だと思うのである。ところが日本人は、道徳性ということにおいて世界のどこにも劣ることはない。ことに道徳性というものは、これを鍛錬すれば高まるし、放置すれば堕落するという性質のものであるから、みんなが自分を良くするという道徳的な努力をすれば、日本人が他の外国人に劣るということはない。文化の創造力はどうだろうか。最近ペンクラブでもってドイツから来た人達といろいろ話し合いをしたが、それらの人々は、実に口をそろえて日本を褒めている。京都とか奈良にある建築物や彫刻、絵画に対し、非常な礼讃の仕方である。

また、考えて見れば、日本人は仏教を取り入れれば、日本仏教というあの雄大な世界観を作っています。道元とか親鸞とか日蓮とか法然という人は、世界第一流の宗教家である。

儒教を支那から取り入れれば、日本的にこれを消化して、日本人のバックボーンとしたというようなことでも、或いは最近の自然科学の発達でも、日本人のやっていることは素晴しいものがあると思うのであります。

万葉の詩人であろうと、雪舟であろうと、みんな我々と同じ日本人である。だからして私はなにも戦争に負けたからといって、勇気をなくすことはよくない。勿論、高慢というのはよくないが、日本民族というのはこれだけ優秀な文化創造の力を持っているのに、まるで持たないかのように思って卑屈になるのはよくない。持っているものは持っている。持たないものは持たない。それがプライドだと思うのである。どうか若い諸君にそういう民族としてのプライドを持って生きていただきたい。

それから、今の時代は道徳的に頽廃したといって非常に悪いようにいう人があるけれども、しかし、今の時代は明治時代よりずっと良いと思う。私は明治十七年に生れて明治時代は好きですけれども、しかし今の方がどれほど進んでいるか。第一に勤労を尊ぶようになった。正しく働いて、正しく生きるということがほんとうの人間の在り方と考えるようになった。第二に、女性の解放である。第三に、人権の尊重である。こういうことは明治時代とは比較にならない。個人の尊重を最も強く唱えた哲学者はカントである。

カントは「人間と物とは違う。物には価格があるけれども、人間には価格というものはない。人間は人格としての品位を持っている。だからして、人物を物と同じに扱ってはいけない」。そういうように、すべて人格として扱わねばならない。「人間をただの手段としてはいけない」とカントは云ったのであります。

同じくカントは「人間には尊敬という感情がある。これは対象が人間に限られている。どんなに景色が美しいと思っても、景色を尊敬するということはない。動物をどんなに可愛がっても動物を尊敬するということはない。尊敬というのは人間に限っている。ところが人間でも総ての人間を尊敬するというのではない。ここに非常に辣腕な政治家がいたとする。それを人は恐れたり、或いは驚嘆したりしても、尊敬するということはない。尊敬ということは、いつも道徳性と連なっている」といっている。したがって、書記をしていても、門番をしていても、道徳的な人に対しては尊敬すると、カントはいった。

私は今日、詳しくこの点を論じなかったが、道徳とか倫理とかというものはもともと形而上的な根拠をたずねると、東洋では道といい、西洋でいうなれば神の意志とか絶対の価値とか絶対世界というものであって、人間が自覚したものが道徳であり、倫理だと思うのである。そしてその倫理を身に付けているものが徳だと思う。そういう意味で私は、道と道徳と徳とこういう区別をするのである。人間が徳を身に付けているということは道を実現していることですから、当然そこに尊敬という感情がおこるのはあたり前のことだと思うのであります。

ところで、道理とか、道ということは決して、ひとりでに行われるというものではない。人間が行われるようにするのである。論語にも「人よく道を広む」といっているが、道を広めるのが人間なので、人生の意義は我々がそれぞれの持場において道を広めるにあると思うのである。才能、地位がどうあろうと、吾々の在り方に忠実ということが道を広めることだと思う。自分が生きていたために、社会のためになった、それでいいのである。そこに人生があるというのが私の考えで、そういう立場で今日に生きてゆく。このことはむつかしいが、日本の社会にそれぞれの持場に忠実に生きて行こうというのが、私の今日に生きる倫理であります。

(文責在記者)

昭和三十二年十一月　ご講演

評論家

阿部 眞之助

■ 阿部 眞之助（あべ しんのすけ）略歴

1884年（明治17年）～1964年（昭和39年）
埼玉県生まれ。東京帝国大学文学部社会学科卒。卒業後、満州日日新聞社に入社。1911年に東京日日新聞社（毎日新聞社）へ移り、京都支局長、政治部長、学芸部長、編集局主幹、取締役主筆、毎日新聞社顧問ほかを歴任。1949年に退社したのち、中等教科書株式会社社長、明治大学新聞科兼任講師などを務め、1960年～1964年NHK会長。1955年に第3回菊池寛賞を受賞。

著書「阿部眞之助選集」「新人物論」「現代政治家論」「近代政治家列伝」「人間と社会」など。

世界情勢と知識階級

今年の一月十五日の成人の日に大人になったばかりの人の祝いの会が各地で開かれて、私も招かれ二、三か所行ってみました。青年になった諸君といろいろと話し合ってみたが、これらの人達がそろいもそろって云うことは、「どうも現在は理屈に合わないことばかりだ。だから自分たちが大人になったからには将来の日本を、二と二を合わせると四であるというようにピッタリと理屈で割り切ったような日本にするのだ」といったような意見が非常に多かった。私も今の日本の社会は矛盾に満ちていて、理屈にあわないことが非常に多いことは認めざるをえない。

かねがねこれを痛感して、矛盾に対してはこれを解き明すという微力をつくしているつもりなのですが、しかしながら、総ての物を、理屈だけで割り切るということは出来るか否か、よしんば出来たとしても、われわれの生活を幸福にし得るかといえば、問題であると思う。大体人間の心というものは、智の働きと、情の働きと、それから意の働き、即ち、「智・情・意」という三つの働きが人間の心の働きといわれている。このように分けることは新しい心理学ではないのであるが、話をするにはこのような分け方をしたほうが便利であるので、その便利にしたがって分けて見たわけである。

この三つの心の働きというものが、どれが尊いとか、どれが卑しいというものではなく、この三つの働きがあってはじめて人間の心の働きになるわけである。どれが主人公で、どれが下僕になるというものでないということがお分かりになると思います。

ところが、総てを理屈で割り切るということは、知識の働きを主人公にして、情、意の働きをその下僕にするということで、そういうことは私たちの心の生活を幸福にするものではない。実際、私たちの日常生活をかえりみても、朝から晩まで、理屈ばかり考えているわけではない。

大抵は、理屈を考えずに情のおもむくまま、自分の意欲のおもむくままに行動している。私達は理屈を考える時はなにかにぶつかって、これはどうなるかと思うことによってはじめて理屈を考えるのであって、吾々は理屈を先に立てて、理屈で割り切って行動しているわけではない。

よく吾々の日常生活について話し合うことがある。理屈は成程その通りですが、自分の心持ちがその理屈通りになっていない。理屈通りに自分個人の生活を社会生活におしあてると大変なことになる。自分の理屈は間違いないと考えて、それを他人に押し付けると大変な摩擦が起きるのである。

一昨年でありますが、この近所の高等学校の生徒に招かれて話をしたことがある。話がすんだあとで、お茶を呑みながら、生徒諸君と話したのでありますが、その時一人の生徒さんが突然、「先生、人間というものは何の目的で生きているのですか、目的は何ですか」という質問があった。実は私はギクッとしたのであります。というのは私もこの生徒と同じ年代の時、同じような疑問にとりつかれたことがある。ここにおられる諸君は御存じでないかも知れないが、明治の終りから大正の始めにかけて大変問題になった、第一高等学校の生徒に藤村操という青年がいた。この青年は人生というものに疑問をもって、これが解決出来ず、華厳の滝に飛び込んで自殺した。そのことが非常に世間を衝動させた。当時の青年が思想的な課題としたのは、人生とは何か、人間はなんのために生きているかという問題である。しかし、この疑問は神様でなければ解けるものではない。もし人間の目的、人間の生きることの意義が解っていれば、あらゆる問題が簡単に解決できるわけですが、この問題はそう簡単に解決出来るものではない。

その同じ疑問をこの高等学校の生徒に投げかけられたのですが、私はこれに答えるすべを知らなかった。この問題にぶつかることは、つまり解決のない数学の問題に取り組むのと同じで、計算を何年繰り返した所でつまるところがない。無駄なことですが、しかし一度は誰れでも考えてみる必要があると思う。

それは、第一義的な人生問題について解決は出来ないであろうが、第二義的なそういう立場におけるそれらの見方、考え方をすることが大切である。

しかし、このままではおけない問題である。ひょっとしたら神というものがあって、そういう絶対者の目から見れば解っているかも知れないが、いずれにしても、仲間同志で論議しあってみることも必要であります。しかし、その場合、自分の考え方を絶対とせず、相手方の立場を考えるだけの寛容な精神が必要である。いつもそこから出発すべきである。これは民主主義的な態度の要点になるだろう。民主主義というものの一つの政治の形態は、国会で話し合いをつけて、色々な問題を決めるという建前である。だから考え方もそれによって、いくつかの政党が生れてくるわけである。今、二大政党になった方が良いだとか、悪いだとかの議論がさかんだが、しかし政治のわからない者には五大政党であろうと、六大政党であろうとかまわない。フランスのようにいくつ政党があるかわからない国もある。それはなぜかといえば、もしも、一つの政党が絶対的な立場を取って、おれの考え方が絶対正しいということになれば、これに反対する党が絶対間違っているということになる、そうなれば、それの存在を認めるわけにはゆかない。であるから、ブッブツいう奴は殺してしまえということになる。

今日、一国一党という形を取っているのは共産主義国以外は今のところはない。日本においても、共産主義者はそうですが、彼等は自分達の理論の絶対性をふりまわし、俺達の考えは絶対的で間違いはない、絶対的に正しいと広言してきたこれ等の人達は、人生問題というものに対して考えたり悩んだりした事のない人達であろうと思うのであります。だから、これ等の国々では指導者的な立場、例えばスターリンには誤りはないといってきたのである。スターリンが生きている時は神様に奉る以上にありとあらゆる形容をつけてこれを褒めたたえた。ところがスターリンが死ぬと、スターリンは間違いだらけで、スターリンはひどい奴だ、人に話せないようなひどいことをやってきたといっているのである。自分達は絶対信じて間違いがないといっていながら、その口の下から間違いだらけだとは、一体どうしたことか全く矛盾もはなはだしい。

民主主義の一つの重要な要素は、相手方の立場を信じるということである。だいたい、民主主義というものは「主義」という言葉がくっついているが、それは、学問上のひとつのプリンシプルのように考えている人が多いようですが、私自身はそうではない。訳し方が悪いと思うが「主義」と訳したのは、私共にいわせれば、自分が自由であるから他人の自由も認めようではないかという態度である。それは、ザイン（Sein）の問題でなく、ゾルレン（Sollen）の問題である。本質的には、そのような意味で、それは一つの態度である。哲学的のプリンシプルであれば、それ自体で価値がある。デモクラシーということはただ学校の講座において、理屈を云っただけでは、何の役にも立たない。生活という実際が伴わないデモクラシーは意味がない。

ところで日本では、今から十二年前の八月十五日以後、戦勝国から与えられ強制されたデモクラシーを、自分達が作りだしたといったような顔つきで民主主義者になっている。八月十四日以前は、総ては全体主義的な顔をしていたのである。ヨーロッパの民主主義を見ると数百年の時日を経過し、体験に体験をつんで作りだし、それが生活の中にとけこんでいるのである。

例えばアメリカの兵隊の様子を見るとわかるのであるが、あの人達はデモクラシーの理屈なんかいわない。又、聞いても知らない者が多い。しかし、あの人達の態度の中には自ずから民主主義的なものが滲み込んでいるから、自然に行動がデモクラチックになるのである。およそ日本人くらい、民主主義という言葉を使う国民はない。理屈ばかり云っている。明けても暮れても民主主義、民主主義といい、民主主義の実体も知らず、また実行がないのである。進歩主義者を取りあげてみるとそれが一番多く、理屈ばかりをいっている。

私は終戦直後、田舎へ疎開して、細々と喰うや喰わずの生活をして生きていました。それからすぐ、世の中が民主主義になったのである。そうすると、村の人達が急に私の所へ来て民主主義を教えてくれといって来た。ところが予備知識が全然ない。色々話し合っているうちに、こういう定義が出来たのである。民主主義とは学校や寺の桜の木を折らざる事なりということになった。こんな馬鹿げた定義はないのであるが、そうなってしまったのである。

昨年、山口県の山奥の村長が私のところへ来て、近頃、村の青年が民主主義の理屈を言いだしてとても太刀打ちができない。今日はひとつ民主主義のさわりだけでもよいから聞かしてくれといって来たので、前に述べたように村人達と話し合ったら、民主主義の定義とは桜の木を折らないことになったという話をしたところ、村長は胸をたたいて解ったといって帰っていった。そんな事で解ると思いませんが、とにかく主義者になろうと思えば短時間でなれるが、これを体得しようと思えば非常に困難である。

マッカーサーは日本人を指して十二歳と云ったけれども、私にいわすと、マッカーサーは日本を褒めすぎている。なぜなら、公園の桜の花を折ると云うようなことは、ヨーロッパにおいては、幼稚園の生徒がすることだ。いや幼稚園の生徒すらやらない。五つ六つは話がわかるが十二ではほめすぎだ。今年は日本が民主主義国になって丁度十二年、本当に民主化するには、理屈は博士みたいに達者になって来たが、行動たるや幼稚園の生徒よりだらしない。我々は幼稚園から実行によって作りあげて行くべきである。理屈からは民主社会は生れてこない。結局は我々の一人一人がこの国を支配するという自覚であろう。この国を支配する権利があると云うことは、同時に責任があるということである。民衆が国の問題を理解し、この問題を解決する慧明さと熱情が必要なのである。

民衆が国のことを考えずに自分のことばかり考えておれば、国は亡びるより仕方がないのである。

例えば、米の値上げの問題であるが、百姓は百姓で米の価格をもっとあげろといい、一方これに反対するものは安くしろという。一体何を標準にして高い、安いというのか。もっと国の立場に立って、一体如何にあるべきかと云う提案が持ち出されていいのではないか。そういう提案は一向出ないで、それぞれの利益を中心にして、それぞれ主張しているのである。もっと主権者としての立場でものを考えてもらいたい。労働問題に於いても同じことである。

日本では資本家と労働者が殺し合いをして、やれストライキだとか何とかといって、のべつまくなしにやっている。これでは国が興るはずがない。もっとドイツを見習うべきである。日本が戦勝国と同じ生活をやり、同じ労働をやって、九千万の人が生きていけるかいけないか、たいへんな問題である。それを真面目に考えている人は極めて少ない。すべて悪いことがあると、政治家が悪い、あれが悪いこれが悪いといって、責任を他人になすりつけて、自分だけは権利を主張するというだけである。最近の汚職事件でも、政治家に対し強い非難の声があるが、政治家はもちろん悪い。しかし、主権者もあまりだらしなさすぎると云いたい。日本人は理論はともかくとして、民主主義の実行を考えていない。問題はそこから始っていると思う。もっと、自国を自分で支配している主権者であるという自覚を持つべきである。

世界は転換している。科学は非常な勢いで発達している。科学の発達で、国境の障害はなくなって来るであろう。その転換期を実際にその目で見、これに参画しうるという、君達ほど幸福な学生はない。それを実現するために大いに頑張ってもらいたい。

（文責在記者）

昭和三十三年十月二十四日　ご講演

作家

武者小路 実篤

■ 武者小路 実篤（むしゃのこうじ さねあつ） 略歴

1885年（明治18年）～ 1976年（昭和51年）
東京市生まれ。父・子爵武者小路実世（さねよ）、母・秋子（なるこ）（勘解由小路家）。1906年、学習院卒業。東京帝国大学文科社会科入学。1910年、志賀直哉、有島武郎、有島生馬らと文学雑誌『白樺』を創刊。1918年（大正7年）、「新しき村」創設。1920年、『友情』を刊行（以文社）。1937年（昭和12年）芸術院会員となる。1942年（昭和17年）、文学報国会劇文学部長に就任。1946年（昭和21年）、勅撰議員に任命される。1951年（昭和26年）に文化勲章受章。

著書「お目出たき人」「友情」「愛と死」「人生論」ほか、多数。

自然と人生

私は書く方が仕事でありますから、立って話す事は滅多にないので、立っていると頭がいう事をきかないので、腰かけていると幾らか頭が動き、それで此頃何処へ講演に行きましても、立って講演したら述べる事に、私は責任が持てない。然し、腰かけて喋れば、喋り損っても責任を持てる様な気がして、今日も幾らか責任を持った事をお話ししたいと思うので、腰かけてお話をしてみたい。

私はなるだけ講演は断っているのが事実でありますけれども、電話で頼んで来ると非常に断りいいのですが、来て頼まれるとつい安請け合いの病気がありまして、話している中につい行ってもいいような気になりまして、後で後悔するのですけれども、もう約束してしまったものはやはり守らないと気が済まない感じがして、体が丈夫である限りは何処へでも出かけて、約束すれば喋る事にしているわけなんです。

私のお話しする事は、私は書く方が仕事でありますから、大概何処かに書いているわけでありまして、一日の中何か考えて居りますから、一日一日幾らか進歩したという風に考えて居りますから、今日此処で喋る事は、前に書いたものより幾らか進歩していていい筈でありますけれども、仲々そううまくは進歩しませんから、今日お話しする事も、私が何処かに散々書いた事を、書き古した様な事をお話しする事になるかと思うのでありますが、それを一々気にしていたら何もしゃべれなくなりますから、そういう事は全く気にしないで、頭に浮んで来る儘にお話ししてみたいと考えて居ります。

　私は人間というものに生れて来たのでありますが、何故人間に生れたかという事は私には解らない。皆さんも恐らく解らないだろうと思うのでありますが、然し私達が気がついた時にはもう人間になっていた時でありまして、これはどうも事実だというふうに私は考えているのです。ところが我々が今日ここで生れて生きているというのにはやはりどうしても先祖がなければならないのは事実だと思うのです。先祖がどのぐらい過去に戻って行くか私には解りませんが、やはりマンモスとか、もっと前、地球がこの地上に出来て、それから生物が何時此の地上に生れたか解りませんけれども、その生物が此の地上に生れた時に、既に我々の先祖がその中に生れていたのではないか。無から有は生じない。私は、初めに此の世に生物が生れた時に、それはどういう理由で生れたかは解りませんけれども、生物として生れた時に既にそのものが人間になるだけの種がそこに仕組まれていたのではないかという風に此頃考えているのです。

　私は、どういう理由であるか知りませんけれども、生命の中の法則に何か生命というものがだんだん複雑になり、またただん賢くなる様に、なりたい様に造られているんだという風に考えているのです。そういうのがだんだん成功して来ましたかどうかして、だんだん高等な動物が此の地上に現われて参りまして、その点では今日では人類が一番高等な動物として此の地上に君臨しているのは事実だと思うのです。人間が此の世に生れまして、人間が生れたら必ず我々が生れるというものではありませんけれども、そういう場合を一々考えていてはきりがありませんから、我々は生れたという事を先ずこうして認めますけれども、然し我々が未だ此の世に生命を産んだものの理想的な動物であるかというと、私はそうではないという風に考えているのです。まだ人間というものは進歩の途上にあって、まだ今後人類がどんどん進歩して行くと、遂には、何か、我々を此の地上に産んだ者が満足する様な生物が、此の地上に生れ出るのではないかと考えているのです。

それが人間であるか、或いは人間以上の動物であるかという事は私には解りませんけれども、兎も角そういうものが仮に生れる事が出来たとしたら、それは我々の想像を絶した様な生物であるかも知れませんし、また人間として最美な、最も立派な人間であるに過ぎないかも知りません。けれども、兎も角その生物が此の地上に生まれたら、私そのものは死であると考えているのです。まだ我々は途上の動物であるから我々は死ななければならない。後の者に席を譲って自分よりもっと進歩したものに席を譲って、自分はこの地上から去って行かなければならないのが、我々の今日の人間の運命だという風に考えているのです。

然しそれであるから私は人間というものは死が最後であるという風には考えていないのです。此の人間というものが此の地上に生れたのは、何かやはり使命といいますか、何か目的があって、その目的のために我々が生れさせられているのだから、その目的に適う様に我々がもし生きる事が出来たならば、その時には我々はそれで満足が出来る様に同時に造られていると、私は考えているのです。

我々の肉体の方を仮に考えてみましても、私はそう思うのが本当だと考えているのです。例えてみれば人間の手なら手を一つ考えてみましても、これ以上の手は我々に考える事が出来ないほどのものを与えられていると思うのです。ですから古今東西の優れた芸術家が神の像（すがた）や仏の像を作る時に、彼等は手ばかりではありませんけれども、全部人間の肉体を与えている。それ以上のものを彼等が創造出来たら、彼等は神や仏の像を書く時には彼等が人間以上の像をそのものに与えないでは居られなかったんではないかと思うのです。近代の優れた芸術家達はそれを知らない者共でありますから、彼等が人間の姿以上の像を創造することが出来たならば、彼等は喜んでそれを書くだけの大胆さは充分持っていると思うのでありますが、しかし彼等が描いた動物の姿を見ましても、彼等がこんな姿を持っては困るというようなものを沢山描いて居りますけれども、そういう像を持つことが出来たら、或いはこういう手を持つことが出来たらさぞいいだろうという風な、我々が憧れるに足る像を描いたものは、未だ曾て一度も見たことがないのは、皆様の御承知の通りだろうと思います。私達に与えられた肉体の姿、特別に手を例に取ってお話しする方が話がしいいんで、私は手を一つの例として取って来たのでありますが、これ以上のものを我々は創造出来ないと思うのです。

またこれ程実用向きな手は、我々には考え出せない。実に此の手というもの、我々人間に与えられている手は、何でも作りたいものは作るし、また字でも絵でも何でも書きたいものは書けるし、音楽もまたどんな音楽でもそれを奏する事が出来る様に、我々の手が造られていると思うのです。むしろ我々の手が牛や馬みたいなものであったとしたら、我々は何も作り出す事が出来ないのは云うまでもない事でありますが、然し彼等は彼等でそれで不満足かというと私はそうではないと思うのです。

牛や馬は彼等の足でもって満足してい、彼等は何も作り出そうという事を考える必要のない頭を与えられているから、彼等は彼等でそれで満足して、山野を我々以上に速く走る事が出来たり、また彼等の食いたい食物を充分それで食う事が出来て、決して彼等が彼等の足を人間の手の様なものを持たないで生まれさせられた事を不平に思う様には造られていないと思うのです。

私は彼等のすべての動物が、その肉体を見ればその動物の頭の程度、また頭が何処まで進歩出来るかという程度が自ずと分るのではないかと考えて居りまして、此の自由自在な何でも作り出す事の出来る能力のある手を与えられている人間というものは、その頭脳もまたそれに相応しいだけの自由さの頭脳が与えられているべきであるし、また事実与えられていると思うのです。若し人間が仮に人間を造るという事になって、人間が人間を造り出す事が出来たとしたら、今の我々の人体よりももっと以上のものが造り出せたかといえば、言うまでもなく造り出せなかったと私は思うのです。よく愚かな親達は自分の思う通りの子供を産む事が出来たらさぞいいだろうと仮に思う事があるかと思いますが、もし彼等が自分の思う通りの人間きり造り出す事が出来なかったら、その子供が一日も生きて行く事が出来ないのは事実であるし、その姿も必ず何処かに欠点があって、我々が見て必ずしも美しいものがあるとは云えない様なものになるだろうと思うのです。

火星に於ける生物がどんな姿をしているかと思って人間が想像して描いた絵を——今でも別にそれから進歩もしていないのでありますが——若い時に見て、あんな姿には何処に美があるかとも思うし、ヒョロヒョロしたタコの足が細長くなった様な、あんな手足では何一つ作り出す事の出来ない、あんなものをただ重力や何か色々の物理的な所から考え出してそれで満足している人間と、我々を創り出した者との距離はどのくらい大きいかという事が、私はそこからでも解ると考えているのです。

つまり私達が想像する以上の者が、私達を造っていてくれる。それは自然であるか、何であるかは私には解りませんけれども、然し私の考えでは、やはり私達は自然のままに造られている。或いは言葉が不十分でありますけれども、兎も角私達が人間が造り出すよりは、もっと霊妙不可思議なものが人間の生命というものを考えて、そうして造っていてくれたといいたい程、我々の肉体というものがよく造られていると思うのです。

仮に神様が人間を造ったとすると、私は人間の造られ方には相当不服がいいたい部分があると思うのです。然し自然が段々色々の動物から進化して、そうしてその人類を此の地上に生み出したとすると、私は随分自然というものが私達の想像以上の能力を持っているんだという事を信じないわけには行かないのです。例えてみれば、一粒の杉の種からあの杉の大木になるだけのそういう秘密といいますか、そういう能力というものが我々人間には想像の出来ないもんだと思うのでありますが、これは杉の種に限らず、あらゆる植物あらゆる動物に於いて同じ事がいえるだろうと思うのです。ですから私達は人間の智慧で創造の出来ない何かの能力が我々に与えられていると考えても不都合ではないと思うのです。私は考えれば考える程人間というものが、造られた儘に生きて行くのが本当であるし、またそれでいいんだという風に考えているのです。

私達の肉体の事を考えてみましても、何か体に一寸した怪我をしたり何かして痛みを感ずる場合もある場合、痛みがそんなに強く我々を苦しめないでもいいのではないかという風な考えを持つ瞬間がありましたけれども、然し考えようによれば、そのぐらいの苦痛が我々に与えられていなかったら、私達は此の地上に生きていられなかったんではないかと思うのです。例えてみれば、歯なら歯が痛みました時、その痛みが我々が辛抱出来る程度の痛みでありましたら、私達は不精者でありますから辛抱して済まして歯を癒しに医者に行くのが面倒だから、ほったらかして置けという様な気持で、歯がどんどん悪くなるのをそのまま見送って生きていたろうと思うのです。ところがそれ以上の苦痛が与えられて私達がどうしても辛抱出来ないという風な苦痛が与えられているから、否応なしに歯医者へ出かけて行って歯を癒すのが事実だと思うのです。それと同じ様に我々の体でも、我々の病気やその他の怪我をした時にしても、所謂体に故障があった時に、その痛みが我々の辛抱出来る程度でありましたら、それを辛抱してしまって自分の体がどんなに悪くなってももう取り返しのつかない時まで、目が醒めないだろうと思うのです。そういう程度に我々が造られている以上は、我々を何のために此の地上に生かそうと思っているかは解りませんけれども、兎も角此の地上に我々を生かそうと思っている者は、それに相応な苦痛を我々に感じさせる様にしてくれたのも止むを得ない事だとは考えているのです。むしろその肉体の苦痛が強ければ強いだけ、私達を此の地上に生かしたがっている者の意思が相当強いんだという事を認める方が、私は素直な見方だと考えているのです。

一番健康な状態はどういう状態かというと、自分の肉体をすっかり忘れる事が出来た時が一番健康な状態だと私は考えているのです。私達が何処か歩きますのでも、足に少しでも故障がありますと自分が足で歩いているという事を意識しなければなりませんけれども、足が何処も悪くない時は、足で歩いているなんて考える必要なしに、行きたい所へどんどん行けばそれでいいんだと思うのです。また歯なら歯が悪くない時は、私達が歯で物を噛んでいるなんて事は少しも意識する必要なしに、歯の事を全く忘れて物を喰べている時が、一番歯の丈夫な時であるという事がいえるだろうと思うのです。

また私達が何か仕事をしたり運動をしたり物を考えたりする時も、肉体の事をすっかり忘れる事が出来た時が、一番健康な状態だという風に私は考えるのです。そうならば肉体の健康が一番人生にとっても目的であり、望みであるかというと、私は勿論そうではないと考えているのです。何故かといえば私達はどんなに肉体が健康であっても何れは死ぬのでありますからして、肉体がもし我々の理想であったら、我々の人生というものが、実につまらないものであって、死刑を宣告されたソクラテスか誰かが云った言葉であったと思うのでありますが、つまり死刑というものの宣告を受けている、それが早く来るか遅く来るかに過ぎないという様な考え方に堕してしまう。そういう考え方になると思います。

然し私達は、肉体が我々の理想ではないと思うのです。我々にとっては、肉体の健康は最初の条件にはなるけれども、最後の目的にはならないと思うのです。むしろ最後の目的を達するために肉体の健康が必要だから、我々が肉体の健康を大事にする。これがつまらないかどうか知りませんが、他の例をとると農夫の人達が鋤や鍬をきれいにする様なものであって、鋤や鍬をきれいにして、それを床の間に飾って置くためではなくして、鋤や鍬をきれいにするのは、働く時に働きいいように、自分の働く目的をよく叶えるために、鋤や鍬を磨いて置くのだと思うのです。それと同様に、我々の肉体の健康も、肉体の健康が目的ではなくて、その健康で自分のしたい事が出来る、自分のしたい事をする事が目的であって、そのために肉体の健康が大事なんだと思うのです。

私は肉体の苦痛にしましても、また色々の喜び、感じの良さにしましても、それらのものは皆自分達が造り出したものではなくて、自然から与えられたままを私達は感じているのに過ぎないと思うのです。ですから、肉体の苦痛にしましても、私達が勝手に苦痛を感ずるのではないし、健康の喜びを感ずるのも、私達が勝手に感ずるのではなくて、そう感ずる様に我々が造られている。その造られたままに私達は感じてそうして自分の嫌な事はなるたけ避けて、自分の喜びはなるたけ求める様にして行くのが私達の自由といいますか、何か自分達の選ぶ権利があるか知りませんけれども、一番色々の感じは自然に造られた侭を私達は感じているのに過ぎないと私達は思うのです。その感じを私達が尊重して行くと、結局肉体の方の問題になると、我々は何処までも自分の健康を大事にして行って、それで健康を損ねない様に注意をして行く方が賢いという事がいえるだろうと思うのです。

肉体ばかりではなくて、我々の感情にしましても、私は人間が勝手に造ったものではなくて、何かが人間にこういう風に生きる事を望んでくれる、その望みを満たすために我々は感情に支えられているのであって、その感情を本当に生かす事を知る時にはじめて私達がどういう風に生きるのが本当かという事が朧気ながら解るというふうに私は考えているのです。我々の喜怒哀楽にしましても、我々が勝手に喜怒哀楽を感ずるのではなくて、喜怒哀楽を感じないではいられない様な状態に置かれた時にはじめて喜怒哀楽を感じるのだと思うのです。ですから私達が悲しい時とか、嬉しい時とか、子供の悩みがある時とか、そのままの状態が我々にいい状態ではなくて、そういう状態から抜け出ようとするその抜け出方を賢く抜け出る事が出来たらば、それが我々に望まれている生活にピッタリするんだと思うのです。

その著しい例を一つ挙げてみれば、親が子供の病気をした時に、その病気を心配しないではいられないのは事実だと思うのです。これはやはり子供というものを、人類が此の世から絶亡する事を望んでいてくれないとすれば、人類が段々栄えて行く事を何かが望んでいるとすれば、その者が必ず親に子供を愛させなければならないと思うのです。その愛がある限りは、子供が病気してそれを親が喜ぶというわけにはいかないように出来ていると思うのです。子供を失った親の悲しみというものは、我々には想像の出来ない、想像するだけでも、たまらない事実だと思いますが、我々がそういう風に勝手に感ずるのでなくて、そう感ずる様に我々を造っていてくれたからこそ、我々が今日生きているのであって、もしそういう風に造られていなかったら、先祖のうちに人類が滅びてしまって、私達が生れないで死んだのだと思うのです。生れて良かったか悪かったかは、歴史として問題に出来るかと思いますけれども、我々が生きているという事実を証明するためには、どうしても親が子供を愛さなければならない。子供を健康によく生かしていきたいという風に我々が造られていることを、事実として認めないわけにはいかない。そのために子供の病気は心配しないわけにはいかないし、その病気が癒った時は、親は喜ばなければならない。その喜びの深さにこそ、人類を此の地上に生かしたがっている者の意志が充分に表れているという風に考えているのです。ですから親が子供の病気を心配し、また子供が悪い事をする時に、親が心配する。その心配の深さをみて、何者かが我々の子供が健康に育ち、我々の子供がまた邪道に入らずに正しい姿で生きていてくれる事を望んでいてくれるという事が解ると思うのです。自分の子供が悪い病気をした時の、親の歎き、親の苦しみといったものは、私は想像出来ないもんだと思うんでありますが、これも親が勝手にそういう風に思うのではなくて、そういう風に思う様に、我々を造っていてくれるからだと思うのです。

そういう風に私達は考えていきますすと、人間というものはどういう風に生きる事が本当かという事も、だんだん解っていくと思うのです。自分の事になりますと私達は本能的な事がありまして、それが病的な場合がありますから、自分の場合では善悪正邪というものがはっきりしない場合があるかと思うのであります。が、これが他人の場合に起きると、私達は相当正確に健全にその者の善悪を感ずる事が出来、またそれに対して憤りや、讃美する気持が起り、また起り得るんだと思うのです。例えば新聞なんか見まして、私達が利害関係のない、どういう人か知らない人でありましても、その人を自分の利益のために殺したり、また自分の欲望のためにその人に傷つけたりする話を聞けば私達は腹を立てないわけにはいかないと思うのです。そういう事をしたものに対して私達は憤りを感じて、何とかしてやらないでは腹の虫が納まらないという気持を持つのは事実であります。こういう気持を持つのも、同じ事を繰返す事になりますけれども、私達が勝手に持つのではなくて、何者かが私達に皆が幸福で倖せである事を望んでいてくれるから、それに反する行動に対して、私達が正義感に打たれ、またそれに不快の感じを持ち、またその憤りを感じないではいられない様に造られているんだと、私は思うのです。

　それに反して新聞なんか読みまして人を助けた話だとか或いは一寸した美談の話を聞きますと、その話に私達はすぐ割に簡単に感動しまして、人間というものは愛すべきものであるという考えを持ちます。私も年取って涙もろくなってきたせいもありますけれども、そういう話を聞くとつい涙ぐむ様な気になって、人間というものが思ったより愛すべきものであるし、また美しいものであるという様な考えを持たないわけには行かないんだと思うのです。これも私は人間というものがお互い助け合って、お互いに喜び合う様に何かが作っていてくれるから、そういう美しい話を聞くと、それが極く僅かな事であっても私達はそれに感動しないわけにはいかないんだと思うんであります。そういう風に考えて行きますと、少し結論が早いかも知れませんけれども、私達は先ず自分達に託された一つの生命を出来るだけよく生かして、皆がはがゆく思わない、皆が喜んでくれる様に、自分自身も喜んで居られる様に、気が咎めない様に、自分を出来るだけ完全に生かす様にする事が先ず第一の務めだと思うのです。それが出来ない場合、現在の世の中では生きて行くだけでも大変でありますからして、我々が理想通りの生活を出来ない場合も幾らでもあり、またそれを咎める事の出来ない場合もあるかも知りませんけれども、そういう時にやはり一番心が咎めるのは当人だと思うのです。ですからそういう気が咎められない様な生活だけする様に、私達は毎日でも骨を折って、朝怠ければあと夕方になって後悔するし、人と喧嘩したり、感情のまずい思いをすればそれがそのままさっぱりした気持になりきれない様に我々は造られているんだと思うのです。ですから私達は毎日を何か有効に有益に過す事が大事であると同時に、それが出来た時には、その晩は楽しく眠りにつける様に我々は造られていると思うのです。

私の尊敬しているレオナルド・ダ・ヴィンチが云った言葉、これも極く当り前な、ありふれた言葉ではありますけれども、「一日をよく費された一日には安らかな眠りがある」という言葉を私は読んだ事がありますが、これはダ・ヴィンチが、最高の意味で彼が書いたり、また仕事をしたりして、そうしてその経験から得た言葉であって、私が簡単にいった言葉とは少し意味が違うかも知れませんけれども、然し大小はあっても言葉の意味は間違いないと、それは本当だと考えられるのです。これは一日の場合でもあてはまりますけれども、同時に一生の場合でもあてはまると思うのです。私達が一つの生命を託されているのは、その生命を下らなく過してもいいために生命が与えられているのではなく、出来るだけその生命をよく生かす事が何者かに望まれて、私達がその生命を預って此の世に生きているのだと思うのです。ですから私達はその生命に対して責任を感じて、出来るだけその生命を自分の力で此の地上によく生かせるだけよく生かしていくという事が出来たら、私達はそこに何か誇りを感じ、喜びを感じ、またそこに安心もあり、慰められもするのだと思うのです。然し私達に託された一つの生命だけが尊いのではなくて、すべての人に託された一つの生命も、自分の中に託された一つの生命と同じ様に尊いのでありますからして、自分さえよければよいという考えは非常に間違った考えだと思うのです。

私達は、自分を愛する如く他人を愛し、隣人を愛せよという言葉がありますし、また自分のされたくない事は人にしてはいけない、自分にされたい事は人にしろという様な言葉がキリストだとか、孔子のいった言葉だと思うのですが、そういう様な言葉に私は我々の生き方の最初の道徳といいますか、最初の拠り所があると考えるのです。キリストの教えに私達が深い感動を受けるのも、彼が自分の目の中のうつばり（梁）は気にしないで、他人の目の中のちりを気にするという様な事をいっていて、私達が自分の欠点という様なものには無頓着であって、他人の欠点にはいやに感覚が鋭くて、他人を責める事は急で、自分を責める事は非常に少いという様な事を反省させる優れた言葉だと思うのでありますが、私達は自分で直せるのは先ず自分でありますからして、自分の欠点は一番よく感じ、また一番よく直して行くのが人間の進歩の最初の条件だと思うのです。

ですけれども多くの場合、自分を直すという事は困難であって、他人の欠点を非難したり、悪口するのは非常に簡単でありますからして、他人を非難する事で自分が何か優れた様な感じを持つ場合があると思いますけれども、これは非常に卑屈な、また非常に間違った考えだという風に、私は反省されるのです。やはり他人の悪口を云ったからと云って自分が進歩出来るものではないと思うのです。

自分が進歩するのはやはり自分の悪い所を一つずつ直し、或いは自分の良い所を一つずつ磨いていくという所に自分の進歩があるのであって、他人の方は他人に委せて置けばそれでいいんだと思うのです。勿論忠告をするとか、或いは注意するという事は決して悪い事ではありませんけれども、それを聞く聞かないは他人の責任でありまして、それを余り気にして自分の事を忘れたら、我々の人生は進歩しない、面白くないものになっていくのではないかと考えているのです。今の政党政治の行き方が、私には不服なものが多くあって、他人の政党のする事が全部悪くって、自分の政党のする事は全部良いという様な錯覚を起すのが、また何となく世間の人にも影響して、自分の事はそっちのけにして他人の事を注意したり、他人の事に口を出すのは何か非常に仕事をしている様な錯覚を起す場合が、あり得ると思うんでありますが、然しそれも一つの他人の欠点を見逃し過ぎるのも必ずしもいいとは思いませんけれども、他人の欠点を見逃すよりは、自分の欠点を見逃す方が更に恐ろしい事であるという事は、私は事実だと思うのです。

　私達に託された一つの生命に責任が持てないで、他人の生命に責任を持つという事は不可能であるし、無能であるという風に考えているのです。ですから私達は先ず自分を出来るだけ良いものにして毎日を有益に過して、少しでも自分がものになろうという努力をしていく事が大事だと思うのです。ですから私達は、毎日怠けていてそれで喜べる様には造られていない。私達は毎日何かで進歩しているという事を自覚する事が出来た時にはじめて満足するか、自分で慰められる気持を持つ事が出来るんだと思うのです。また人間というものが何処まで進歩してもキリのないものでありますからして、何時までたっても進歩して行ける様に私達は造られているのだと思うのです。ですから、私は幾らか年取って来ましたけれども、これからも、ものになろうという気持を失わないで、毎日何か仕事をし、何か勉強をしていかないと心細いのは事実でありますが、そういう風に人間が造られているんだと考えているのです。

もう一つ私は、人間というのが出来ない事はしなくていいって事を考えているのです。自分に出来ない事に余計に心を使って、自分の出来る事に無頓着な場合が相当多いと思うのです。例えば過去のしくじりならしくじりが、私達が過去に戻ってそのしくじりを直すという事は絶対に人間には出来ないと思うのです。ところが過去のしくじりに余りに気を取られ過ぎて居れば、それは現在と未来に生かす事が出来た時には、その事に拘泥するのも宜しいけれども、どうにもならない事に気を使い過ぎれば、私達は神経衰弱になるよりほか仕方がないと思うのです。また他人の事に対しても、何か色々出来事に対しても、我々には出来る事と出来ない事とがあるので、私達は出来る事には何処までも気を配り、ものを考え、努力する事が大事でありますけれども、出来ない事に責任を感じたり、出来ない事に苦労したりする事は愚かな事だと思うのです。ですから自分の出来ない事によって他人に非難されようとも、他人に批評されようとも、自分の出来ない事は誰が何と云っても出来ないのでありますから、それに責任を持つ必要はないと思うのです。

然し自分の出来る事と出来ない事との間というものは、これは非常に微妙なものでありまして、出来ない事は必ず出来ないと決まらない場合もあると思いますけれども、同時にどうしても出来ない事を出来るという風に錯覚を起す場合も私はあると思うのです。我々が賢いか、賢くないかは寧ろそういう点に分るので、出来ない事に努力をし、出来る事に努力をしない人間は、家を建築するのでも家をだんだんに積み重ねてだんだん高い立派な家を作るのではなしに、積み重ねれば積み重ねる程家がこわれる様な積み重ね方をしていくのは、少し話がそれたかも知れませんけれども、私は愚かな話だという風に考えるのです。

私が一寸頭に浮んだままにしゃべらして貰いますと、私は日向の「新しき村」に居りました。今は埼玉にいますが、その時分に私達が農業の心得がまるでなくって、ただ働けばいいという風にして働いていた場合が相当多いのです。自分の力で何とかして村のために尽したい、何とかして人類のために尽したい、自分の理想のために尽したいと思うので、同じく鍬をあげるのでも力一杯鍬をあげて土を耕している。土を耕している事が目的であるとすれば、何もそんなに力まなくてもいいのに、非常に高く鍬を振り上げたり何かして、自分の感激をそこに生かそうとしている人を見かけたのでありますが、その誠意は充分認めてその熱心さには充分敬意を払いますけれども、然しそれでは長続きしないのも事実なのです。そこで農業に非常に精しく、本当に百姓だった人が村へ来まして、その人が村の畑の仕事をしているのを見ると、まるで私達が散歩している様な仕方で、畑の仕事をしているのです。その人は畑を見まして、此の畑は幾ら手を入れても駄目だとか、これは少し手を入れれば生きるという様な事をよくのみ込んでいて、そしてその通りにすれば私達が見込がないと思うものが生き返り、私達が見込があるというものが手の施し様がないという様な風になっているので、私達は、はじめて本当の農業を知って本当によく農地を生かすという呼吸の一部か大部か知りませんが、解った様な気がした事があるのです。

私達が自分の力で何か仕事をしていくにしましても、その仕事がどうすれば効果があがり、すればする程自分の仕事が生きていくかという事を始めは解らずにやっていっても宜いけれども、それがだんだん解っていけば力の入れ様も解るし、それがどうすればよいかという事も解って、私達はだんだん賢くなっていく事が出来るのだと思うのです。それはやはり自分のやっていく中にだんだん会得されていくので、他人に教わってものになるのではないのでありますけれども、然しやはり教わる事は教わっていかないと、私達は無駄に努力する場合も非常に多いと思いますから、私はやはり教わる事は充分教わって行かなければならない。人類が今日進歩出来たのは色々の人から教わるものを教わったから進歩する事が出来たので、若し我々が生れたままで何も教わらなかったら、他の動物とは殆んどその能力の違いのない様な生活をして、或いは動物以下の生活をしていたのではないかと考えられるのでありますが、然しそれだけに私達は自分でだんだん会得していく事が大事だという風に考えるのです。

少し話がそれたかも知れませんが、兎も角、人類が人間に生れまして、そして相当長い間生きて来たともいえますけれども、本当に長い時間に比較しましたら、実に短い時間だといえるのであります。けれども、私は人間の目で物を見て行かなければならないという風に考えるのです。若し自然の目から見て、何かもっと大きな宇宙の目からみたら、我々の一生というものは非常に短いと思いますけれども、然し人間の目で見れば百年生きられたら化物みたいなものでありまして、私達はそれ程生きないでも自分のしたい事は各々していける様に造られていると思うのです。人間というものは、この地上に長く生きるのが目的で造られたんではなくて、何か此の世に生きただけの事をして行く事が任務であって、それを果していく事が望まれている事だと、私は思うのです。

私はその例として、よく喋りもし、書きもしましたけれども、レンブラントを主題にした映画を想い出すのです。これはどういう風な映画だというと、レンブラントというオランダの絵描き、――今ゴッホの展覧会が上野に来て居りまして、ゴッホは三十七で死にましたが、色んな意味でゴッホには恩恵を受けていて今でもゴッホを尊敬して居りますけれども、然しレンブラントはゴッホ以下とは云えない非常に優れた人だと思うんでありますが――、生きている当時は、ゴッホもそうでありましたけれども、レンブラントも、その当時の人に一時相当に認められたのでありますけれども、嫌われまして晩年は乞食の様な生活に陥ったのであります。何故陥ったかは伝記をしらべればすぐ解りますが、そのレンブラントが、乞食の様な生活をしまして或る海岸を歩いていて海岸に落ちている腐った魚を拾って喰べる場面があったのです。私はその場面を見て、見るに見かねて居りましたら、そこにまた一人の中年の金持らしい絵描きが見るに見兼ねてレンブラントに金を恵む場面が次に来るのです。その金を恵む時にその男は、これで何か喰べるという事を条件にしてくれという事を言い出すのです。つまりその絵画きはレンブラントを尊敬していたのだと思うのでありますが、そのレンブラントが腐った様なものを喰べて体を損ねるという事に心を痛めたので、それでお金を恵む気になり、そしてそれによって喰べるという条件を出すのは、私達はその笑顔を見てもちっとも不自然とは思わなくて実に当然な申し出だと受け取るのです。ところがレンブラントはそれで喰べるという約束をして幾つかの金貨らしいものを貰ってそれからすぐ食堂へ行ったかと思うと、彼は食堂へ行ったのではないのです。彼はそれを持って絵具屋へ出かけて行くのです。そして絵具屋へ行って絵具を注文すると絵具屋の主人が、あなたには貸しが多過ぎるからもう何も融通してあげるわけには行かないと言って断るのですが、するとレンブラントは今喰べると言って貰って来た金を残らずそのテーブルの上に並べるのです。すると絵具屋は今までの態度とはすっかり変ってにこにこしてレンブラントの註文通りの絵具を全部揃えてレンブラントに渡すと、レンブラントは意気揚々としてボロを着ながら自分の画室へ帰って彼の傑作を描くのが映画の場面として描かれているのです。

これを見て多くの人は、――絵を描かない人は多いでありましょうし、絵を描いたにしても、凡そレンブラントとは段の違う様な下らない絵を描いている者達でありましょうけれども、それにも拘らず、その場面を見ると私達は涙ぐましい様な感動を受けないわけにはいかないのです。もし人間が此の地上に生きるという事が、人間の唯一の目的であり、最大の目的であったら、レンブラントが食堂へ行かないで、そうしてその人間が云った事を私達は嘲笑しなければならないし、惜しい気がしなければならなかったろうと思うのです。ところがそうでない事を作者も知っているし、映画人も知っているし、人間の心の内には何かこのものに自分を生かすよりももっと以上にこの地上で何かしていきたいという本能が私には深く支えられているという事を知っているから、そういう場面をもって来て、そしてそのレンブラントの映画の一番最高の感動させる場面として、人間というものは、此の地上に生きる事が目的ではなくて何か此の地上に働いていくという事が目的な様に我々は造られていると思うのです。そういう風に造られてあればこそ、人類は今日まで進歩して来て、人類の何人かの人間は悲惨な目にも遭い、色んな目にも遭い、生きても居られなくて、赤ん坊の時死んだ人もありましょうし、色んな事もありましょうけれども、それにも拘らずそれを生き抜いて、そうして働くだけの事を此の地上に働いた者を、我々は感歎しないわけには行かない様に人間は造られているんだと思うのです。

ですから私達が何か仕事をするのでも、こんな事をしてもどうせ死んでしまえば同じ事だという風には我々は造られていない。発明する人々でも、発明しても死んでしまいだという風には造られていないで、何かやはり発明するまでは生かして貰いたい、此の一つの事業が出来上るまでは生かして貰いたいという風に願うのが人間らしい願いだと思うのです。私はそれを見ましても、人間が此の地上に生きたのはただ肉体を健康に保つためではなく、また此の地上に出来るだけ長生きするためでもなく、ただ此の地上に一人の人間として生れた以上は一人の人間として為すべき事を出来るだけ忠実に果す事が我々の任務でもあり、望まれている事でもありますから、それを果す事が出来たら、その人は誇りを持って生きる事も出来、また安心して何か一種の自覚を以て此の世から去る事も出来るし、またそういう人々の姿を見ると、我々が発奮しないわけには行かないように我々は造られていると思うのです。

何のために私達はそういう事に発奮し、そういう事に本気になり、むきになり、真剣になるかという事は解りませんけれども、その真剣になり、むきになり、本気になるという事実を私達は素直に認めなければならないと思うのです。子供が病気をして、どんな理由にせよ此の世の中が如何に悲惨な悪い世の中であるという風に懐疑を持った親があったとしましても、子供が病気が癒った時に本当に喜べない親はないだろうと思うのです。我々を造ってくれた者は何を望んでいるか解りませんけれども、その望み通りに、私達が本当に生きる事が出来た時、生きる事を本当に喜んで感謝する念が自ずと湧いて来る様に我々は造られているんだと思うのです。またそういう事実を見た時に、私達は感動しないわけには行かない様に造られていて、そこに人間というものは、皆お互いに愛し合って、自分も生き他人も生き、全部が生きるという事を乞い願っている者が何処かにあって、その意志を私達が畏んで自分の出来ない事はしなくていいのでありますが、自分の出来る小さい範囲でもその目的に向かって我々がこつこつ働く事が出来たら、私はそれで何人かは生きる喜びを与えられ、お前はそれでいいんだ、その瞬間はそれでいいんだ、という風な感じを与えられ、その人も生きている権威を内に感ずる事が出来るのだと思うのです。

私達は万能でもありませんし、私達の肉体は非常に弱く造られて居ります。けれども、然しそれにも拘らず私達の心は何時も大きな望みを失わずに、我々の造られた理想を失わずに、その理想に向って一歩一歩コツコツと進んで行く事を何者かから命じられていて、それが出来ない時は出来ないという事がはっきり解る時は、それでも許されるでありましょうけれども、その時でも私達は理想を失わずにコツコツと働くだけの意志は心の奥底に持ち、誠意を持ってそれを望む事が出来たら、何者かが私達を許してくれ、祝福してくれるという風に私は信じているのです。(了)

人生は理窟ではなく事実だ。僕が今日楽天的な気持でゐられるのも、僕は自分の為に生きてゐないからだ。勿論僕は聖者ではない。快楽を軽蔑してゐないし、金がほしくないことはないし、生活だつて安楽を望まないとは言へない。しかしそれが自分の目的ではない。自分の目的はこの地上に少しでもいい仕事をしてゆきたい、少しでもいい言葉を残してゆきたいといふことだ。そして自分が生きてゐることを喜んでゐてくれる人を益々喜ばしたいと思つてゐることだ。僕個人にも敵はあるかも知れない。昔はたしかにあつたと言つていいやうに思ふ。しかし今僕は自分の個人的な敵のことは考へない。そして自分が生きてゐることを喜んでくれる何人かの人の為に、それは数十人か、数百人か、数千人か、数万人か、それは知らない。恐らくさう大勢の人ではあるまい。しかしそれ等の人は心から、僕の生きてゐることを喜んでくれ、僕のいい仕事をするのを待つてゐてくれるのを信じてゐる。

（武者小路実篤著『我が人生の書』より）

昭和三十四年十月二十六日　ご講演

言語学者　金田一　京助

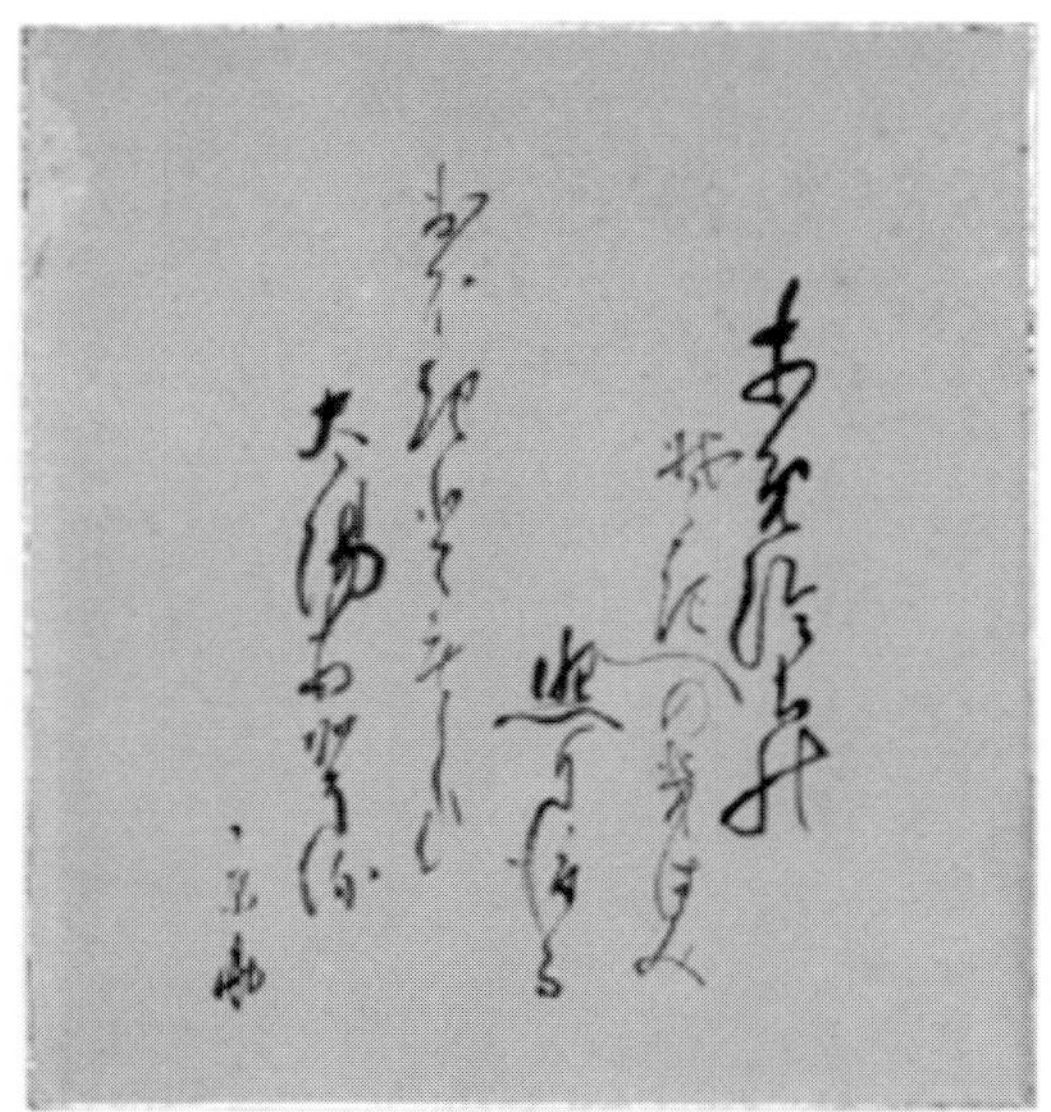

■ 金田一 京助（きんだいち きょうすけ） 略歴

1882年（明治15年）～1971年（昭和46年）
岩手県盛岡市生まれ。アイヌ語の言語学的研究、国語辞典の編集や教科書編集、また親友石川啄木の研究や歌人・随筆家としても知られる。
1907年、東京帝国大学文科大学言語学科卒業。1922年、國學院大學教授、のち名誉教授。アイヌ語研究で知られ、1932年、ユーカラの研究で帝国学士院賞受賞。1941年東京帝国大学教授。1948年日本学士院会員。1954年に文化勲章を受章。

著書「アイヌ叙事詩ユーカラの研究」、「アイヌ叙事詩ユーカラ集」、「国語音韻論」ほか。

「文学のあけぼの」

―アイヌ叙事詩『ユーカラ』の研究を中心として―

今夕図らずも、こういう立派なお席で私のつまらないお話に御清聴を煩わすことは、誠に光栄の至りに存じます。只今御紹介の言葉にございましたように、私はアイヌの方の調べを少々致しました。片寄った話で皆様に御興味をお感じさせ申す事が出来るかどうか、心許ないところもございますが、一見あるかないかのような存在の中にも親しく下りて行って親切に観察すると、こういう大事な事もあるものだという事を私の体験から一応お聞きになりまして、何かの御参考にして載ければ倖せだと考える次第でございます。

アイヌと申しますと、日本の歴史の始まりから我々の先人と境を接して生活していた異民族でございましたが、今日はこの同じ一脈が北海道の諸所に名残を留めて、あるかないかの本当にみすぼらしい生活をしているに過ぎません。このため、この人々の消息を伝えた本というものは、通り一遍の人の外側からの観察、或いはほんの物好きの人の書きつけたものだというようなものに過ぎませんでしたから、進歩が実は伝えられていなかったように感ずるのであります。私、何も好き好んで始めからそういう調べをして一生涯を暮そう等という事は思いもかけませんことでした。ただ日本語というものの起源、発達、何時の代、誰が始めたとも知らず、国民と共に存在して今日に至りましたこの極めて特徴のある、変った、美しい国民的な大きな財産が、何時、如何に、どのような所に発展したものであろうか、この日本語の起源とか、或いは発生の形態とか、或いは兄弟姉妹の関係に立つ言語学、世界のどの辺に存在するか、という問題に興味を持ちまして、大学へ入りました時に、言語学科へ入学致したのでございました。そうやってみますというと、第一に私共の手をかけなければなりません事は、日本語の周囲の言語と日本語が先ずどういう関係にあるか、琉球語と日本語とはどういう関係にあるか、支那の言語と日本の言語とはどういう関係にあるか、朝鮮語との関係はどう、満州語との関係がどう、蒙古語との関係はどう、こうやって見て来ますと、アイヌ語と日本語との関係がどういうものであろうか。私が大学に入りました頃に長く北海道におりましたジョン・バッチェラーという宣教師の方等は、日本語はどれもこれもアイヌ語が基になって、アイヌ語が即ち日本語になったのだ、そういうような大胆な学説等を発表しておられますのを読んでみますというと、疑問百出、到底そのまま納得出来ません。この方の書かれました文法書や字引も出来ましたけれども、どの頁にも我々はそのまま受け取り難い論断がございますので、これを研究するのには東洋人の頭で、東洋人の見方をもって特有に観察しなければいけない。そうするのには西洋人の書いたものでなしに、直接北海道に渡ってあの人達の口から響くところの音を、この耳で聞いてこの頭で考え直してみたいというような欲望を生じまして、初めて探検致しましたのが大学二年の夏休み、まだ私が二十三、四の時でございましたでしょう。

至るところ、こちらで考えている事の事実を現地に立証する事が出来て、自分ながら胸を躍らせながら一歩一歩あの人達の部落を尋ね廻って行きますと、胆振の国の東の果て鵡川という所のアイヌ部落で五、六人の爺さん達と話をしておりますうちに、一人の爺さんが、「旦那がそういうような言葉を調べたって、アイヌなら誰でも知っている事だ。アイヌの方にもそういうふだんの言葉と違った、アイヌの古い祖先が自分で自分の戦物語を物語ったユーカラというものがあって、その言葉だったら難しいものであり、また日本人も西洋人も手をつけていない。そういうアイヌ語を調べてこそ、アイヌ語を調べたといえるんじゃないだろうか」。そういう事をいう年寄りが一人おりました。後でやっと聞きましたが、この人は、ここの土地の唯一のユーカラというものの名人だったんだそうです。それでそういう事を私に歌ったものですから、私は聞き耳を立てて驚きながら「歓びだ!」。何故ならばアイヌの言葉を調べるといって、彼等の毎日話しているものを耳で聴いて口で真似をして、彼等のようにしゃべるようになったからといって、何も必要というものは別にありませんし、大した興味でもないのでありますが、彼等にもし文字でもあって古いアイヌ語の記録でもあるなら、遡ってそこまで調べて行く事によってはじめて深い研究が出来るのでありますから、学問的な興味も湧くのです。けれども、今日の言葉だけを調べていて、たった一歩も遡って古いところまで行けないとすると、興味が少ないはず。それが日本ではまだ専門的にこれを研究しようという学者が現われなかった所以(ゆえん)でございました。丁度この爺さんの言う事がもし本当だったら最も耳寄りの事だと思いまして、その時にその言葉がふだんの言葉とどういうふうに違うかといいましても、ただ顔を見合せてはっきり教えてくれるものはございませんでしたから、「アイヌ語で神様の事をカムイというが、この言葉では何というか」と云ったら、「その言葉でも神様はやっぱりカムイだ」と申しますから、「何だ何も変ったところがないじゃないか」といいましたら皆笑いましたが、「いやそれでもやっぱり違うんだ」とこう申すんです。その時私は一寸「打つ」という言葉をきくと、アイヌ語で、「キック」と申しました。「打たれる」という時には「アエンキック」というんですね。日本語だったら語尾の方が変化しますのに、アイヌ語では頭の方が変化して、「打たれる」というこの受身の言葉がそういうふうに出来ている事でも、日本語の文法とはかなり違った味のある事だとは思っておりました。そのため、それを始めた直後だったので、ではそのユーカラとやらいう難かしい物語の言葉では「私は打たれた」という事を「アエンキック」というかと云いましたら、皆ワーッと笑いました。そう云わないらしいのです。何と云うかと言ったら「チコモナニアイエカラカラ」と云う。まるで違う。はてな本当かしらと思って、バチェラー博士の書いたアイヌ語の字引を鞄から出して引っくり返して見ても、そんなものは書いていない。怪しいなと思いましたが、満更私をかついででたらめを云う様子ではなかったのです。

翌日はアイヌのサルブニという取っつきの、サルプツトという所でその老人達にその事を云いましたが、誰も教えてくれようとはしません。それから打つ、打たれるというような事を聞いてみるというと、真面目な顔して、「チコモナシアイエカラカラ」というものだというのです。昨日とほぼ同じです。昨日は「チコモナニアイエカラカラ」、今日は「チコモナシアイエカラカラ」。方言の差であるかも知れませんが、兎に角そういう言葉の存在することが明らかになったものですから、喜び勇んで翌日愈々ヒタカのサルガオのヒヤトリというアイヌの初代の英雄が天から降りて都した所――今はその跡に義経神社が建っておりますが、そこへ入って行って七十幾つの白髪の爺さんを呼んで、この爺さんへ「ユーカラというものを教えてもらいたい」と云ったら、「宜しい、教えて上げよう。ただ此方の耳から入って此方の耳から逃げて行ったんでは何にもならない。ゆっくり言うから書いてごらん」という。願ったり叶ったりの事を云ってくれたものですから、宜しい、では書き留めよう、とそう云って鉛筆を五、六本削りまして、今のように万年筆がありませんでしたから、爺さんの云うのを全身の神経を二つの耳に集めたように息をもこめて、じっと聞きすまして書いていったんです。「イレシシヤポイレシパチネダンナカメカツコロカメオカアニシテカムイカツチヤシチヤシウシチエロ・アユオレシユ」。そういうふうに書いていったんです。何の事だか一つも解らない。これで私は驚きながら胸轟かせて書いていったんですが、何と言っても書くのは口で言うのよりは遅い。そのために一音の字も聞き落したんでは解釈する時に意味が違って来るかも知れませんから、微かな音でも聞き落すまいと懸命になりました。カルタを取る時、皆さん始めの一音で取ろうとしますから息をも止めて緊張しましょう。然しながらあの緊張も誰かポーンとはねる音がすると次の歌に移るまで休んで、また緊張しいしいする事が出来ますけれども、のべつまくなしに緊張のし続けですから、一時間もかかった時には全身汗とあぶらになってしまいまして、へとへとになりました。早く終ってくれりゃいいのに、何時までたってもお終いと云わない、少しいらいらして来ます。二時間も続いた。まだ終らなかった。鉛筆がちびれて来ましたから、「爺さん、済まないが一寸待ってくれ」と云って、そうですね二時間か三時間か書いた後でした。

待ってもらって鉛筆を研ぎながら、書いたところを試しにパラパラめくってみますと、そう思って書いたんじゃないですが、どの頁もどの頁も、真中から下がスーッと抜けて空いている。丁度英語の詩集でも開いたようです。それで私は驚いたのです。ユーカラというのは祖先の英雄話だというが、『平家物語』とか或いは『源平盛衰記』とかいったような散文ではなく、詩だなー、と思ったのです。詩でもってこれ程長い。もう何百書いたか知りませんけれどもまだ終っていない。丁度昔のギリシャ人は『イリアッド』、『オデッセイ』という一大叙事詩を持っておりますね。文字の無かった遠い昔から忘れちゃいけない事を懸命に暗誦して、主に盲人がそれを暗誦して、人々に時として高吟して聞かせたものなんだそうです。中世のヨーロッパのあのバラッドをバード（吟遊詩人）が歌って歩いた時にはライルという竪琴に合わせているけれども、ギリシャの昔にはまだそんな洒落たものは無いから、一本の棒でもって座を叩いてそれが伴奏でした。そうやって歌ったものなんだそうです。聴く人がこう寝そべったり横になったり腰かけたりして聴いている昔の絵が、名画にあります。ホメロスの作といわれたものでありますけれども、だんだん研究の結果、何時の代とも知れぬ文字のない古い時代に民族の間に口ずから伝えて来た。大抵盲人は記憶がいいからそれを専門にした。ホメロスはその最後の盲人、ホメロスの時にギリシャ文字が入って来てそれを書き記したのが残って、一時はそれも散逸してしまうんですけれども、熱心な学者の総合研究によってとうとう全容が明らかになって、これがヨーロッパ文明のそもそもの魁となった。ヨーロッパ文学の曙といわれ、人類の初めて持った、――今の文学とは意味が違って、その通りを民族が事実と考えているから――、民族の歴史でもある。また問題が起った時、それを引用して裁くから、法典でもあった。また不心得者があった場合にそれは戒めの聖典でもあった。それが古代叙事詩というものの真実な姿だった。

　そういう事を私は本で読んでいたものですから、「何だ、アイヌは叙事詩を持っているんじゃないか」という、驚きと歓びで一人で胸がふるえるようでした。眠いも疲れたも、もう吹き飛んでしまいました。是非ともこれをお終いまで書き取ろうと懸命になって書いたので、終った時には夜の十二時が過ぎました。見る影もない生活の人達に云ったって、こういう長い叙事詩をなかなか聞かせてくれないけれども、心のある老人がこうやって慕ってくれた事に私がはじめて遭遇した。日本民族も文字の無かった時代には語部（かたりべ）というものがあって、昔からの古い氏族の伝説を語り伝えていた。日本の最古の文献の古事記というものは稗田阿礼という人の暗誦していたものを太安万侶が筆記したものだといっているけれども、今日我々が鉛筆だの紙だのローマ字だのというのを持っているからして言う人に追っ付いて書いて行く事が出来ますけれども、紙の少なかった時代、殊に毛筆しか無かった時代、然もその文字は漢字のような字画の多い、一音を一字で書く大変な時間を取り、到底語部の伝えているまま筆で速記していける人があり得ようがない。実際にこのローマ字で以て横書きにずうっと書いて行くことすらこんな苦しい速度なのであります。ですから凡そ太安万侶は稗田阿礼の暗誦しているところを筆記したといっても、ただその梗概だけを筆記したんですね。ただ歌のところになるというと伝えの本文通りのものを書き写すに留まる。あとのところは謡い物であったかも知れないけれども、梗概を簡単に漢文のような特別な文体で書き下した。然し我国上代もこういうふうなものではなかったんだろうかという想像させるところの貴重な事実だったものですから、今のうちならまだ他の村にもこれがあるそうだから、何とかしてこれを知っている者のいる限り、探して記録をしてみたい。そういう念願を起して帰ったものでありました。

古い文献を読んでみますというと、早いところは宝永の頃に『蝦夷記』という書物が出来て、「蝦夷の中に軍談浄瑠璃がある。なかなかこれを語るものは少ない。理解する事も困難であるから、通辞に頼んでもこれだけは解らないそうだ。面白いものだと見えてこれが始まると皆大層喜んで徹夜、夜明かし等をやるものだ」という事があった。最上徳内という出羽の産した大探検家、これは今の北海道を随分よく跋渉しておりましてアイヌを土木作業に使って夜は一緒に寝てはアイヌ語で会話をしたり、アイヌの言葉をきいたり、話に喜んで耳を傾けたりした人でありますが、この人の書き残した本の中にやはり蝦夷に軍談浄瑠璃があってユーカラといって、兎に角、皆、浄瑠璃のようなものだと思って書いていたんですね。声を出して歌うものですから浄瑠璃といったに違いありませんけれども、別にこれを韻文だと自覚した人は誰もなかったし、また一つの標本も筆記していないのであります。言葉が難しいし、いくら仮名でも容易に追っ付いて書いていけないからですね。然し皆さんローマ字だったら、Kaと二字で書かなきゃいけませんけれども片仮名では「カ」と一字で書きます。「ノ」といったらローマ字なら二字で書かなきゃいけないのを一字で書く。ですから片仮名は案外ユーカラのようなものを書くには書き得るんです。最上徳内の友人の一等の蝦夷通辞・梅原熊次郎がアイヌの単語を四千程集めた書物のお終いのところに、その軍談浄瑠璃というものが片仮名で書いてある。片仮名でずうっと書いてあるが、訳がついていない。そしてその片仮名が、皆丁度、今私が区切って発音致しましたあの長さでポキッと点が打ってある。この筆記を見ても韻文だという事がはっきりしているのです。片仮名でどの句もどの句も同じ長さであって決してだらだらと続いたり、短い言葉がポツンと出て来たりする散文ではないのでありますけれども、まだこの人達も叙事詩などというような事があろうと考えもしなかったんですし、誰一人、詩だともいわずに私の時代まで来たのであります。

さあこういうものを何として解釈したらいいか。樺太アイヌの方言を観察して両方を比較対照して行ったら同じ言葉が両方に分れるのだから、分れる以前の古形を想定して行く事が出来る。そしたらこのユーカラが初めて解釈出来るんだがなあ、とどうかして樺太に行きたいと念願致しましたが、大学三年の論文等を出して及落も未だ解らない中に丁度日露戦争が終り、樺太は日本軍の手に帰して誰でも行こうとすれば行けるようになったのだった。早速単身出かけてみました。東海岸のオチョポッカ、日本軍が占領して落穂村と改称しておりました。まだその頃はオチョポッカと称えている頃ですが、そこへ一夏、近文（ちかぶみ）のアイヌが集って鱒の漁をやっているから近文のアイヌが観察出来るという事を聞きましたから、そこへ行きました。この時の苦心談は『言葉の近道』という随筆になっておりまして、この随筆は案外多くの人に愛読されまして中学の読本の一年の下巻に大抵出ておりますから、或いは皆さんの中にもお読み下さった方がいらっしゃるかと思いますからこの時の事は省きます。しかし、何処の人間だか知らない者が初めて来たという風な調子で、ちっとも歓迎してくれませんでしたし、相手にしてくれませんでしたから、実に懊悩しました。然し、子供だけは私が近寄っても一向平気で、何かわいわい騒いでおりますから、この子供を相手にしてどうやら単語を採集する事が出来、その単語を覚えた限り大人達のいる所へ行って、出るに任せて覚えた単語でそのものを指して言うと、言葉こそ心の臓腑に通う一筋の道なんですね。皆、にやっと笑って、私にもやっと興味がつくようになって、すぐにそれから彼等は毎晩々々ものを持ってきて名前を教えてくれたり、親しんでくれるようになったから『心の小径』と題してその一条を話しました。その一等お終いのところへ四十九日の滞在の朝、四千の単語と、大体の樺太アイヌ語の文法を、それから『北蝦夷古謡遺篇三千行』を土産に此の人達と惜しい別れを告げて帰って来たと結んであります。この『北蝦夷古謡三千行』というのは、樺太のユーカラなのです。

このユーカラを採集した事は随筆には省いて居りますから、その時の様子を一寸申し上げてみましょう。滞在して十五、六日経った時に私の脇へ便々たる太っ腹を出している親爺のラマンテというのが来た。これは酋長だと申して居りましたが、ふだんは解らず屋で、よく酔っ払って居りました。酔ったらもう理屈の通らない、酋長でありながら困ったという風にされている親爺だったんですが、私の脇へ仰向けに寝て、片方の手は眼の上にのせて片方の手で腹を叩きながら何か唸り出したのです。びっくり致しました。というのは昔、元旦という画工が幕府の役人について北海道樺太を廻りました。写真班の役目をして二百幾つかの絵を画いてそれが谷元旦の『蝦夷紀行』として一冊あるのです。その中に蝦夷が浄瑠璃を語るところといって、便々たるお腹を出してそれを叩きながら、その片方の手は眼の上にのせて寝ているんですね。それを私は、はてこれはどういうことだろうと不審をしながら忘れずにいたその儘の状態を、私の目の前で素朴な樺太アイヌがやったのであります。ホメロス時代の文学、それから今のヒダカで聞いてきたユーカラ、簡単な、炉縁を叩く棒くらいはまだ持っているのですけれども、それもいらない、一等原始的な文学の演奏の仕方、これより簡単な事は出来ないんでしょう、脾腹を叩いてこれが伴奏なんです。「鼓腹撃壌の楽しみ」という事は古い支那の文献にありまして、「撃壌の歌」等というのがあるものですね。陽が出ると出て耕し、陽が入るというと家に入って休む。堯が天子になろうと、舜が天子になろうと我はどっちでもいいんだ（有老人、含哺鼓腹、撃壌而歌曰、日出而作日入而息鑿井而飲耕田而食帝力何有於我哉）、という太古の民の悦楽。撃壌という事は地べたを叩く、鼓腹という事は腹を打つという事なんだ。私の目の前でラマンテが腹を叩いて唸ったら、聴き手はみんな平手でもって座っている座を叩くのです。家の中だから座席を叩いたんですが外だったら本当に撃壌ですね。こういう人間の文学活動の最も原始的な、それを目の当りに見た驚きと歓び！「おい爺さん、それを私が聞いてすぐ忘れちゃ何にもならない。書いて、樺太のラマンテという親爺がこういう事を知っていたという事を東京の人にも教え、後の世にも遺すから、もう一遍静かにやってくれないか」と云ったら、何と思ったか「宜しい、じゃもう一遍やるから書け」「よし、節を抜きにしてくれ」「よし」。節をつけてアーウーと沢山つくというと、何処までが言葉だか、こちらには解らなくなってしまうものですから、そう云ったら喜んで「宜しい」と云って歌い出しましたのは「トンダモノハタノムネチヤチヤテンコンチレシキイイカラカラトオキシターケタヨツセリテアナマヨエナンテシユグンネコメムパララシントコテッシン」。時々ハーッフーッとしゃっくりするような発音、これが子供達の言葉にもありまして何というか聞き取れなかったのですが、大人の発音でもドイツ語のチェー・ハーの発音の弱い奴です。驚きながらそれを筆記した。その親爺、「どういう風に出来た、読んでみよ」と云ったものですから、「読んでみる。その代り少しでも違ったところがあったら違ったと云って直してくれよ」と云って今私が朗読したように朗読したら、親爺喜ぶの喜ばないの、「おい皆、どんなもんだ、お前達はな、幾ら教えても何ぼ教えても、覚える奴は一人もいない。昨日来たこの旦那、たった一遍で覚えた。どんなもんだ」と云って、自分の教え方がいいとでも云うように威張って、そしたら皆どやどやとやって来て、そいつらも見たらそういうふうに読めるか、といって、私の帳面を見たら、ただみみずのぬらくらしたようなのがずうっとなっているきりですから、おやおやといってあきれた顔をして居りましたが、これも然し皆その晩はそれっきりで解散してしまったんです。何とか、あとを書きたいと思いながら、残念ながら酋長なもんですから漁業に忙しくってとうとう書く暇がなかった。愈々明日発つというその日の夕方、夕方といっても樺太は早く日が暮れますので、午後三時頃はもう夕方なんですが、何処からか酒を一本持って来たんです。

焼酎。あのユーカラというのは実は少し飲んで、微醺を帯びて、酔心地で異常意識へ入って夢を見るような、幻を追っかけながら、それを歌って行くものらしいのです。それが無いと、本当はやらない習慣なんです。だから、それが手に入らない限り来ないのだったんです。偶々無理して手に入れて旦那に教えてやろうと云ってやって来てくれたのです。この時は随分苦しみました。これは私と一緒に徹夜してしまったんです。夜中の一時頃に、「あっ間違った！」と云って、「今のところ読んでくれ、今のところ読んでくれ」。読んでしまうというと、「もう一遍読んでくれ」。又読むと「もう一遍読んでくれ」と云う。もう私がこれでいいと云って止めようとしたくらいでしたが、そしたら躍起となって怒るんです。つまり我々の文学のように聴いてただ楽しむためのものではなく、神につながるもの、神聖なものであり、大事なものであり、いやしくも嘘を書き伝えてはとんでもない、それは神様の罰が当る。未来にまで考えているものですから、いい加減にして止そうという事を許さなかった。とうとう翌日の午後一時頃でしたが、それでいい、それでいいと云って終った。樺太の夜明けが早いので明け方三時頃にはもう明るくなりますが、なかなか夜が明けても終らなかったんです。それでいいと云って終った三千行を書いた時にはもう「旦那、舟が来ました」と云って舟の用意が出来て其処を出発しなければならなくなった時刻にやっと終ったのだったんです。それが三千行ありました。後にそれを出版する時に、柳田国男先生が樺太の事を北蝦夷というもんですから、北蝦夷古謡遺篇、遺った篇、あとお伝えする人が無いかも知れないというので、古い歌の遺篇という風に標題をつけて下さって、これを柳田国男先生が出版して下すったものなんです。

これを出版するまでの私の苦心。またこれが字引きに一つもない言葉ばかり。それを持って帰って何とかしてこれを読書百遍、意自ら通ずという事があるんで、暗記する程毎日毎日取り組みました。勤務は、やっと学校を卒業して翌年から三省堂の百科辞典の編集所、そこに言語学を卒業したものを校正部に一人欲しいというので入りました。石川啄木と同じ下宿に暮した頃ですが、啄木の話までふれますとお話がこんぐらかって、どっちも稀薄なお話になりますから、またお話の機会があるかも知れませんから、今日はアイヌのユーカラのお話をもう少し申し上げさして戴きます。

そうやって三省堂へ勤務致しました。実は、言語学という学問をやったために、その頃には中学や高等学校には無い学科なものですから、中学校、高等学校の先生をしながら、アイヌ文学を研究しようと思った心が、すっかり当てがはずれて、中学校の先生の資格が無いと言い渡されてしまいましたから、殆んど生活に困るところでした。幸いに三省堂の百科辞典の校正部へ入って毎日五時まで勤務しました。家へ帰るというと、このユーカラと取組んで、東西古今の有りとあらゆる文献をあさっては、これを解釈しようと、一つの同じ言葉がここにもある、ここにもある。これを書き抜いたり、アンダーラインを引いたり、暗記する程やってもなかなか意味が通りません。然し樺太アイヌ語は、北海道アイヌ語よりも古い面影を保存して居りまして、丁度樺太アイヌ語のふだんの言葉の文法が、北海道のユーカラの文法と一致して居ります事を発見致しましたから、樺太アイヌ語の研究はユーカラの研究には非常に役立ったのでありますが、それでもなかなか意味が取れません。ここのところ一つ意味が解りさえすれば、この頁の意味が解るんだが、これが何という事だろうと思うと、何とかしてアイヌに会いたいんだけれども、学校を卒業してしまえばもう家から補助を仰ぐもんじゃないと思ったもんですから、僅かな俸給でやっと暮しているだけで北海道へ出かける旅費は余らない。五年間苦しんでしまった。その五年目というのは、明治四十五年でございましたがね。此の中私は結婚もして居りまして、初めて持った子が四十五年の正月の七日に急性肺炎で亡くなり、二月には原敬という人の甥、原貢という人が、一高の秀才だったんですが、法科大学へ行って法科大学のフランス法の大秀才だったんです。これが二月一日に亡くなりましたし、四月十三日には石川啄木が亡くなりましたし、畏れ多くも明治天皇が七月二十七日にお亡くなりになりました。八月十八日になりましたら私の父が亡くなりました。本当にこの年は私の忘れ難い。あっ！　おまけに十月の一日になりましたら三省堂の百科辞典が余り念を入れて校正を九校も十校も取るために資本が固定して一時破産した事がある。編集所は解散になったために、私は失職して無収入になったのです。

もう息の根が止まるような年でありましたが、此の十月一日から拓殖博覧会というものがあり、上野の池之端へ日本全国の異民族を郷里と同じ家を造らせて住ませて博覧会のお客さんに見せる、そういう催しでアイヌが来たのです。北海道からも樺太からも、ギリアックもホックも来た。セイバンも来た。人類学の坪井正五郎先生がこれの諸言語を一覧の下に、例えば「今日は」という事はアイヌ語ではどういう、ギリアックではどういう、セイバンではどういうと、博覧会を見に来たお客さんに教えるように、簡単なものを作れと云って私に博覧会に毎日入って行けるような通用券をくれたものです。丁度失職しましたため朝から晩まで一日暇なので、ただ無収入だからどうして生きて行くかこれが問題だったんですが、たまたまその時に今の家内が「絶好の機会だから、何とか暮しは立てて行くから、後顧の憂なくこの機会にうんとやれ」と云ってくれたものですから、「よし！」とばかり朝飯たべると博覧会へ来て囲いの外からアイヌへ向ってもの云いかけて彼等の発音を聞いたり、会話の稽古をしてみたり、或いはものをとってみたり。夕方からお客さんが皆もう帰って行くからアイヌだけ退屈になる、そこへ私が入ってゆく。お客さんが誰もいなくなるとアイヌの小屋まで入っていける。そしてこのユーカラを読み上げますというと、アイヌの驚きと喜び、村にさえ知っている人がなくなるという時に、「東京という所は幾ら人が多い所だって、それを知ってる人がこの中に居ようとは思わなかったな」と云って喜んで私の行くのを毎晩々々待っているようだった。行ってそれを読み上げると本当に彼等が喜ぶのですね。何も喜ばせるのが目的じゃありません。そして要所々々をここが何だ、これ、何の事だ、と遺憾なく聞く事が出来た。五十日の博覧会へ毎日行きましたが、情熱的な時というものは朝飯を食べたきりで、昼飯も食べずに、私は家に十時頃帰って来て二度分の御飯をお茶づけか何かでがぶがぶっと食べる。それでももう問題じゃなかったんですね。

そうやって此の博覧会が済んだ時に、その樺太の三千行の叙事詩がすらすらと意味が通ってきて、そしてこれを浄書して上田万年博士、柳田国男先生のお目にかけて、アイヌはこういう口伝えの文学を持っている。詩ですから明らかにこれは叙事詩ですということをお話ししたら、ウーッと先生達は唸ってそれを御覧下さいまして、「これはアイヌというものを見直さなきゃならないな」と仰った。それから京都大学の新村出先生が、この叙事詩の中のアイヌの親爺が外国貿易に舟を乗り出す叙景、海の中へざんぶざんぶと漕いで行く、国土の岸が炉縁のように見える。今まで高いと思った山が炉縁のように低く見える。だんだん終には、塵のように遙かに三角形に見えるだけになる、とそれも見えなくなってしまうというような叙景が詩の形でうまく出来ているものですから、「アイヌの海洋文学は万葉集以上じゃないか」と褒めて戴いて、やっと私の何年かの苦労が報いられたものだったんです。

北海道から来ているアイヌ達が私に申すのには、「旦那、そういうようなものを調べたいなら、私の村にワカルタという盲人の爺さんがいる。盲人ではない時から、代々この方の達人を出した家だから、若い時に随分声はよし、節はよし、言葉も叮寧で皆を喜ばせたものだが、盲人になってからもう記憶が一層よくなって、聞いたらもう忘れない。これが沙流川下流のユーカラの代表的なものだ。『俺が死ぬというと沙流川のユーカラが俺と一緒に亡びてしまう。知っている人に会って書いてもらったら安心して死んで行けるんだがね』と云ってるんだ。旅費を送って来て下さりゃ、私連れて来ますよ」と云ってくれる婆さんが居ったのです。何とかしてこれをやり遂げたいと思っていました。

或る日、（母校の）文学部長の上田万年先生を訪ね、学長室の前を二三遍行き来しましたが、とうとうノックした。「入れ」とおっしゃるから、「はい」と云ってその話をしたんですね。私がまだ半分しか話をしかけなかったんですが、「是非呼び給え、旅費は幾らだ」「汽車賃十五円ばかり」「そうか」。ポケットから自分のポケットマネーをポーンとほうり出して「是非呼べ」とおっしゃいました時にはねえ、私は凡そ人にお願いするのに繰り返し二遍も三遍も行ってやっと承知されて来て嬉しいんですが、まだ皆言わない中にそういうふうに聞かれるということ、私も若い時ですし、感激しましてね。この先生の為なら死んでもいいなと思ったものだったんですね。本当に死物狂いでした。此の年寄りを呼んだ時、私は何も収入が無かったんですが、従ってその頃に私の家内の結婚式に着た帯だの着物だのというのが何処かへ行ってしまいました。私の袴だの、紋付等も、手も通さなかったんですが、結婚式はフロックコートだったもんですからね。だが、そうそう上田万年先生から、アイヌ語の研究費用として百円ばかり下りましたから、それを四ケ月に割って月に二十五円で暮らして、懸命にこれを筆記致しました。

此の爺さんといったら、本当に敬虔な態度の偉い物知りでして、私は、アイヌのユーカラの中のユーカラと云われる、刀の名前を題にした二大雄篇をはじめ、十四篇のユーカラを筆記させてくれた。十冊にいっぱいになったのです。丁度その頃に、日本の古事記というものは、稗田阿礼が暗誦しているものを太安万侶が筆記したんだというけれども、あの頃にはもう文字があったんだから暗記する必要が無かった筈であるし、人間一人の頭にあれだけ暗誦するということは、不可能の事だからあれは嘘だろうという説が起っていた。これをもって文学部長の部屋を訪れた時に、上田万年先生が私の十冊のノートを見て、一人のアイヌの老人がこれだけ暗記していたのか、それならばもう問題なくあの疑問は一遍に消し飛んでしまうと云って喜んで下すったのだったんです。

文字の無い時代の暗記力というものは、文字を持っているこの生活から想像しては到底想像できないほど、暗記しなければならないという心が盛んでありますし、暗記しようとする努力が盛んですし、暗記し慣れていて暗記力が旺盛であります。この間に偶然にも知ったのですが、あの人達の暗記力というものは、道端の親爺をとらまえて、君の親爺は誰だ、その親爺は誰だ、その親爺は誰だと十代くらい前まで知っている。恥しい話ですが私共お互い、お祖父さんのそのお父さん、ひいお祖父さんまでは、今でも知っていますけれども、それ以上になると私も存じません。アイヌの方へ行ったら、これは笑いものです。無学だなあと云われる。そういうことを今まで知らなかったんですね。今の世からすぐに想像しますから、一人の人間が暗記するのは不可能だと速断していたという事も、こういう事から可能だという事なんだという事が解って来た。

そうやって私が生涯の一等困った、一等仕様のない一、二年を、生涯のうち一等よく勉強致しました。此の明治四十五年即ち大正元年、その翌年は大正二年、その二年間の間に言語学を、それから北蝦夷古謡遺篇をまとめました。

その他に樺太アイヌ・山部安之助という南極探検に行って来た親爺、あの親爺、行きにも帰りにも私の所へ寄って、そして自分の自叙伝をアイヌ語でしゃべったのですが、樺太アイヌ語はこういうものだという標本はそれまで無かったから、此の親爺の口から樺太アイヌ語の文章をそこに記録をして世間へ遺そうと、そのため一代の自分の物語、南極探検へ行って来た物語等を記録に留める事が出来ました。

あの時若しも打撃に打ち負けて居りましたら、私の生涯は別のものになっていたかも知れません。どうやらこうやら私が自分の収入で親へ美味しいもの一つ食べさせる事が出来るようにならない中に父に死なれるものですから、人間の出世とは誰のためか、誰を喜ばせるための勉強か。その親が亡くなった今、まるでもう無意味じゃないかと、危なくアイヌ語の研究を放棄しようとまでしたのでした。いやいや親をさえ犠牲にしたこの仕事、生半可な事でいいものか。即ち悲しみは私を駆って私の仕事に火を入れた結果になってしまったから、あの五十日の勉強中は飯など眼中になかったようでありますし、そうやってやっと自分の生涯の基礎を築く事が出来たのでありますから、皆さんにおかれましては、順境にお過しになりまして、苦難等という事は無い方が結構でございますけれども、どういう事がないとも限らない。その時こそ奮って皆さんの生涯の大きな仕事を築き上げられるよう、この事が決して不可能ではないという事をどうぞ思い下さいますようにお願い申し上げる次第でございます。

まあそうやりましたので、それで私は母校の講師を命ぜられ、やがて樺太・北海道へ出張を命ぜられまして、此度は官費でもって北海道・樺太のユーカラの伝承者をあまねく探し、大正四年の夏、そうやってかつて私に沢山教えてくれましたヒダカの盲人の爺さんの村へ廻ったのであります。

その爺さんは、もっともっと教える爺さんでございましたが、爺さん達夫妻を養ってくれる、家内の姉の家族が病気になってしまった。医者がありませんので、病気の治療はこういう爺さんの加持祈祷が唯一の療法なもんですから、うちへ帰ってくれ、帰ってくれという手紙が来たので、残念ながら村へ帰ってしまった。十冊書かせてくれましたけども、まだ半分だった。そうやって村へ帰って皆を加持祈祷して癒したんだそうです。そして最後に自分が罹った。そういう時にはどうかすると、最後に罹ったのが神様に呼ばれるというアイヌの言い習わしがあるのですが、余り結構じゃないその言い習わしが実現して、その年の十二月七日にとうとう亡くなった事だった。それで昭和四年がその第三年に当りますから村へ行って爺さんの亡き跡を弔いましたが、此の爺さんは私へアイヌの宗教的な気持を話してくれます中に、死んだ人の祭の話をかなり詳しく教えてくれました。どの家にも家の東窓の外十歩の所に「ぬさだな」、神様に捧げる「幣の棚」が出来ていて、そこが拝所なんだ。神様を拝む場所なんだ。柳の枝を皮をむいて真白になったのを小刀逆手に房々と采配のように垂らしたものを彼等の方では御幣に使うのです。それを十本も立てます。ころばないように、横に二段に木を渡して、縛ります。垣根のように見えます。古くなりますというと柳の木は強いもので根が生えたり、枝が差したり、葉が出て来ますから一寸垣根のように見えるものです。よく乱暴な日本人がそこへおしっこなどして行くもの等がありますが、アイヌは、「仕様がない。知らないんだからね」と我慢して居りますが、これは神聖な所なんだ。どの家にもそれがありますから、此処で祖先神を祭る。捧げ物等そこへやって、祭る時には新しい御幣を立てるのです。そして御祈祷の言葉を述べて霊等をそこへおびきだす。陽が暮れると今度は家の中に招じ入れて、家の中で皆上座下座へ居流れて酒を汲みかわし、ユーカラをやったり等して御霊を楽しませる。そういう事をアイヌがするというのでしたけれど、今までの本というものは、西洋人が書いたものでも、日本人が書いたものでも、アイヌというものを野蛮人と見ているものですから、死んだ人は一向何も構わない。親の命日も知っている奴はいないし、位牌というものもないし、墓参りもしない。こう云って、まるで死んだ人を構わないという風になっていた。ところがこの爺さんがそういう風に人間に死者を弔うその祭の事をば「ムラツタ」――涙を流す事です――一年に三回大祭を行う、それをば「シングラツパ」という、こういう事をアイヌがやっているが、文字がないから位牌がない。暦がないから何月何日と命日を知らない。死骸を棄てた所は汚水の場所であるから足踏みをしない。さればといって死んだ人を全然構わないのじゃない。今申した東窓十歩の外に拝所があって、そこで何処の家でも皆死んだ人達を祭る。それが爺さんが云っているように果して本当かと思って、一つには爺さんの亡き跡を弔ってあの爺さんの第三年だから「シングラツパ」をやろうじゃないかと云ってみた。「シングラツパ」というのは大祭なんだ。そうしたら皆が涙を流して喜んで感謝して、本当にその爺さんが生きていた通りの事をしてその爺さんをいんぎんに祭ったのです。そして夜は一晩皆が集って踊ったり歌ったりユーカラをしたりして夜明かしをしたものだったんです。

この晩の事です。隣の家の青年、これが少しうす馬鹿なもんですから、皆が座に坐らせずにほったらかされておいたから、一人炉端の所で「また火鉢」をして居りました。私が此頃煙草を嗜んで居りましたから、炉端で煙草を嗜んでいたら、私に言うともつかず独り言ともつかず申すのには、「可笑しかったなあ。盲の爺さんがよ、先生から旅費が送ってきた時、どんなもんだ、俺らふだんは貧乏しているけれども、いざとなると東京の旦那からこうしてお迎えが来るんだぞ。今に帰る時は村の者にな、薩摩芋の一俵も土産にしてやらあって、ほら吹いて云ったっけ、あっはは、あっはは」って笑った。私も連れ込まれて笑いましたけどね。そうだったか、それなら云ってくれりゃそれくらいの事はしてやったのに、と暗然としたんですが、そのうす馬鹿青年が言葉を継いで「旦那からもらった汽車賃の余りでよ、爺さん何買うと思ったら、糸をどっさり買って来たもんだ。爺さんが言うのには、東京という所は、魚の高い所だった。俺ら裏の沙流川へ登って来る鮭の一匹も獲って旦那の所へ送りたいなあとそう云って、盲人が若い時さんざんやった鮭獲り網を手さぐりで編みに掛った。何日かかったっけなあ、何ヶ月かかったっけなあ、とうとう盲人の一心、網が出来たよ。出来るとその網を持って川へ真夜中に起きて行っては、一人でじゃぶじゃぶと鮭を追い廻してたよ。あははあ、あははあ、幾ら追い廻したって、追っかける方に目があるんじゃなくて、逃げる方に目があるんだもの。それでも凝りずに毎晩々々やったよ。可愛想に沙流川の盲鮭の一匹もひっかかってくれたらいいのに、とうとう一匹も獲らずに死んじゃった。あはは、あはは」って笑うんですね。私も連れ込まれて笑いましたけれども、何というあの爺さんのあの純情。実は私の家で偶には魚をと思って鮭の切り身を一日おき二日おき位に食べさせると、「旦那これは東京では幾らするんですか」「これか、二銭だ」。その頃、鮭が一切れ二銭だったようですね。高いなあ！って驚いて居った。東京は魚の高い所だ。旦那へ生鮭の一匹でもやろうというのだったんでしょうね。私がそれを聞いたら、笑っても笑っても涙が溢れてしょうがなかったんです。それから婆さん達、このつれ合いの盲人の婆さん、つれ合いまでも盲人になった。それからこれを養っているこれの姉と、それからこの盲人のアイヌを紹介して東京へ連れて来たコプアメという婆さんと三人居る所へ行って、「おい、婆さん達。あの爺さんのそんなに美しい話を、何故お前達、私に云って聞かせないんだ。あの阿呆野郎が云ったんで、はじめて解ったんだ。何も私、昨日今日来たんじゃない。来て一週間もあるんだ。そんなにいい話、何故誰も早く教えてくれなかったんだ」と談判気味だったんですが、三人の婆さん、一度に異口同音に、私に向って抗議してきた。「だって獲った話なら云って聞かせますけれども、獲りもしないことを話したって、旦那、何儲かりますか。それよりもしがない私達のああした、こうしたという事で有難い旦那様の気持を曇らしたら勿体ないから云わなかったんだ。隠し立てしたわけではないから、どうか怒らないで勘弁して下さい」。この人達のこうやって蔭であらん限りの厚意をやって、私がそれが少しも解らずにしまっても、何とも思わずに我慢している人達だ。ですから往々にして此方から行った和人達にいい土地は侵蝕されたり、それから騙されたり、侮辱されたりしても、仕方がないとこうして諦めている。我々は征服者の威をかって、知らず知らずこの被征服者の純情をどんなに今までも踏みにじったり、無視したり、知らぬ事とはいいながら、どんなにこの人達を悲しませて来たか。ちらちら私は北海道の方々で聞いた事があるんです。気がついたが因縁、私一人でもいいから幾らか償いをこの人達にしてやらなくてはというような気を抱かざるを得なかったからであります。

引き続いて二週間、この村のアイヌの家に寝ましたが、この旦那は、アイヌのこういう事が知りたくて東京からわざわざ来た旦那だと云って、婆さん達三人、見る影もない婆さん達ですがね、取り巻いて、一人の婆さんが済むというと次の婆さん、それが済むと次の婆さん、自分達の種族の神秘的な祖先の信仰の叙事詩を歌って筆記させてくれるのです。以前と違って今度は、一句一句私には意味が解るものですから、書きながら時々、この婆さん達から、何処を押したらこういうような音が出るだろうかと思うような、対句でたたんだ美しい詩の文句に、もう本当に胸がどきどきするものでした。もう畑時には朝から畑へ行く服装で鍬を持った婆さんが入口の所へ腰かけて昼になってもまだ居る。もう畑へ行くのに遅れてしまうんだろうに思いながら「おい、婆さんまだ居るのか、お前も教えて行くつもりか」というと、「私は何も存じませんもの」というから、ははあ知らないのかと思って、構わずこちらの婆さん達からまた聞いて筆記していると、気がつくと何時の間にかいざり寄って私の脇へ来て、「あはは、婆さん来たか、此度はお前だ」と云って帳面をそっちへ向けて書きにかかるというと、眼を半分薄目に閉じて「アカシヤポーイレシパチネー」ってやるんですね。その声の美しさ、節の美しさ、それから文句の素晴らしさにあっと参ってしまって、何処の国へ行ったらこういうような、来る人来る人が自分の祖先の遠い神話をば暗誦していて教えてくれるんだろう。昔支那の楚の国には隠者が沢山居て、孔子さんを驚かした。その楚の国に行ったら、そうでもあろうかと思ったり、二千年の遠い昔に生れ返ったというようなこの経験を私一人で味わうのが勿体なくて、他の人と一緒に分ちたいような、もう立身も出世も忘れて、何という私は幸福者だと二週間は忽ちそうやって此の人達の間に過したものだったのでございます。

そのノートがありまして、此の夏の此の婆さん達から聞いた神話の五冊が、私の蒐集帳の中で光を放って居ります。その中にはニーカップの酋長の青年が、「一子相伝で親爺が病が篤くなって死に際に私に伝えたので、私もこれをばそういう風にして伝えようと思っていたのだ。だがもう、だんだん聞いてこれを解る人も無くなってしまうところだった。旦那が盲の爺さんに聞いた、あの刀を主題にしたイサベルマルというユーカラを私は聞いた事がないので、若しそれを聞かしてくれるならば、私はこの一子相伝のカムイオイナという最も神聖な、異民族に知らせないどころじゃない、同族の者でも滅多なものには聞かしてはいけないために、一子相伝になっているそれを、旦那に書いてもらって後の世に遺してもらいたい」、そう云って教えてくれたトローオイナというものと、カムイオイナという、――オイナというのは聖なる伝えという事です。それに「大きな」という言葉がついてトローオイナ「大聖伝」、カムイオイナというのはカミ、「神々しい聖伝」――、そういうのが五冊の帳面の中にあるのであります。幸い私は愛されて育ったものですから、ああいう異民族の、ざっと見ると、乞食の婆さん達のような婆さんの中に入っても、あの人達を愛する事を知っていたお蔭で、あの人達も私へ、そういう神秘な自分達の秘密の神話を皆打ち明けてくれたのが、実は幸せになった次第でございます。

時間がたちましてどうかと思いますが、南海岸第一のユーカラの名手という、幌別のムナシのフックというお婆さんの一家の事を一寸申し上げて結ばして戴きたいと存じます。ムナシのフックは、室蘭線の幌別村の大酋長の家内でありましたが、二人の娘を持った時に主人に亡くなられて寡婦になった。この二人の娘は珍らしい利口な娘達だったために、日清戦争の頃にミトロシップというイギリスの宣教師が函館へ伝道学校を建てて、伝道のアイヌの中から四、五十人の有望な青年男女を教育した事があったが、その時選ばれてその中へ入って、七年函館で勉強して、卒業後この二人の姉妹がアイヌの伝道婦として働いたんです。けれども、この二人共独身で伝道婦となっては家系が絶えるから、妹の方を知里家へ縁づかせて登別に一家を構えた。姉の方はマリヤと云った。日本名は「松」というんですが、この人は若い時に高い所から落ちて腰を痛めて松葉杖にすがる不幸な不具な身で、それで独身でとうとう伝道婦として、大正七年頃には旭川郊外に教会を持ってそこに老母と自分と、それから妹が生んだ女の子の長女雪枝という十六になる人を養女にして三人の女性で此の教会を持っていた。そこへ私が名前を聞いて尋ねて行きましたら、すぐに話がはずんで忽ち、「あっ！　今のはあれは終列車、先生お帰りになれません。泊っていらっしゃいませんか」と云われて、私ははたと当惑したんです。その時お婆さんが、何だかアイヌ語でものを云っているのを聞きますというと、「先生ならいいさ、先生なら別だよ」と云うので、ははあここは女性三人の家であるから、アイヌの親爺等が来ても何か泊めるというのは法度になっているような、だが私だったらアイヌの男とは違うということだったらしいので、私ははっと驚いたんです。お婆さんが「先生はお泊めする事は差支えないけれども、明日何か差上げるものがあるか」と云ったら、松さん、四十代の中婆さんだったんですが、「それがねえ、無いんでねえ」と云ったら、その十六になる養女の雪枝さんが、「どうせ私達の家に先生の口に合うものなんぞない」と云った。「私の食べ物なら何も心配しなさんな、私はアイヌ部落で泊る時はよくね、そら、そこにも北海道のじゃがいもがある。それはおいしいから塩うでしてもらうと、それで朝食も昼食も夕食も通して居りますよ」っていったら、解られまいと思って話したアイヌ語の内輪話が、筒抜けに解られてしまったので、じゃがいもで結構だと云うので、私の無雑作というか、可笑しさというか、三人転げるようにして笑って居りましたが、その時雪枝さんが、「お隣りの校長先生の家へお願いしてみましょう」と行きましたが、断られて「じゃ先生、むさ苦しいのを我慢して下さいますか」と大きな蚊帳をつって居りましたが、「蚊帳だけでも借りたい」と云ってもう一遍行ったんですが、これも断られたんです。「ではどうぞ我慢して下さいませ」と云って、次の間が何しろ日曜学校に使う部屋だから非常に広い。部屋一杯の蚊帳をつったんです。隅の方へま新らしい、さっぱりしたシーツ等敷いてくれたから、「どうも有難う。済みません。それじゃお休みなさい」と云って枕へ頭をつけたら一眠り、私は疲れて居るもんですから、ぐっすり何も知らず、眼を醒ましたら、陽はカンカン、あっと起き上がって井戸端へ行って顔をぶるんぶるん。昨夜の炉端へもどって座ってみるというと真中へ鍋一杯じゃがいもがおいしそうに煮立って居りました。やあ御馳走様といって食べながらそれを見るというと昨夜寝る時と炉端が何だか模様が変って居るし、炉の中に檜の小さな枝が半分焼けたのがいっぱいあるんですね。こんなの無かった筈だ。「はてな、皆さんは何時あの蚊帳へ行って休んで、何時起きたんですか」と云ったら、顔を見合わせてどうも返事が曖昧なんだ。突っ込んで、突っ込んで聞いたら、やっと解った事は、三人の女性はこの風来坊を一人安眠させるために、蚊の多い暑い旭川の夏の一夜を炉端へ蚊やりを炊きながら座り明かした事が解ったんです。それも私が無理に聞いたから解ったので、隠していたらそれが解らず終いだった。あっと思った。もう遅い。何という此の人達の、旅人を愛する此の純情。昔の北条時頼公ならば、佐野源左衛門が鉢の木を焚いて歓待したお礼をば、他日鎌倉の晴れの場所で所領安堵の記念だの大変な御褒美で面目を施こした。時頼公はいい気持だったろうと思いますが、此の貧乏学究が、これ等の人のこの情に何を以て報ゆる事が出来ようかと思ったら、辛く、悲しくさえなったのです。「宿かさぬ人のつらさをなさけにて朧月夜の花の下臥（大田垣蓮月）」という歌がありますね。宿を断られたその辛さが、今はお蔭で、桜の満開の山の花の下へ寝ていい気持の体験をした。隣の校長さんがもし宿を貸してくれて寝たら、私の半生が全く別のものだったでしょうが、そこへ寝たばかりにそういうアイヌの人達もまた、何とも云えない美しい純情に触れまして、その上一晩寝かさなかった上に、うるさく質問して苦しめるんじゃないと思って早く暇を告げました。

暇を告げて編上げの靴の紐を結んでいるときだったです。その松さん、四十婆さんが娘さんへ、「雪枝、他の方ではなく先生でいらっしゃる、お前も作文だの清書だの見て戴きなさい」「いやなお母さん」と云って照れて居りましたけれども、悪びれずに持って来た。見ますというと、お清書も立派だし、作文がまるで美しい文章体の、詩のような美文を書いて居りました。それに仮名遣いとか字画の間違いがありはしないかと、私は校正係が商売ですから、意地悪い眼で見ましたけれども、一つも誤りが見出せなかったんです。覚えず私は感歎したんです。「雪枝さん、こんなに日本語が上手だ。でも可愛そうにアイヌ語は一つも知らないでしょうね。そう云うのが習慣なもんですから」と何気なしに私の口から漏れたのです。そしたら、お母さんの松さんが私の肘をひったくって、「雪枝といったら、お婆さんの懐でアイヌ語の片言からはじまり、今では年寄にも譲らないくらい達者だ。お婆さんの口真似してユーカラまで出来るんですよ」。私は、幾らなんでもこれはお母さんの子褒めだと思ったんです。そして雪枝さんの顔を見たら、雪枝さんはお母さんの言葉を否定も肯定もしませんでした。そしてその時膝を乗り出して、「先生、私達のユーカラのために、先生が貴重なお金、貴重なお時間をお使い下すってそんなに御苦労をなさいますけれど、私共のユーカラはそれ程の値打があるものなのでしょうか」とこだわらずに出た質問に、「それなら、私も誰に向ってでもいっぱい云ってきた事を申そうじゃないか」と、靴の紐を結ぶ事等は止めてしまって、「雪枝さん、あなた方は、アイヌ、アイヌ、アイヌの一語をまるで無学文盲、無知蒙昧、劣等種族のように聞いて来た。人間と犬との合いの子のように思われて侮辱されているんじゃないですか。ところがユーカラというものはあなた方祖先の英雄談をば、詩の形に歌い伝えている。これは叙事詩というものなんですよ。叙事詩というものは、西洋ではギリシャのイリアッドとオデッセイ、ローマではエニードというものがあった。東洋ではお釈迦様達仏教を讃じたあの人達がマハーバーラタというものと、ラーマーヤナという二大叙事詩を持っているんだ。最近百年ばかり前に、カレワラというものが北欧の民衆に口伝えされていた。それから見たら五番目にユーカラが列していいと思う。あなた方がこれを持っているということたった一つでも、あなた方が劣等の種族でないという何よりの証拠じゃないか。そればかりじゃない。此の事実というものは我々の祖先の昔もかつてこうだったんだけれども、それは千年二千年の大昔の事で、今から覗きようもない。幸いにあなた方が文字を持たなかったがために、この我々の祖先の二千年前の昔を如実に伝えている。私があなた方のこれを調べることは、単にあなた方の調べをするんじゃなくて、よってもって我々の祖先の事を調べる貴重な資料であるから、私の全財産を傾けても、私の全生涯を注いでも惜しいと思いません。但しあなた方は違いますよ。あなた方はどんどん新しい事を学んで後ろ指を差されない日本人として生きて行かなければならない人達だ。私達は皆さんの後から落穂を拾うつもりで私はこれをやっているのだ」という風に私が話して来た時でした。雪枝さんが大きな眼いっぱいに涙をしましてね。「先生解りました。初めて眼が醒めました。縁もゆかりもない先生がそんなに思って下さいますところの私達の祖先が私達に遺してくれましたユーカラは、私達は何の気もつかず、私達の事といったら何でも肩身の狭い、恥しい事のようにばっかり思っていました。何という愚かな事でございましょう。この眼の醒めました今日を境に私は決心を致しました。私の全生涯を挙げて祖先が遺してくれたユーカラの研究に身を捧げます。雪枝が生きているとお聞きになりましたら、ユーカラの研究をやっているんだと思し召し下さいませ」。これが十六娘の咄嗟の言葉ですよ。圧倒されましたね。私は、「おお雪枝さん、いいところへ気がついてくれた」。けれどもたかが十六娘の言葉だと思って大した重きを置きませんでしたけれども、それでも、「今に私はね、北海道へ、爺さん婆さんの代りに貴方へ聴きに来ますよ」と云って別れたのは大正七年の夏の話。

北海道開道五十年の年で、あの年に私は北海道をぐるっと廻りました。その年の末です。四年たったらそれもすっかり本当になったんです。雪枝さんは、神々のユーカラ十四篇をお婆さんがやっているのを、自分でローマ字で横書きに書いて、右の方にはそれの逐語訳を美しい日本語で、下へフット・ノートを添えて、それを手土産に東京へ現れて来たのです。語学の天才だったんです。学問が出来るばかりでなしに、人間が本当に純情な、キリスト教の洗礼を受けていてあんな純な娘さんがと、本当に驚く程です。あの学校へ入った時に、旭川の女学校では、私が行った時には一年生だったんです。一年生の一学期がすんで夏休になったところだったんです。その頃にはまだ学校の同級生が、「ここは貴方の来る所じゃないわよ」と云うんだそうです。アイヌの子供っていうのは小学校きりなものですから、女学校へ入った初めのアイヌの乙女だ。ですから、「貴方の来る所じゃないわよ」と云って遊んでくれない、何をやるにも皆、のけ者にされる。うっかり「おお寒い」なんて云うと、「こんな毛皮を着ていても」と云って馬鹿にする。雪枝さんはやっぱりアイヌの人ですね。毛が多い、こういうところから見えている。それでそう云われると一等痛いところへ触られる。帰りには涙ぽたぽた落しながら帰り帰りしたもんだそうですけれども、朝になって床の中で目が醒めると、「恨みに報ゆるに恩を以てす」、何という美しい言葉、私にそれが出来るかと、神様がこういう境遇に私を置いたに違いありません。神様、私それが出来るか出来ないかそれをやってみます。そういう気を起して朝になると元気になって今度はのけ者にされても笑われても構わずにっこり笑って、困っている人があると、うんとよく出来るもんですから、丁寧にそれを謙遜に教えたりなどして、三学期になったら「ああ、あの子は」と云って先生も生徒も何だか自分を黙想するような様子があったが、二年生になったら、どうでしょう、その同級のお嬢さん達がね、アイヌの此の娘を自分達の級長に選んだそうです。東京の人はアイヌというと、少し隔たっているもんですから、ロマンチックに考え勝ちですけど、北海道の人は、アイヌと云ったら本当に、犬と人間の合いの子くらいに思っているんですよ。いや人という言葉が当てはまらないです。人と云ったら日本人。アイヌと人々を差別するそういう気持ちの人達が、自分達の級長に選んだという、此のお嬢さん達の自分の非を悟ること、ねえ！　勇敢な、美しい、本当に立派な事だと思う。この事を、雪枝さんが死んだ後、小説を札幌の新聞で読みました。あの頃に新聞が十円の懸賞の小説をよく募集したものです。その中にある時、女学校へアイヌ人が入って来たのを皆で侮辱したり差別待遇したりしたけれども、この立派に美しく恩を以て報いられた皆が、謝ってお詫びをしたという事を書いた小説だったんです。雪枝さんが死んだから聞く事が出来なかったんですけれども、他にアイヌ人で女学校へ入った人はありませんでしたから、雪枝さんをモデルにした小説だったようです。

この雪枝さんに私がアイヌ語で疑問に思って聞きますとね、さあもうはっきりと説明して、同じ様な例を袋の中から出すようにどんどん言ってくれる。英語だったら複数単数という事がありますから、何時か英語を教えてこれは単数でこれは複数だと云ったんです。動詞についての時だったんですが。そしたら「そういう事ならアイヌ語にもございます」といって、例えば一人で座っている時はアとい うけれども、何人も座っている時はロックといったり、一人の人が行く時には、アロパというけれども、沢山の人の行く時にはパエと云ったり、来るという言葉もエックですけれども、沢山来るという時にはアルキといったり、こういう風なのが沢山ある。こういう事は私は知っては居りましたけれども、三人のアイヌが来た、とそういう時に、レ・アイヌというと三人のアイヌということ。人と三だからエックでなしに複数のアルキ、レ・アイヌ・アルキというと、アイヌはきっとレ・アイヌ・エックと直すんです。三人だから複数の方を使って、何故直されるのかそれが解らなかった。果してこれが複数だろうかと思うと、何人もの時はこういうんだと年寄が云うんですから、まさに複数形だ。しかし(動詞に)複数形を使うというと、複数形じゃない方に直される。これが私には十何年疑問で疑問で、果てしようがなかったから雪枝さんに聞いた。そしたら何でもない事だった。三人と三と断ったから来たのは一人じゃないという事は余りにはっきりしているから、ここを複数を使うというと、馬から落馬したとか、被害を蒙ったとかいう事と同じになります。こういう風にしてもう三とか五とか一人じゃないということをはっきり数詞を用いて表現した時には、動詞は複数を使うに及ばない。即ち諒解の限度に於ける文法なんだ。イギリスなどの文法だというと例えば、スリー・メンというとアーと云わなければならない。スリーと云ったからもう一々、一人じゃないって事は解っているのにスリーと云ったからと名詞も複数にする、動詞も複数にする、これは必要以上に文法に走ったぜいたくな形だ。これはイギリスの有名な第一流の言語者のヘンリー・スウィートも云って居りますし、イーストレーキも云っている事なんです。だからそれに慣れているというと他の言葉もそのように思うのが人間の弱さ。こういう風に世界の言語の中には、必要限度の文法があるんです。アイヌ話はそれだ。そうやって見るというと、ヨーロッパの言語にもそれがあるんです。ウラル山脈の中にある多くの言語だの、ウラル山の東の方の北氷洋の方にある言語も皆そうなんだ。そういう風な事が何でもなしにはっきりと雪枝さんが説明してくれる。こういう風にして、後に恩賜賞を戴きました私の叙事詩の文法の研究は、雪枝さんの教えが数々あったのでございます。

この雪枝さんは残念な事に、私の家で亡くなってしまったのです。自分の苦痛を話して心配させる事は悪いこと、こういう観念の人だった。それから人間の凡そ犠牲になったというような話を聞くと涙を流してその人のためにお祈りをする人でした。勿論キリストが人類の犠牲になったからそれでキリストを讃美するあの耶蘇教的精神でしょうが、そうやって犠牲になったお話等はよく知って居りまして涙を流して話したものでした。そうですからこの集めてきた神々のユーカラを一冊の本にしてあげたんですが、その最後の校正を終えると一緒に心臓麻痺を起しまして、口からあの赤いしゃぼんの泡のようなものを限りなく吐いてしまった。何だかあんな事がなかったんですが、「先生！」と云って、手をこう出したんです。何だろうと思って、「どうした」と云ったら、「はあーっ」とそれを吐いたんです。覚えずその手につかまって、「雪枝さん！　雪枝さん！　雪枝さん！」と連呼した三声目に微かに答えたそれが最後だったんです。天から恵まれた唯一の宝玉を手から取りこぼしてしまったのです。この罪障はどんなことをしても私は償う事が出来ないのでありますが、それだけなら未だしも、国にいる老母が、「雪枝が死んだ。雪枝が死んだ」と云って夜も昼も泣いてとうとう睡眠も出来なくなり、食物も食べられなくなり、とうとうそれで死んでしまったのです。

お婆さんこそは南海岸第一の名人だったんですが、あまりに痛々しくて、お婆さんから一行も筆記しない中に死んでしまったのであります。そのときに、四十婆さんの松さんから、「もう母も亡くなる前に、あまり悲しんで少しもうろくして、ユーカラをやっても途中から別のものになって到底駄目になりましたから、私がどうにか伝えてこれを先生にお教えしますから」と云って私を慰めてくれて居りましたから、老母が亡くなった時、「もう老母も亡くなりましたし、それから日本の聖公会の方も、イギリスから独立して、イギリスから月々のお金が来なくなったので同時に退いてしまった。それで雪枝の七周忌の時には、東京へお墓参りに参ります」と言っておりましたが、昭和三年頃にとうとう松葉杖にすがってやって来たんです。亡くなった養女の志をも遂げしめ、北海道南海岸第一等の老母の薀蓄をも私に伝える、そして雪枝さんの墓参りを兼ねたものだった。ところが東京へ来て見たら、私は朝から晩まで忙がしい。学校を五つも六つもかけ持っている。言語学の講義というものは一つの学校でも二時間しか入用のないものですから、一つの学校から僅かしかもらえないものですから、五つも六つも学校をかけ持った。幸い、こっちへ来てくれ、あっちへ来てくれといって下さる。私はアイヌ語を専門にするんですから、周旋の口など探した事などないのです。どうせそんなものを教える学校はないから、頼んだって出来っこない。どうかするというと、あいつが苦しんでいるそうだ。俺の方へ来て言語学やれ、俺の方へ来て言語学やれといって下さるもんですから、もうその中には五つも六つも七つも学校で言語学をやって、どうやらしのいで居ったんですが、そのために松さんが折角私に教えようとして来ても、大抵、私は書けなくなっちゃった。もうそれは精神を集中しなければなりませんから、へとへとに疲れて帰っては書けないからすぐに寝てしまいますから。それで松さん、退屈しちゃった。或る時私が帰ってきた時、「先生、退屈しましたから、これを書いて置きました」と云って昔習い覚えたローマ字で、老母の言うのを自然に覚えて暗誦しているのを書いて置いた。「イレシユシヤポイレシユユピイレシパチネダンヌカネカツコロカニオカアニケカムイカツチヤシチヤシウシチヨロアユオレシユ」。そういう風なものだったんです。私がこう読みましたら、お婆さん喜ぶの喜ばないの「私が書いたのでも、先生がそういうようにお読みになりますならば、何も先生を煩わす事がございません。私が書きます」と云ってそれから書きも書いたり、お婆さん、国へ帰ってからでも書き続けましたから、昭和三年から昭和十九年迄に、七十二冊書いた。一万五、六千頁です、等身大。これは日本の御婦人だってなかなか容易な事じゃありません。

これは、たった一つの文献ですから、焼いたら無になりますから、戦争中これを焼くまいとどんなに苦心したか。その苦心談をきいて国学院大学のあの文化研究所が、よし、マイクロフィルムに撮ってやろう、と云って全部をマイクロフィルムに撮りました。ついでに盲人の爺さんから私が書いたり、婆さん達から書いた私のも四十冊あります。これも撮っちゃった。それからそれをとうとう写真に焼いて副本二通をこしらえたんです。それは大変な容積です。こんな解らないのをただ蔵って置いても仕様がない、金田一先生にこれを訳させようじゃないかと誰かがいい出したんだそうです。私がそれを伝え聞いて、私達は出版も出来やしまいし、誰も買う人があるまいからといったら、文化研究所で会議にしたそうですが、物さえあれば金は何とかしようじゃないかと、理事の中に渋沢敬三さんだそうですね。それで計算してみると三千万円かかるというんです。そうしたら渋沢敬三さんは、「三千万円はどうにかしようじゃないか」といったんだそうです。それで国学院の文化研究所は学校の研究所の研究題目三千万円の予算、「アイヌのユーカラの研究」と積立をちゃんと書いてあった。そこへロックフェラーが日本へ来て、私立大学の研究を、何処の大学でどういう研究するか書き出せ、早稲田大学だの慶応大学で、こちらでは九万円の予算でこういう研究をしている、十五万円の予算でこういう研究をしている、とこういうものだった。国学院は三千万円。そしたらロックフェラーという人も大きな人ですね。他の研究はヨーロッパやアメリカでもやっているが、アイヌのユーカラとやらは、これこそは日本だけの研究、こういうことへこそ援助したいといって、それが承知されて、何でも受け取りに来いといって受け取って来たもんですよ。第一回目に受け取った時に新聞へ出ました。慶応が九万円だとか、早稲田が十五万円、国学院は三千万円と書いてありましたが、小さいところへ書いてあるから誰も余り見なかったんですね。

三か月もたってから朝日新聞がそれに気がついて、「どういう事です」といって来たから、国学院の文化研究所へ行って聞いて下さい、といいました。何でもあれは八月頃でしたか、その事が出ておりました筈です。こうやって、この松さんの仕事も私の畢生の仕事になって今翻訳に一生懸命になっている。幾らか松さんの労苦も報られようとも思いますし、それから何とかしてお礼をしたいと思っておりましたが、文部省だの無形文化財保護委員会へ話が行って、松さんへ三十一年紫綬褒賞が降りました。年金養老金五万円を受取るようになった。でも、私は何もお礼の約束もしないけれども、私のために筆記する時には、こんなに書いたお婆さんが、文部省が、「役所は形のないものに出せないから、何か書きなさい、そうしたら五万ずつ上げます」というのに一行も書かない。それで文部省がびっくりして私のところへ来て、どうしたもんだろうと云う。私も仕様がないから飛行機で飛んで行きました。「お婆さん、何で書かないんですか」。そしたら書かないのも道理、妹夫婦の家の玄関の所にこうしているだけで、毎日人が出入りするでしょう。それはユーカラを筆記するとしたら、少し微醺を帯びて夢幻の境地に入って、そしてありありと目に見るように状景を想い浮べてそれを書くんですから、毎日人が出入したり、子供がぎゃあぎゃあ泣いたりする所にいるので出来ない。それでお金を少しやってお婆さんの家を一軒を建ててやりました。そしたら書くと思ったらそれでも書かない。「もう金田一先生にみんな書いてやったから書くものがない」といっておったそうですが、文部省では、八十四になりますからね、「御老体に無理にとは申さない、結構です」といって一回だけ甥の知里真志保博士がお婆さんのいうのを書いてそして出ました。（以下約十分間機械の故障で録音が入らず遺憾ながら割愛しました。）

以上長時間にわたりご清聴を感謝します（拍手やまず）。

昭和三十五年五月十五日　ご講演

元大蔵大臣 日銀総裁

渋沢 敬三

■ 渋沢 敬三（しぶさわ けいぞう）略歴

1896年（明治29年）〜1963年（昭和38年）
東京生まれ。日本銀行第16代総裁、民俗学者。渋沢栄一の孫。1918年東京帝国大学法科経済科入学。柳田國男との出会いから民俗学に傾倒し1921年「アチック・ミュージアム（屋根裏博物館）」をつくる。横浜正金銀行に入行。1926年第一銀行取締役に就任。1934年日本民族学会を設立。1944年日本銀行総裁就任。1945年、幣原内閣の大蔵大臣に就任。経済団体連合会相談役、国際電信電話（のちのKDDI）社長、文化放送社長、高松宮家財政顧問などを務める。
実業界で活躍する一方、アチック・ミュージアムは後の日本常民文化研究所となり、収集された資料は現在の国立民族学博物館の母体となった。また、宮本常一、梅棹忠夫、江上波夫、中根千枝、川喜田二郎、今西錦司、網野善彦ら、さまざまな分野で多くの学者を育てた。

著書「豆州内浦漁民資料」（日本農学賞）「日本釣魚技術史小考」、「日本魚名集覧」、「塩俗問答集」ほか。

塾創立五周年記念講演

今日は特にこういうお話をしたいといった大きな事はございません。思いつくままに極めて散漫ではありますけれども、二、三申し上げてみたいと思うのであります。話が多分突飛になるかも知れませんが、その点はどうかお許しを願いたい。

始めに私が最近に出合いました事件で感じました事を一つ申し上げます。それはこの二、三年前から私の友達の川喜田（二郎）君という方が、ネパールの奥へ探検に参りました。今映画でかかって居りますが、ネパールの奥を探検してそれを映画にとりました。これは民俗学的並びに社会学的な意味に於けるエクスペディション（expedition 探検隊）であります。極く優秀な学者が参ったんでありますが、これに読売新聞の映画をとる方の大森君という方もついて参ったんであります。ネパールという国は昔から鎖国をして居りまして、最近にその鎖国を解いた、世界の新しい国であります。ですから有名な一九二二年に英国のエクスペディションがエベレストをアタックしたんであります。この時にはマロリーとアーヴィンと、この二人が殆んど頂上まで行って、そして二人だけで三度目のアタックを一番上のキャンプからやりまして、そこが写真にとれて居りますが、それから或るリッジ（尾根）へたどりついて、向う側へ行ってそのまま消えてなくなったんであります。これが一九二二年の悲劇でありますが、私は丁度その時分にロンドンに居りまして、その写真を見て知って居るのであります。その時の大将はジェネラル・ブリッジであります。ブリッジさんとも私はお目にかかった事があるのであります。非常に皆をショックした事件でありました。さすがにエベレストはなかなか人を近づけないという感じを皆に持たせたものであります。その時はネパールは鎖国して居りましたから、英国の部隊はネパールからアプローチが出来ない。従って西蔵（チベット）の側から登ったんであります。

ところがネパールはもう開国を致しましたので、最近のエベレストのエクスペディションは殆んどネパールから登って行くようになって居るようであります。ところがその川喜田君のとって参りましたフィルムの中に一つ非常に面白いものがある。それはあの辺の鳥葬、バード・フューネラル、鳥のお葬いであります。ネパールには色んな種類のお葬いの形式がありまして、カソマキ、トソマキ、同時に鳥葬というのがあります。これは皆さんも歴史でお習いかも知れませんが、ボンベイのすぐ近所にタウル・サイレッツというのがあって、そこでワルチャワ、いわゆる禿鷹に人の死骸を喰わしてしまう。それを本当の田舎で地でやっている所であります。話には聞いて居ったけれども、本当にあるかどうかという事は皆疑っていた。

ところが川喜田君の一隊が約一ケ月以上同じ様に住って、その村の人々とも仲よくなり、いろいろその村の事を調べている中に、そこのお婆さんが一人死んだ。そこでどんな葬式をするかと思ったら鳥葬である。村の小高い山へそのお婆さんをかついで持って行って、これは大体ラマ僧がやるんですが、それは皆自分の息子・親類でありますから、息子や親類がかつぎ上げて行って、甚だ残酷な話に聞えますが、そこで鳥が食べ易いように直系一族が刀でもって体を解剖しちゃう。そしてばらばらにして鳥の食べ易いようにしてやる。そして自分達は下へ降りるんです。そうするとワルチャワが何処から見ているもんですか、忽ち見つけて非常に沢山のワルチャワが飛んで来て、そして忽ちの中に大きな骨だけ残して全部たべちゃう。そしてそれが結局天に帰ったと思って子孫の人はそれでいいお葬いが出来たと思うのが、鳥葬であります。

これは考え方によると非常に惨酷でありますが、そういう一つのしきたりがある。これは全然今までそういう意味で目撃した人もなければ噂だけの話だったんであります。それをいきなり写真に撮り且つ映画にまで撮って来たんであります。しかもカラーで撮れたんであります。それが今何処か都内でかかって居りました映画のネパールの探検記の中に入って居ります。非常に珍しい、世界で初めての記録映画であります。

そのスライドを私が拝見いたしまして、非常に感じ入りまして、私もこれまでそういう国際的なエクスペディションにはいろいろな意味でお世話をして居ったもんですが、金もかかる。そこでこのフィルムを一つ何とか、私は「ライフ」という雑誌はそう好きではありません――いろんなコマーシャリズムの雑誌でありますから好きでありませんけれども、しかし世界の珍しい事を出している雑誌です。事によったらライフにでも出したらば、或いは学者の方の名も世界に聞えて来るし、かたがた高く買ってくれやしないか、こう思ったんであります。しかし、私はライフのツテがない。ところが、そのうちに偶然私もヨーロッパへ行って居りまして、ライフを見ましたら、私の知人でありますが、米国のノルベという銀行がありますが、その副頭取をしているワトソンという方があります。その方がまた面白い人で、世界的な銀行家であるに拘わらず、世界的なきのこの学者なのであります。きのこの学者は沢山居りますが、イタリーのプレサポアという大僧正も大学者であります。その他最近日本に参りましたソルボンヌ大学のエイジュという先生なども世界的なきのこの学者であります。そのエイジュさんときのこを作って居られる程のきのこの学者なのであります。このきのこの学者が休暇毎にメキシコへ行きまして、メキシコは御承知の通りまだ開けない部族の居る所が沢山あるんでありますが、その山奥の中の或るきのこをたべますと幻覚を生ずる、ハルシネーション（幻覚）をおこす。日本でも、笑い茸とか、或いは気違い茸といったようなものをたべて、非常に神経が別の方向に走って行く傾向も一種のアルカロイドでありましょうが、持っているものは沢山あるんであります。それをむしろ宗教的な儀式として食べて、そして自分の幻覚を起してそこで色んな事をいって、それが信じられる。これは非常に原始的な宗教状態でありますが、そういうのがある。彼もそのきのこを是非見たいと思ってわざわざ行った。そしてやっている中に、そこのお婆さんが食ってハルシネーションを起して色んな事を云う。つい御自身も面白がって、自分も食べてみたそうです。そうするとしばらくたつと起ってきた。然も非常にワトソンは面白がっていましたが、自分は砂漠へ行った事がないんだそうです。一遍もアラビアにもサハラにも行った事がないにも拘わらず、目の前に立派な砂漠が出て来てしかもラクダが歩いている。オアシスがある。絵では見たに違いないけれども、実際自分は行った事がないんだけれども、如何にも曽て自分が行った所に行ったような感じがして、ハルシネーションを起して非常に不思議に思った事があると云って居られました。

その写真を実によく沢山撮ったのをライフに載せてある。これだ、と思って、実は去年のI・C・Cという国際商工会議所の会議に私が参りました時に、私はそのスライドを持って、そしてニューヨークへ行ったついでにワトソンさんに会って、こういう写真があるんだがどうだろうか、ライフは買わんだろうかと相談してみた。そうすると、しきりと見て居られましたが、これは面白い、世界で全く珍しい写真だから、これなら買うだろう。僕がすっかりアレンジするといって、わざわざ電話をかけて、ライフの編集次長のルットンという人にアレンジをして、私をわざわざ連れてそのライフ社へ行ったんであります。私もはじめて入って見た。そしてルットンさんに会ってその事を話して、これはどうだろうか、使えるだろうかと云って聞いてみた。約四十枚ばかしのスライドで、他のものも写って居りました。大きなテーブルがあって、そこに四角の磨硝子があって、下へ電気がつく様になっている。そこへそのスライドを並べまして、電気をつけて、上からルーペで見て行くんです。これは面白いと言って見ているから、これはしめたもんだと思って傍にいた。すっかり見終った時にこちらを見て、「これは使えない」と言うんです。

私は非常に吃驚したんです。あれだけほめていて、何を言うかという感じが致しました。然し怪訝なく言うもんですから、ついルットンさんも笑いながら、「実はこの写真は甘いんだ。一体この写真は日本のレンズだろうね」というから、「無論そうだ」。「どうも日本のレンズはこんな筈はない。ライフのカメラマンは殆んど日本のレンズを使っている。非常にいいんだ。にも拘わらずこういうのはおかしい。君、この写真機を買って海外へ行く時、一遍新聞でも写して見て、これをうんと拡大してテストしたか」と来たんですね。これには一寸参った。そこでなかなか私も承知しないものですから、それじゃってんで、今週出たライフの別の絵のスライドを持って来いって、下の人から取り寄せました。二つをくらべて見て、相当よく写っていると思っていたんですが、よく見るとまるで甘い。一言もない。小さな三五ミリのスライドを大きなものに拡大して印刷するにはたしかに甘かったようであります。

それで私は非常に教えられた。つまりアキュラシイ（accuracy 正確さ）という問題です。日本人は絵をかいても、絵を見ても、昔から墨絵というものがあって、或いは日本画もそうであります。むしろ正確を尊ぶよりは、大きく一筆で書いたものに何かそのものの本質を表わしている。それに満足する傾向を我々は持っている。芸術として推賞すべき本質的な問題をそこに含んで居ります。しかしこれにはどっちかと云うと、日本人はその方に慣れすぎて、むしろはっきりした事は芸術的でないという人が多いんであります。私もその一人であります。ところが写真を印刷するという事になるというと、それでは駄目なんだ。やっぱり非常なアキュラシイがなければ、精密度がなければものにならん、ということの痛棒をくらったわけであります。

そこで私が学びましたのは、なるほど西洋の人というものは発達した基盤というものを持っている。これが自然科学ならば何処までもこの精度が問題であります。無論、物理でも化学でも皆さんがお習いでありましょうが、これには相当の誤差を許して居ります。精密機械なんていいますが、あれは本当は精密じゃない。相当のよっぽどいい機械で一万分の一の誤差にとどまればいい方でありましょう。普通精密と称しているのは本当は精密じゃない。時計等も細密とは言えます。細密とは言えるけれども、精密と云えるかどうか。一日に一秒の何分の一クリックの正確な時計とは云えないでありましょう。我々の持っている時計は一日に二分や三分違っても、お互いが許しているから時計屋さんも安心している。本当のクロノメーターのような恰好の時計であるならば、一秒の何分の一の誤差をも許さないような精密さを要求されるわけであります。また、いま精密機械の精度の世界的水準はイレヴン・ナイン（99.999999999）即ち千億分の一の誤差まで迫っているのでありまして、ここまで来なければばミサイルみたいなものだとか、人工衛星みたいなものが飛ぶ筈がない。つまり本当の精密というものを何処までも追究する迫力というものが西洋人は猛烈である、という事を私はその時初めてつまらない事件で身にしみて感じたんであります。そして帰って来て大森君なり川喜田君に実はあのスライドは採用されなかった。皆は、奇態だ奇態だと云って弱っちゃった。自分達は非常に自慢して居った。普通すわり込んで映写したりなんかしている時はなかなかいいんです。しかしこれを本当に印刷しようとすると、やはり足りない事は確かです、他とくらべて見ても私の頭が下っちゃったんですから。そこに行くと日本のカメラのレンズはよかったかも知れないが、或いはその他のシャッターなり、或いは機械そのもののメカニズムの材質に欠点があって、何回か使っている中に、そうなったのかも知れません。その原因はよく分りませんけれども、兎に角そういう厄介な所を旅行すれば写真機を三つ位持って行ってしょっちゅうだんだんと新しくして行かなければならんでしょう。どうしても倹約して一つでやる中に機械が悪くなるという事もあったろうと思います。

そんなわけで精密というものは如何に大切かという事をしみじみ感じた。皆さんも恐らくこの中には理工科の方も多いでありましょう。また社会科学的な方面の方でも、私はこの精密という事に対して理解と本質を充分にわきまえて居られる事が非常に必要だろうという事を感ずるのであります。戦争中にも陸軍でも海軍でも、科学を自分の軍備のために非常に尊びまして、そして色々云ったんでありますが、例えばジルボニウムであるとか、或いはゲルマニウムであるとか、随分日本では造って居りましたけれども、それに要求された精密度というものは九九・九九は精密だと思って居った。むしろ純鉄とか純銅とかいったら、むしろ九九・九くらいになったらもう純だと云って居った。ところが今はそうではありません。此頃盛んにトランジスターが使うゲルマニウムにしましても、これなんかも純度がよくなければどうにもならない。七・九（99.9999999）とか或いはもっとよくなれば八・九（99.99999999）とかいうような純粋度を要求している。そういうつまり精密なものになって来た。そこに始めて科学の基盤があるという風に思うんであります。この基盤は並大抵のものではないのでありまして、いい加減に許してしまっては相成らんものであります。しかしまた一方大雑把に許すべき問題も沢山あるのでありますが、しかし一方科学を本当に積み上げて行くには大切な要素であるという事を深く感じたのであります。

先程申し上げたように兎角こう俳句的な十七字で森羅万象を言い表わそうと云ったような気分が我々お互いに理解されて居りますから、精密度の方から云うと、もし精密にものを言おうとしたら、俳句になんか決してならない。支那の漢文の白髪三千丈式の精密度のむしろない方を尊ぶところもあるんでありますから、これに教養を受けた我々としては、多少その点で遜色なのは致し方ないかも知れません。これから国際全体の上に伍して行くにしては、その方の感覚も練磨しなければならんが、同時に精密という事に対しても迫力を充分に発揮しないといかんと思うんであります。

そこでそういうような事を考えましたけれども、そのもう一つ根本にやはり問題があるんじゃないか。皆さんは学校の歴史の上でルネサンスということを、お習いになったろうと思うんであります。日本ではルネサンスを「文芸復興」と昔から訳して居ります。私はこの訳には多少、素人でありますが、異論がある。如何にも文芸復興というと、何かこう絵画・彫刻・その他文芸、その方のルネサンス、その方が盛んになった事だけを考え勝ちであります。無論これも盛んになった。中世期にローマ法王庁がまるで威張って居って、そして方々の民族の一般の住民はまるでそれに従わなければならず、何等そこに自分というものはなかった。それがだんだんと人間の進化に伴って個人というものを自ら発見した。個人というものが自分の中にあるという事を発見した。これが実は文芸復興の、ルネサンスの根本であります。それがあるために所謂キリスト教的な、古い中世のキリスト教的な戒律なり、或いはやり方なり、しきたりなり、ものの考え方なりに対してはどうしても承服できなくなって来たのがルネサンスであります。ルネサンスまでは或いはペルジーノとか、或いはフラ・アンジェリコとか、色んな人が一筆タッチしてはお祈りしながら書いたというような宗教画が沢山あるんであります。よく出来て居ります。立派なものであります。ところがそういう敬虔な事だけでは承知しなくなって来た。もっと人間の心の中に温かい血の気の通ったものを要求し出した。これがメレジコフスキーの書いた、先覚者の三部作になるんであります。そしてそこにはじめてギリシャの昔の闊達たる美を再発見して、そしてそれに突進して行く。従ってラファエロの如きものになりますと、もうマリアを描いても昔のマリアではありません。或る時は自分の情婦になる。それがモデルである、という風な恰好になってしまって、昔のキリスト教とは全然違った意味の宗教画がそこに出現して参りました。またレオナルド・ダ・ヴィンチみたいな非常なユニバーサル・ジーニアスも出て参りました。ミケランジェロみたいな途轍もない人も出て参ったんであります。燦然と文化が盛んになりましたけれども、その奥底には個人の自覚というものが立派に働いて居った。ですから文芸復興というものの、形は文芸が非常に世間をして瞠惑させて居ります。それ以外に科学の方でもガリレオが天動説を地動説に変えている、といったような科学の進歩もあったんであります。しかしその根本にはどうしても個人というものを自分で発見したというのが何と云ってもルネサンスの大きな特徴であろうと思うのでありま す。自我を自覚したということであります。ここに非常に古くヨーロッパの文明というものが、近代文明へ入って行く基礎が出来て居ったと思うんであります。

それが十八世紀の終り頃になって、今度は社会が社会を発見をした。自我を発見したけれども、その時にまだ社会というものを本当に発見していなかった。お互いに社会というものの連帯性を発見していなかった。ところが社会というものを社会自身が発見した。例えば今度六月一日から特急「つばめ」が十分か早くなって「第二つばめ」が出来て来ると、それは確かに国鉄の或いは恣意的遊びかも知れない。見方によればそんなに何も早くしなくたってちっとも差支えないかも知れない。しかしあすこへ駆り立てるべき欲望は一体何処から出ているんでしょう。単に国鉄の方の技師なり、従業員なりが何でも一分でも早くやりたいというだけがあの望みでありましょうか。そうではない。やはり日本人自体、社会全体が或るスピードアップを要求して、それに国鉄が乗っているんであります。これは単に個人の欲望ではない。社会が全部で望んでいるところであります。そういうような意味に於ても社会の動きというもの、これがあるという事をはっきり認識したのが、何と云っても社会が社会を発見した、これが社会的な本当の基盤であります。

ところが最近になりますと社会に別のものが加わって来た。これが公衆であります。社会とはまた一寸違った観念だと思うのであります。公衆衛生とかいうような言い方をしますが、この公衆というものが、これがまた別の意味で一つの大きな概念として成り立って来ているように私には思える。これが実は或る意味では広告の対象となっている。広告というものは日本では昔から幾らでもあります。こ殊に実物展示の広告ははじめからある。古い絵巻物を見れば皆出ているんです。これは大変古めかしいようだけれども、実物展示の広告というものはデパートへいらっしゃれば全部そうです。あれは皆実物展示の広告であります。ただ事柄が大きくなって、厄介になって、立派になったというだけの話で、三越とか白木屋とか、高島屋とかいうのは、あれは単なる大きな建物の媒介にすぎない。中で売っているものに対しての実は媒介であります。そのような意味に於て、広告というものがやはり大きく進化したような顔をしているけれども、実は非常に古いものであります。

　時に近代の広告は何を相手にしているかというと、公衆であります。それを公衆に対して広告をしたいという人が発射します。或る媒介を使って発射する。それが如何なる効果を持つかという事を今度は調べる。そしてその広告を更に有効なものにしていく運動が最近は科学的に研究されて来ている。これがやっぱり一つの大きな変化であります。広告なしには我々は一日も何も出来ない。というのは我々は消費者であります。生産者であると同時に消費者であります。消費者があらゆる消費についての知識を全部持っている事は不可能だ。従ってどうしても広告を見なければ自分の欲しいものが何処にあるか実は解らないのであります。従ってラジオ・テレビその他の媒介を使う場合もありますし、或いは人から人へ耳を使う場合もありますけれども、兎に角「我ここに在り」ということを知らされなければ我々は知らないわけであります。そこでどうしても公衆とこの広告というものが非常に緊密なものに極めて最近に於て急激な速度でなって来た。これを両方の相関関係を調べるのが所謂ＰＲ、パブリック・リレーションという事がそこで言われて来るようになるのであります。

　しかし、これは個人とは全然違う。先程申し上げたのが個人の自覚で、それから社会の自覚、日本の明治維新の時に実は個人の自覚というものに対して目醒めた。一遍たしかに目醒めた。これは板垣退助という政治家が「板垣死すとも自由は死せず」と頑張って、大いに自由主義を論じ、個人というものの個人主義を論じたわけであります。しかしその時分は、何と言っても、まだ個人主義というものが本当に日本には入らなかった。日本には家族主義という醇風美俗がある。だからそんな事を言っちゃいかんというような風潮が強かった。そこへ持って来て、西南戦争が起った。その中にロシアが南下する。或いはドイツが黄禍論を唱える。風雲急になる。日清戦争が始まる。やっと勝ったと思ったら遼東半島還付という酷い目に遭った。それが続いて日露戦争になった。この軍部が或る意味に於て威張ったのはよくないけれども、そういうように追い込まれた状態での日本としてはあんまり個人主義を言っては居られないだろう。その方の圧迫があって個人主義は消えちゃった。消えたんじゃなくてむしろ圧迫を加えられて、本当に花が咲かなかったといった方が適当でありましょう。

その一番の適当な証拠は何かというと、皆さんのお習いであろう旧民法であります。旧民法を御覧になりますと、物権・債権・親族・相続というようなのがあります。物権とか債権の方はこれは明治初年にボアソナードが来て、フランス的な法律を入れ、また独法も入れて、英法も加味して日本で作ったものであります。ところがあの相続に酷い事が書いてあった事を今になって見ると気がつく。妻は無能力者です。旧民法では、妻が手形を書いても全然どうにも夫の同意がなければ経済的行為にならない。しかも戸主権というものがある。戸主が全部を握っている。それで家督相続というものがあって、つまり家が単位だ。個人が単位じゃない。今でも可笑しいですね。結婚式なんかに行ってみましても、何々家と何々家の御披露と書いてある。あれは家が結婚するんじゃないんですなあ。本当は、誰と誰とが結婚するべきなんで、家の結婚ではない筈ですが、誰も彼も何々家と何々家とのお祝いと言って居りますが、或る意味に於ては昔の名残であります。そのような意味で酷いものだったんですが、今度の新憲法になって、その下で出来た民法ではもう次男・三男であろうが、妻であろうが、女の子であろうが、全部個人を認めて居ります。これは非常な大進歩であります。

しかし世の中の移り変りは簡単に行かないんで、まだ何々家と何々家の結婚になって居るのでありとます。そこでそういうような意味でまた、日本には本当の意味の個人の確立という事はなしに、少くとも確立した人は沢山いました。我々の知っている中でも例えば福沢諭吉先生の如きは、独立自尊という事を言われて本当に自立自営をされた方であります。こういう方は数多く居られた。しかし、日本人全体から見ると本当の意味の個人を自覚して居られた方は実は少い。親父がやかましければ、それに反抗する。反抗した人は沢山いる。皆さんも時々反抗して居られるかも知れない。しかしそれは本当の個人の確立を本にしての反抗かどうか。ただ自分のおもむく所と反対されるからしゃくにさわるから怒っているのか、この二つははっきり区別する必要がありますが、そういう意味に於て、本当に個人の確立という事があったかと胸に手を置いてみると、どうも日本ではそれはしなかった。軍国主義が禍して、むしろ出来るだけ個人主義というものを避けた傾向にある。しかし西欧の社会主義は個人主義の上に立った社会主義であります。個人主義は先ずルネサンスが出来上って、そして相当の訓練を経た上で社会を発見して社会主義が出来た。社会主義そのものに実は個人というものの裏付けがはっきりしている。これは社会主義的な行動と西欧の社会主義者の行動を御覧になると実にはっきりしている。ところが日本の社会主義は個人がはっきりしていない所に社会だけがやって来ちゃった。

だから自分がどうなってもいいような恰好になっている社会主義が多い。これは余程考えるべき事だと思うんであります。

滅私奉公という言葉がありました。これは個人主義に全く反対の言葉で、自分を亡ぼしてそして奉公する。大変勇壮であり、また犠牲的な感じは沢山盛り上っている言葉であります。けれども個人が滅私をする事がいいかどうか。私は「無私」でなければならん。無私と滅私とは非常に違う。滅私という事はどうも強制的な臭いがする。或るものに外部からの圧制によって、圧迫によって、滅私になって行く一つの勢いのこもった言葉のように感じます。本当に無私の人であったなら、私は喜んで国に殉ずるのが結構だと思います。無私であるべきだった。アンセルフィッシュネス、これが本当であると思う。それならば個人というものが自覚して、充実して本当に個人が確立されて、その個人を自分を無にする。そういう態度に出てもよいなら、実に立派なものであります。何だか解らないけれども、自分を無くしてしまうんじゃ、これは少し酷いと私はこう思うのであります。そういうような意味で日本には何となく個人というものが確立しないで、実は今まで来ているんじゃないかという感じが強くするのであります。

労働運動を見ても、或いは学生運動を見ても、非常に威勢がよい。勢いがよいけれども、個人々々が、俺はこうだ、俺はこう思うと言える人が居るかと言うと実はいない。誰かが言うから仕方がないっていうんで、くっついて行く。くっついて行く方が勢いがよさそうだと言うんで、さらにくっついて行く。附和雷同であります。その要素がどのくらいあるかという事は、一遍胸に手を当てて皆さんが反省してみる必要があるんじゃないか。論語に「君子は和して同ぜず、小人は同じて和せず」という言葉があります。君子というものは教養が高い。教養の高い人は自分はこう思うという事を知っているから、或る人はこうしようと言ったって、なかなか言う事を聞かん。しかし喧嘩はしない。和して同ぜずです。ところが小人、教養のない人は同じて和せず、すぐ賛成しちゃう。賛成しているかと思うと、何時の間にか喧嘩しちゃう。これはなかなかいい言葉であります。戦争中にはこの現象が随分あったもんです。我々もそういう目に遭って居ります。或る会合があって、政府からこういう御通達がある。皆やれってんで、町会とか、或いは色んな会社なり、学校なりで会議をする。色んな会があります。そこへ政府が原案を出す。或いは自治体が原案を出す。それを皆で話し合って、最後に皆が賛成、満場一致。満場一致という事は実際の世の中では有り得ない筈なんだ。ところが満場一致。それで廊下へ出ると、あんな事が出来るか、なんて言ってた記憶が私自身にある。これじゃ「同じて和せず」ですね。

皆さんが、塾生委員会を開いて議事をやるとおっしゃる。結構です。議事をやるならば、どうしても和して同ぜずでなければならない。俺はこう思うから、俺はこう思う、とやったんじゃあ喧嘩になっちゃう、これは日本人の悪い癖で、日本人のまずいところはディベーションとディスカッションをごっちゃにしている。討論と研究をごっちゃにしている。ディスカッションというのは、此処にある問題を色んな面からこれを突っついて行く。俺はこう思う。僕はこういうふうに思う、そしてこの問題に光を当てて、そして皆で研究した最後に、これをどういうところに持っていこうかと話し合うのがディスカッションであります。

討論は違う。討論は始めから俺はこう言いたいと言って、べらべらしゃべる。反対の人は立ち上って、それは駄目だと打ち砕いて、それをまた反撥する。それで激論になる。これが討論であります。何方が勝ったか負けたかという事になるんであります。このように討論会というものもありますが、少くとも自治委員会辺りでは討論会ではすまされない。本当は研究会であります。自分が考えている事が常に正しくて、自分以外の人の考えている事が皆間違いだと思い上ったら、これは大変な間違いであるという事に気がついて欲しい。自分の世間、自分の持っている、一生の中に若くてもそれまでに経て来た色々な環境から生じて来たところの世界観、或いは人生観というものもあります。それだけが自分の世の中の全部であると誤解しちゃいけない、まだ他にも見方がある。その見方或いは考え方というものも充分味わってみて、自分の人生を太らせなければならない。そういう意味に考えれば、どうしても人の心の違いというものは、決して単に表面の言葉で変っている事じゃなくて、大きく見れば同じものを指していながら、ただ富士山の登り口が須走口にあるのか、吉田口にあるかという事になる。それを充分にわきまえて、お互いに、ただその時に少し上の人とか長上とか或いは権力のある人に仕方がないと、ただそれに雷同して行くという場合は、個人として取るべき態度ではなかろうと思います。自分はこう思うと言って、それが一番よくて、全部が他のが嘘だと言って争う事もまたよくないと思う。この点が非常にむずかしいところでございます。この点を充分にお考えになって戴きたい。

終戦後、日本では「自由」という言葉が盛んに行なわれました。自由という言葉は非常に古い言葉で、日本でも古くから使われている。私が古文書の中で見たのが、七百年くらい前の言葉にも自由という言葉が出て居ります。或る市で物の値段を決める時に、自由にやっちゃいかんというお布令が出ている。この自由は放埒というか、或いは勝手にやっちゃいかんという意味だ。むしろ自由という字をネガティブに、不自由とかいう風に使う場合にはたしかにそういう意味になる。「どうも御不自由をかけました」というような時にはその人の思い通りにならん事なのです。

ところが自由という言葉の本質は、そうじゃない。これは英語では二つの言葉がある。一つは「フリーダム」、一つは「リバティ」。日本では、この英語の言葉を両方とも「自由」と訳しちゃった。ここに一寸、終戦後間違いが起った。私は変だと思って聞きました。丁度東京裁判に来ていた弁護士にジョージ・山岡という人がいました。維新の大変な元勲であります山岡鉄舟さんの、血は続いてはいないが、お孫さんであります。お父さんに附いて、アメリカへ行ってしまった人であります。アメリカで二世で、弁護士をやって東京へ来られた。なかなか出来る方であります。この方に私はリバティとフリーダムの二つの言葉があるが、共に「自由」と訳しているが、どう違うでしょうかと伺ってみた。そうすると山岡さん考えて居りました。「こう説明したらよくはありませんか。リバティというのはたしかに自由と訳して宜しい。しかしこの自由は、個人の尊厳、基本的人権をしっかり護ること、と同時にこれはその個人のもの、自分自身に対する責務、或いは自分の周りにいる家族、友達に対する責務、また属している自治体であるとか或いは国家に対する責務、地球人全体に対する責務、これをはっきり自覚して、これに対してはどんなにつらくても立派に自分の為すべきことはやって行こうと、その代り人から圧迫はされない。これが本当の自由というものだろうと。これをリバティと言うんだ。フリーダムは少し違うんだ。フリーダムは英語でも、フリー・フロム、等と使うんだ。すでに不当又は不正に抑圧されたり、圧迫されたものを、不正なものを取り除いて、元の形にするという事がフリーダムである。だからこれは『解放』と訳すべきだ」と言われたんであります。私も非常に解ったような気がした。

そこで終戦直後に、この自由は本当の個人の尊厳、つまり基本的人権は自分に都合のよいような基本的人権であって、他人の基本的人権はちっとも重んじない。そして自由と称しているのも放埒になった。これは「解放」であります。確かにそうであります。兎に角、戦時中日本全体としてはあのくらい中央集権を強固にして、そして思想から行動からあらゆるものを統制したのでありますから、この統制から逃れんとする意欲は、自然的に強烈なものであった事は間違いない。しかもそれに加えて物資が不足したんですから、これを何とか獲得して元の通りにしたいというこの社会的又は公衆としての欲望は強力であった。これがセンセーションを起した原因であります。それがずっと出来て来ると満足しちゃった。或る程度は満足した。しかしなかなか満足できないところが沢山ある。しかし、一応あの時から見て満足される状態になった。これはたしかに抑圧されたものに対して元の正当の形へ戻すという意味に於ての自由であります。リバティは一寸違うもので、もう一つ奥にある個人の尊厳というものをはっきり自覚して、その代りそれには不正又は不当なものに反対しても敢然とはねつける。しかし自分のまわりを養ってくれている、例えば塾なり、或いは委員会なり、或いは市町村なり、或いは国なり、世界全体に対する自分の責務としては、たとえそれが嫌な事でも立派にやってみせるというのが個人の尊厳であります、という意味のことを言われたんであります。私はその点は大変結構な事だと感じたのであります。

そこで最後に申し上げてみたいのは、個人というものをそこまで持って参りますと、最近の世の中の動きが一体どうなるか、私は恐らく此の数十年の間に、日本人一人一人が、「お前は日本の国をどう持って行くか」という事を日本人一人一人が聞かれる時が来ると思う。その時に「私はこうします」と言えるだけの心構えを持って行きたいという事であります。私は反共的な人間であります。共産圏は嫌いであります。私は自由を尊ぶのであります。不自由な共産の勢力に対しては私は不賛成であります。しかし私は単なる反共を言うんじゃない。反共を言っただけじゃ問題になりません。もう一つ奥の問題、「何が今の自分として本当に正しいか。誰が善いとか悪いとかという事じゃない。自分として何が正しいか」という事を本気になって考えるという事が、今一番必要になって来た。この点について、皆さん方は未だお若いから、毎日の新聞なり或いは雑誌なり色々なものに目がうつって、それから受ける感覚で色んな事を考えられる。それが新しいという。新しい事と善い事は違う。また古い事と悪い事とも違う。何が善い事か、何が悪い事かを分けなければならない。新しい古いで、善い悪いを分ける事は宜しくない。そうじゃなしに、何が悪いか、何が本当かという事が私は一番大切だと思う。

それを見分ける基本は何処かというと、私は「個人」だと思う。個人が、「俺はこう思う。誰が何といったって、こう思う」というそこにはっきりした線を画きます。皆そう言っているからよかろうという考え方はいけない。それだから喧嘩してもよいという意味じゃありません。「自分はこうします」という事は何かの事件に合った時にははっきり言える人になって戴きたい。それなしに、様子を見て、どっちがいいかなあ、なんて頼りない人生観を持つようでは、私は、和敬塾の方々としておかしくなると思う。必ず二、三年のうちに「お前はどっちを選ぶか」という事が大きく各人一人一人にひしひしと解る時が来ると思う。これにどう対処するかという事を、今からお考えになる事を、どうかお願い致しまして、私のお話を終らせて戴きたいと思います。（拍手）

昭和三十六年十二月六日　講演

和敬塾塾長

北村　徳太郎

■ 北村 徳太郎（きたむら とくたろう）略歴

1886年（明治19年）～1968年（昭和43年）
京都府京都市生まれ。関西大学専門部法律学科中退。財団法人和敬塾第2代塾長。鈴木商店佐世保出張所長、佐世保商業銀行頭取、新和銀行頭取などを経て、1946年に衆議院議員初当選。片山内閣運輸大臣、芦田内閣大蔵大臣、民主党幹事長ほかを歴任した。1950年に新和銀行会長、1959年国際汽船会社社長、1961年明治学院大学理事長・東京神学大学理事長。日ソ東欧貿易の拡大に尽力したことで知られる。

著書「北村徳太郎随想集」「北村徳太郎公園緑地論集」「日本経済の顔」「思恩山房記」「言」など。

ソ連の旅・アフリカの旅 ―シュヴァイツァー博士に会う―

私は去る九月十九日に東京を発ちました。その前日、前国連事務総長ハマーショルド氏は不慮の飛行機事故で死んでおるのでありますが、その翌日、同じような方向へ発ったわけであります。そして十月の末に帰ってまいりまして、アフリカに二十四、五日おったわけであります。今回の旅は強いていえば、三つ程の話題があります。一つはアルジェリア戦争に関し、それから第二はシュヴァイツァー博士を訪問したこと、それから第三はソ連にまいりまして、シベリア開発の実態を見せろということで、今まで世界にむかって、それが秘密になっておったのでありますけれども、見せるという約束をとりつけてまいったのであります。以上三つの話題をもっているわけであります。

シュヴァイツァー博士に会ったことだけを申し上げればいいと私は思うのでありますが、これは先月の二十六日、日曜日の朝、日本テレビに頼まれて、テレビ放送をいたしまして、シュヴァイツァーのことばかり二十分おしゃべりいたしました。お聞きになった方にはダブることになるかと思われるのでありますが、今回のアフリカとソ連の旅行については、朝日新聞にたのまれて、学芸欄に二日程書きました。先月の二十日と二十一日でした。これはごく概要でありますけれども、書いたのであります。それから最後に申しあげたソ連との関係については、朝日ジャーナルの比較的最近号（十二月十日）『日本経済とソ連の貿易について』と題して、私が放談したものが、載っております。そんなふうなことで、私の話の種はあちらこちらに出ちまっているのでありますけれども、ここでシュヴァイツァー先生のことを主として申しあげます。

その前になぜアフリカへ行ったかということを申しあげねばなりません。それは一言にして言うならば、「ここに戦争がある」ということです。即ちアルジェリア戦争です。「アジア・アフリカの一員としての日本」ということを日本外交の基本とするといっておる。バンドン会議以後アジア・アフリカ諸国が共通の利益のために協力しようという空気が急速に高まり、日本からも代表を送ってアジア・アフリカの諸君と手を握っておる。さきにカイロでアジア・アフリカ諸国民会議をやっておる時にも、私はその時にまいりまして、やはりアジア・アフリカの連帯性ということをお互いに確認しあったのであります。然るにA・A諸国のうちの一部の国々は、必ずしもその連帯ということについて熱心ではない。理由は色々とあるでしょう。先般池田首相もアジア諸国を廻ったけれども、アフリカまでは足を伸ばそうとしない。このアフリカが問題になるんです。もしこのアジア・アフリカが一連のものであるならば、日本においてこのことを知る必要がある。

その後、今年の四月ごろであったと思うのでありますが、日本に北アフリカ協会というものを作りまして、私が会長になっておりまして、ここにおられる前川さんが副会長、もう一人、社会党の加藤勘十氏も副会長。そういうようなわけで会ができた。なぜこんな会を作ったかといいますと、私が冒頭に申しあげましたアルジェリアの問題を、日本としてうっちゃらかしておくわけにはいかない。もう少しこれに関心をもって、何か知る必要がある。ということから起ったのであります。

また最近モロッコが独立したのでありますが、永い間フランスの植民地として、かなりそのなんと申しますか、抑えられた生活をしておったのが、やっと独立ができた。ただし、その独立ができるためには、モロッコの、この間亡くなりましたけれども、モハメッド五世という王様は何度フランスの監獄にほうりこまれたかわからない。そうしてしばしば国外に放逐された。それでやっと北アフリカの独立運動がうまくとおりすぎて、モロッコが独立したのでありますけれども、日本で申すならば憲法さえもない。これからやるというわけで非常にみじめな状態ですけれども、とにもかくにもモロッコは独立した。それからお隣のチュニジアもまあ独立したのであります。独立国として認めてもらったのでありますけれども、さき頃皆さん新聞で御存じのビゼルト問題というのが起った。これは皆さん御承知かと思いますが、チュニジアの中にビゼルトという港がある。これをフランスは植民地としてチュニジアをつかっているうちに軍港にしちゃったんです。ところがこんど全部チュニジアの領土になりましたから、道路、軍港をもとへもどしてくれと談判をした。そうすると、フランスはどういうわけか、逆にいっそうこの道路施設を強化して、いや、還さないといっている。そこですったもんだの出来事となって、ブルギバ大統領が立腹して「よし、それなら自力で封鎖してみせる」というわけでこの港を封鎖した。このブルギバ大統領というのは今度私会って参りました。彼は豪族ですが、ずいぶんフランスの獄舎にいれられ乍ら、独立運動をやって来たんです。そういうわけでまたごたごたが起って何人かの人が死んだりなんかしています。ところがモロッコ、アルジェリアはマグレブ三国といって昔から家族のような間柄であった。このうちモロッコ、チュニジアは今申しあげたようなわけで夫々一応の独立はいたしました。残る問題はアルジェリアであります。

アルジェリアには私は一歩も国内に入ることができなかった。何と申しましても毎日戦闘が行われている戦線ですから、鉄条網を張っちゃって、中へ一歩も入れない。まあ戦線の十キロメートルから十五キロメートルぐらいのところまで廻りまして、難民を慰問して歩いたのであります。このアルジェリアの戦争は、現在この瞬間にも続いておって、これによってフランス軍隊は一万五千人、アルジェリアの軍隊は十五万人死んでおる。まあそれまでは戦闘員同士ですから止むを得ないといたしましても、フランスは上空からどんどん爆弾を落すものですから、たまりません。アルジェリアの非戦闘員の五百六十万人が死んでいる。フランスの市民は一人も殺されていないのです。この五百六十万という数字についてですが、私の得た情報はそうなっておったので、まあ、朝日新聞に書いたところが、朝日新聞もさすがに五百六十万人は多すぎるとこういうんだな、どうかといってたずねたけれども、私の得た情報ではそうなっている。それで朝日新聞が調べたけれども、わからない。それでも、どう考えて見てもすこし多すぎる気がするから、「おびただしい損害があった」というふうに書いてもよいかというので、それはそういうふうでよろしいということにして、五百六十万の損害があったかどうかは確かではないけれども、とにかく空中から爆弾をどんどん街へ落して大量殺戮をやったもんだから、たまったもんではありません。その結果三十万人のもの家を失い、家族を失った難民が出来ている。この明日にも食うことの出来ないという人々が国外に出されておる。しかもフランス側の新聞記者の報道によってさえも、フランスが行った拷問は中世的な拷問であったとはっきり書いている。どういう拷問かしりませんが、この時代にはあるまじき拷問が行われた。そしてどんどん国外に放逐した。ということが行われたようであります。で三十万人の難民がどんな状態にあるかというと、三十万人の中の五十五パーセントが子供です。それから三十パーセントが婦人です。残る十五パーセントは何も出来ない老人と戦争のショックで気狂いになった精神病者です。自分の夫が死んだ。その次に長男が死んだ。また次男が死んだ。もうすっかり気が狂って、あわれなその母親はもう気が狂ってしまって、空をあおいでゲラゲラ笑っている。そんなような人ですからその状態はまことに目を掩わせるようなものです。

私は難民慰問のため全部のキャンプを廻りました。そのために一日八百キロも自動車を走らせたこともある。そうでない日でも六百キロメートルから六百五十キロメートル位は走り廻ったわけです。今時には、戦線から十キロメートルから十二キロメートルのところまで近づいたこともありました。今夜あたりは砲声が聞えるだろうといっていた。ある朝起きて、皆が聞いた聞いたといっている。君は聞いたかと私にたずねられた。私は寝坊だから全然気付かなかった。あの大砲の音を君は知らないで寝ておったかといわれたけれども、一時頃から午前四時半頃までドンドンと砲声が聞えていたのだそうです。ここまでくれば私の寝坊も相当なものです。

これはさておき、この平和な時代だというのに、そういうことが北アフリカの一角で現に行われている。そこで国連あたりが、しばしば勧告を発して、いろいろ斡旋しています。比較的最近の斡旋によると、国連はまず話合いをしなければならないが、お互いにこの戦線でにらみあっている状態では話し合いは出来ない。一応軍隊をもとへもどせ、もとの位置まで引きさがれ、ということで勧告したのであります。が、これに対してアルジェリアはただちに引きさがった。ところがフランスは引きさがらない。ちっとも動かない。こういうふうな状態であります。これはひどいことです。国連無視も甚だしい。まあ、非常に簡単な早い言葉でいうと「あまりに大国が弱い者いじめをした」というか、長い間それこそ八十年から一世紀の間手塩にかけて、植民地としてつかってきたところを手放すにあたって、最後のあがきかもしらないが、やっていることは余りにもみっともない。私はドゴールフランス大統領を軽蔑せざるを得ない。こんなことじゃ駄目だと、まことに軽蔑するような気持になったのです。一方難民の実情はどうか。その五割五分が年寄りで、子供は、ちょうどレントゲンの写真で見るように、あばらの骨が一本一本数えられるほど栄養失調の状態であるわけです。腹はぷくっと異様につき出て、明日の命もあぶないような状態で、ひとかたまりに寄り添って、恐怖にふるえているのです。キャンプでは毎日一人ずつ子供は死んでいっています。

私はこの眼で実に悲惨な光景を見たんです。それは乳児を抱いたお母さんが、一家をかかえてこの状態では餓死するというような状態で、麦の粉か何かをつぼの中に入れて、これに自分の乳をしぼって、それを子供に食べさせている。乳児はどうなるか、明日の命はどうなるかわからんけれども、この連中をどうにかしなくちゃならんというので、母親が乳をしぼって、それをみんなに餓死をまぬがれるために、つかっておる。これを悲惨と言わずにいられるでしょうか。こういうことが、あるいはアフリカは一応の連帯性を持つんだといいながら、見逃がされている。そしてアジアのことは一応注目するが、アフリカに関してはまるで見むきもしない。こんなことでは、この新しい日本は駄目ではないか。

私が参りましたのは初めてなもんですから、非常に歓迎されまして、大統領以下みんなで非常な待遇を受けました。話はいささか脇道にそれますが私はシチューの御馳走を受けたのですが、それは大きな羊の丸焼きです。これはとてもうまいものですけれども、これはアラブ人の客をもてなす最高の御馳走なのだそうです。そこからアラブ人の着る最高の着物をもらってきました。これはガウンみたいなものです。今日持ってくれれば良かったが、帽子もついているんです。それをかぶって着せてもらったところが、皆そのほうが似合うというんです。少々面映いけれども、むこうは最高の礼として、最高の着物をくれたわけです。ささやかなエピソードですが、これを見てもいかに彼等がよろこんだか、お判り願えるかと思います。こういうわけで日本からは初めてだけれども、東ドイツも西ドイツもマグレブ三国に手をつけている。将来の市場として大変な力の入れようです。たとえばベトラなんていうのは、政府の機関で政府の金でやってるわけです。そういうふうな情勢であります。かつて国際赤十字ではアルジェリア難民を早く救わねばならないといって、世界各国によびかけて四十数カ国から四百五十万スイスフランほど集めました。日本円にして約四億円ですが、まず、それをもって難民の救済につかったのでありますが、その四十数カ国の中に日本は残念ながらまだ入っていないのです。そういうふうな状態でございます。

私はついでに申しあげますけれども、この三国の政財界の首脳者にそれぞれいったことは、三国がほんとうに結合して一体になってやらねば駄目だから、早く共同体を作りなさい、といってみても、たとえば、モロッコは王国である。その他のアルジェリア、チュニジアは共和国であって、政治の形態がそれぞれちがう。ですから一緒になろうとしても、なかなかなれない。むしろその前に経済的に共通点を見出して、何を調整するかということを考えたらどうか。例えば三国がおのおの発電所を建設するより、大きい発電所を一か所どこかに建設すればよいわけです。高炉はどれくらい、という具合にですね、非常に能率のいい、無駄のない方法で、お互い手を取りあって、将来経済共同体を作りなさい。それより外に手は無いということを首脳部に申したのですが、ブルギバ大統領はじめ三国それぞれの首脳部はみんなよろこんで、そういう方針でやりたいと言っておりました。しかし向うは、日本はどこまでつっこんで世話するか？ こういうのであります。これについて私は「必ず世話する。私は日本政府を代表する資格はないけれども、必ずお世話する」と約束してきたのでありますが、これがアルジェリア等の実情であります。

しかも私がさっき申しあげたように、一日に、八百キロドライブ致しました。なぜそんなことが出来るかというと、道路が非常に立派なのです。京浜国道の二倍ぐらいの広さの舗装された道路が、中央のチュニスからエジプトのカイロまで三千キロだが、完全に舗装されています。どうしてそんなことが出来るのか。ここに問題がある。そこをお通りになるかたは、どういうかたがお通りになるか。まず第一にロバが通る。つぎにラクダが通る。あとにアラビア人がはだしで歩いている。なぜそういうような必要があるか。これはいわゆる植民地時代に、悪い話でありますけれども、原住民を搾取し、どんどん彼らをつかって道路を作った。何のために作ったかというと、一朝事のある場合、軍隊の移動をすみやかにせねばならない。即ち軍用道路が必要なのですね。住民が通るならばこんな道路は必要じゃないけれども、事が起った場合、ただちに行動を起さねばならないというので、作ったらしいのです。道路は非常に立派だけれど、道路が立派なことは自慢にならん。あすこではむしろ植民罪悪史の一ページを持つと私は思ったんであります。

つぎに私はナイジェリアにまいりまして、それからガボン共和国にまいったのであります。このガボンの話、つまりシュヴァイツァー博士の話は最後にするといたしまして、ソ連にまいりましたことについてお話ししてみたいと存じます。

ソ連では、つまり次のようなことだったわけです。私は去年モスクワでミコヤン第一副首相にあったときに、シベリア開発の実況を見せろといったのであります。なぜそういうことをいうかといえば、日本は原料資材のない国で、地下資源に乏しい国であって、どこからか資材を買わなくちゃならない。どこから買うにしても、もし、シベリア東部に産するものが手に入れば運賃が安い。たしかに安くなるはずだから、日本経済においては、どうしてもソ連のシベリアで開発したものと日本の工業力とが結びつく必要があるんだという話をした。ミコヤンは「シベリアは誰にも見せない。あそこには軍の施設があるし、おれのほうの軍隊もやかましいことをいうし、なかなか誰にも見せないんだ」という。「誰にも見せないなら見る必要は無いけれども、いまいった具合に、日本がシベリアの開発という今世紀の世界経済の最大の仕事に、日本経済が参加するのはあたりまえじゃないか」といったところが、「それならば鉄鉱石はおよそこのぐらい買いたい。石油はこのぐらい、あるいは非鉄金属はどれぐらいというようなメモランダムでいいから、なんかそういうものを書いて出してくれ、そうすれば一つ見せる見せぬについてこちらで十分協議する」とミコヤンは言うのです。私は断る。私はいらない。それなら見ないと言った。だいたい商売というものは見て買うのが本当で、買ったら見せてやるという商売はない。だから見て買うのはあたり前だから、見せぬというものは買う必要がない。日本ではまにあっているのだから。私は日本経済のこの共通面をきりかえてでも、君達の経済にも貢献するところがあると思うからいったんだ。日本側の利己的な考えばかりではない。見せぬというのならいらぬといって、去年は別れてしまったのでありますが、やっぱりむこうでも多少気にかかっておったらしく、本年モスクワにまいりましたら、あの話はどうなっているのかとむこうが言うわけです。どうなっているかというのは、君のほうからすべきではないかというような話をしたのでありますが、そのことについてモスクワで、できるなら私に会いたい、アフリカに行くということをいっておったのですから、その帰りにでも会えるのなら、なるべくモスクワで会いたいと電報をよこしたので、それで急遽会うことになったのであります。

話が前後いたしまして恐縮ですが、いそいで発ったということは、実は前川さんあたりにも御援助いただいたんですが、私がさっき申し上げたアルジェリア難民を日本から見舞に行っただけではいけない。ほんとうに明日餓死するかもしれないという人に、だまってお見舞だけではすまんというので、救援物資を募りました。これは一千万円ぐらい募ったとして、一千万円ぐらいよりももっと持っていってやりたいと思ったのですけれど、ソ連がなるべく早く来いというから、一千万円になるまでには待つわけにはいかぬから、七百万円のところで一応打切って、そのリストを持っていったのであります。日本赤十字を通じて送るのでありますが、これは森永とか明治とかいったところから甘いものをどっさりもらう。それから製薬会社からは薬をもらい、繊維協会、紡績協会から衣料をもらい、そういう品物のない銀行協会、保険協会などから金をもらい、そういうようにして大体七百万ちょっと集まりましたので、それを持っていったのです。非常によろこび感激しまして、涙ぐんで、このリストの受け渡しをやったんです。そういうこともあったんであります。したがって急いで行ったということにもなるわけです。

さて先程の訪ソの話に戻りたいと思いますが、全ソ商工会議所の会頭でネステロフという偉い実力者がおります。このネステロフとミコヤンに会いました。結局シベリアも見せるということになったんでありますが、いつ見せるかというと時間的にも来年の五月が一番いい。まあ来てくれるなら一つも今まで誰にも見せていないけれども、はじめてそのシベリアの実況というものをお目にかけようというから、それでは行こう、来年の五月に誰か財界のトップ・レベルの人をさがして行ってもらうと。これは私ではなかなかわからぬものですから、加納久朗氏、高碕達之助氏、この二人を相談役にしまして、誰をどういうふうに呼びかけていっていただくかということも、きめたいと思っているのでありますが、いくのは来年の五月ですが、この十二月中にちゃんとそういうものの計画をたてたいと思っております。それやこれやで急がねばならないことでありますけれども。もしこれで日本の必要な原料資材がいよいよ必要とする時に、必要とする分量を安定的に、且つ継続的にソ連から買うということになると、距離が近いだけに運賃が安くなる。こういうことになりますから、これはもう日本経済のコストが下がって来る。最近国際入札で、しばしば西ドイツにしてやられておる。コストさえ少し下れば、国際競争に耐えられるんだ。今国際収支が悪いとかなんとかいっているけれども、これには一つには安い物を作ればいいわけです。したがって、原料を安く手に入れねばどうにもならぬというのが私の多年の持論であります。したがってソ連から入れる。ということになれば、それだけ安くなるのではないかと、こう思っておるのでありまして、ただしこれは日本からそういうトップ・レベルのミッションがいっても、買う目的で行くんでしょう。鉄鉱石をいくら買う。石炭をいくら買うというようなものですね。即ち買いミッションなんです。

そこで私は買うだけではまずいので、今度はこちらが売る方も考えねばならないわけですから、君の方では日本から何を買うかそれを具体的に検討してもらいたい。それで近くスパンダリアンという外国貿易省の最高の幹部でありますが、この人が日本にまいります。そういう話をもってくる筈なんです。日本から何を買うかということを検討して来るのは当然ですから。これは日本の外務省の役人ではいかんですなあ。なまいきなことをいうようですけれど、役人というものはそういうことは出来ない。誰か民間のものが行って、その道を開かなければいかんというのでありまして、こういうようなことを私は先週号の朝日ジャーナルに口をすべらしました所、今週号を見ましたら、そのことに関する投書が二つ載っているんです。『北村のいうのはもっともだ。日本の外務省の高官なんて、一体何をしているのだ。あんなものは皆引揚げさせろ』という激しい投書が書いてある。ということはどういうことかというと、経済外交、経済外交といってるけれど、経済外交とは何をすることかさっぱりわかっていない。あの反ソ、反共の西ドイツのモスクワでのやり方を見ると、特定の商社でも、商談があってこれは出来そうだということになると、大使館もみんな総がかりで助けるんだな。商談がまとまれば国のためなんだから、まとめたら良い。ある特定の商社だってかまやしない。日本はそういうことを全然やらない。横を向いているだけの話。お酒の斡旋だとか、代議士の見物客の案内とか、そんなことには大変熱心だけれども、こと商売については全然だめ。非常に熱心だけれど、商売はやらない。

ここにこういう事実もあります。十月十九日が鳩山一郎・ブルガーニンの日ソ平和共同宣言の日でありますが、その満五周年の記念日である十月十九日に、むこうでは大変なお祝をしている。私も丁度モスクワにおり招待されましたが、実は私はその日を忘れていたんですが、モスクワの友好会館に日本の旗をたてて、正面には日本とソ連の国旗をクロスして、そして以前、日本に講師としていたチフビンスキー文学博士が演説しまして、私も出席していましたから、記念の話でもやれといいますから、私もしゃべって来ました。あとは音楽など、大変盛会でした。特に婦人の声楽家はアンコールに応えて、サクラサクラを歌ったりしましたが、日本人は残らず商社の者は勿論、新聞、通信関係者も残らず出席している。ただ出席していないのは大使館からだけで、一人も出てきていない。それで私は憤慨したんです。一体経済外交って何をするのか、大使館は何のためにモスクワに駐在しているのかとまあやかましい事をいったんです。そういうことをちょっと朝日ジャーナルに書いた訳ですが、それは当然だ。自分たちも、しばしば経験している。日本の大使館なんてロクな奴はいない。まあそういうような投書が出ておりましたが、そこまで言っては言いすぎでしょうが、そういうことでございます。

以上でソ連の話を終りまして、あとはシュヴァイツァー先生と会ったことでございます。来春大学を出られる人の就職試験に『理想の人物』というものを書かした。その書いた人の七十五パーセントがシュヴァイツァーと書いたんですが、いかにシュヴァイツァーが若いインテリの間に尊敬されているかという事実を、ここで認めることが出来ると思います。露骨に申し上げますと、今の日本自体は理想喪失の時代である。非常に現実的で、理想のことを、何をいっているんだというような時代です。けれども、シュヴァイツァーならば、自分の理想の人物だということだったと思うのであります。七十五パーセントの人がシュヴァイツァーと書いたという話なのである。

ここに見逃せない事実がある訳ですが、シュヴァイツァーはバッハ曲の演奏者としては世界第一だといわれている。ことにバッハ論は音楽論としては世界最高のものだともいわれている。それから文学論においては彼のゲーテ論はこれはやはりゲーテ論として世界最高の論文であるといわれている。ゲーテ賞をもらっている。それから哲学者でもありまして、彼は二十三歳の時に哲学博士の学位を取っておる。その論文はカントの宗教哲学を主題としているものであります。二十三歳で学位を取った哲学者でもある。それから神学者でもある。『使徒パウロの神秘思想について』という長い論文がある。それから、例えばバイブルの中の新約聖書第四の福音書といわれるヨハネ伝というのがある。これは使徒ヨハネが書いたからヨハネ伝というんだということになっておる。彼は非常にこれを新しい歴史学の光に照らして検討いたしまして、使徒ヨハネの作でないということをいった。これは大変面白いと思うんです。これに対する風当りは大変なんです。それはアダムの聖書の無謬説といって、一字一句あやまりないんだということを権威づけているわけですから、当然抵抗があるわけです。われわれからいえば何でもない。新しい歴史学の光でどんどん変ってもいい。ただ誰が書いたかは問題ではなくて、書かれている内容がどんなものであるかが問題であるから、書かれている内容にどうもない限りは筆者は甲であろうが乙であろうが、かまやしない。私はそう思っている。それからことにおもしろいのは彼の医学者としての学位論文は『精神病学的に見たるイエス』というのである。それはですね、一八二十何年かに、ある偉い学者が「あれは精神病者だ」といった。イエスキリストは精神病者だと言った。それに対して、シュヴァイツァーはいちいち非常に克明に反駁した論文を出して、それで医学博士になった。彼がイエスが精神病者であるというのではなくて否定した。精神病者であるというかつての学者の議論に対して、これを逐一実証的に間違っていることをいっている。ざっと見てもそういうことなんです。そういうような人なので、これはまあ、何というか、驚くべき人物といわねばなりません。私は、はなはだまずいんですけれども、行くまで、あんまり調べなかったんです。シュヴァイツァーのものは三冊ぐらい読んだけれども、日本で出ている著作集は十九冊あるようです。これをまあ帰って来て早速教文館に電話をかけて取りよせたのですが、ほとんど読んでいない。これからゆっくり読もうと思うのでありますけれども、兎に角、今世紀における最高の人物である。去年八十五歳の誕生日にあたって、英国は非常な祝をやりまして、そしてロンドン・タイムズですか、今世紀最大のこの人物に対して、世界と人類は多大の債務を負っている。つぐないがたいほどの債務を負っている。これをこの際少しでもお返ししなければ申しわけないというので、まあシュヴァイツァーの仕事を助けるような基金の募集をやったということを聞いておりますが、国際的にもそういうような人物である。私はアルベルト・シュヴァイツァーを知ったのは三十五年前であります。ずいぶん古い話であります。

で、シュヴァイツァーに会って、手を握った時に私はそういった。「先生、私は三十五年の夢がいま実現しました。三十五年前にアルベルト・シュヴァイツァーを教えてくれたのは内村鑑三である。以来その内村鑑三が書かれた文章を通して、いまの時代にこのような人があるかということを知った。以来、ちょっとでも会いたいと思っていた。けれども私は日本人である。私は赤道アフリカまで出かけていくようなことは、まあ、あり得ない。あり得ないことであるが、万一そういうチャンスが与えられるならば、どんなにありがたいことかと思って、三十五年間私の夢は、私の心の中にずっと温められてきた。いま、はからずも、おそらくはありえないと思ったことがあり得て、いまこうして先生と握手できることは、これは本当にうれしいんだ」といって、私は本当に感激致しまして、先生の大きな手を握ったのであります。先生は非常に強く握り返し「よかった。よかった」とそればかりいわれたのでありますが、大変うれしかったのであります。私は歌など出来ないのですけれとも、

内村鑑三も賀川豊彦も逢い逢わざりしを
　うつし身にわれいま先生とあいたりし

これは歌ではないけれども、内村鑑三先生は、あれほどシュヴァイツァー先生をあこがれておったけれども、ついに会っていない。日本ではその著書の中で最初にシュヴァイツァーを書いた人は賀川豊彦だ。賀川豊彦が二十二冊か、二十三冊書いた本の中にある。けれども、ついに会っていない。それで私は会うことが出来た。その瞬間非常にうれしかったのであります。そこで日本人で高橋さんという人がおった。高橋功さんという人です。この人は珍しい人で、東北大学で独逸文学をやった人です。独逸文学科を出てから、また医者になろうとして医者の勉強をした人です。シュヴァイツァーに似ているのです。二十代で大いに発憤して、シュヴァイツァーのところに行こうというのならわかるけれども、もう五十を過ぎてでかけていったのです。それ以来あすこに三年おります。独逸文学科を出ておることとお医者さんの独逸語が達者であることと、シュヴァイツァーにもう三年ついているのでこんなによい通訳は無いのです。実にその至れり尽せりの通訳をしていただいた。

先生とはいろいろ話し合ったのでありますが、その前にちょっと先生の生活を見てみますと、先生

は非常に節約した生活をしておられる。例えばバターですね、白人がパンを食べる時にバターなしでは食べられないとされているのに、先生は一週二十一回の食事の内で二回しかバターを食べていない。一週間の三七、二十一回の食事の内にバターを食べるのが二回、皆と一緒に二回だけバターをとる。飲みものはアフリカでは非常に水の多いところですから、四十八時間煮沸したという水に野性のレモンがいくらもあるところですから、それをしぼってがぶがぶ飲んでいるというわけであります。動物蛋白としては鰐しかない。私も鰐を食ってきました。なかなかうまいものです。鰐は、

鰐の肉を食せとわれにのらしつつ
マンゴ・ジャムも手づからすすめます師

これもまた私の下手くその歌だけれども、これはマンゴ・ジャムだから食べなさい、と先生がすすめてくれるわけです。バターではない。マンゴ・ジャムでパンを食べる。それからまあ、鰐がおいしいから食べる。大変おいしいものです。大変でかいものです。まあ、そういうような生活であります。それからまあ、非常に尾籠なお話でありますけれども、便所なども水洗便所にすることは何でもないのですけれども、先生は極度に黒人の前に謙遜である。私に与えられたのはこの部屋だといわれた部屋から、二百米か三百米ぐらい歩かなければ便所に行かれない。途中に鍵がぶらさがっている。鍵がぶらさがっていれば現在あいているというしるしなのだ。その鍵を取ってドアーにぶらさげておくとオキュパイドのしるしなのだ。それから用をたして帰って来る。トイレットペーパーなどありはしな

い。大変きたない話だけれど、外国の新聞ですから硬くてしょうがない。それしかないのだ。実にひどい生活です。平野三郎という人が私と一緒にまいりましたが、これは以前に共産主義運動をやって、しょっちゅう警察の豚箱にほうりこまれたのだが、その話を私は初めて聞いたのですけれども、なぜ言い出したかというと、「北村さん、ここは日本の警察の豚箱どおりだ」。僕らをねかした部屋は太い格子がありまして、虫が入らないように網が張ってある。板を打ちつけたベッドがあって、蒲団などいりはしない。暑い所だから、シイツのようなものを腹の上にのっけて寝るだけなのだ。石油ランプがある。電灯はなく「若い時の警察の豚箱を思い出す」と言ってましたが、まあそういったところなのです。シュヴァイツァーはもうすこし良い所にいるかと思って行って見るとそれと同じなんだ。

その前に一寸申しあげておきますが、ガボン共和国、これは赤道アフリカの国でありまして、広さは日本の五分の四ぐらいあります。日本の五分の四ぐらいの広さがあって、人口は四十四万しかいない。だから原生林と水の間にちょぼちょぼと人間がおるというぐらいで、まあ、日本とほぼ変らぬ広さというところに、四十四万人ぐらいしかいないというところです。非常に広いところですね。

その原生林を切り開いて、だんだんシュヴァイツァーが病棟を建てた。現在はノーベル賞金をもらった時に、先生はよろこんでそれで癩病（ハンセン病）の病棟を一つ建てた。それから今までに建てたそまつな病棟はたくさんある。現在ベッドは四百あまりある。それは皆黒人のベッドばかりだ。黒人の病気といえば大部分癩病ばかりです。その次に肺病だ。それから性病である。それから赤痢が非常に多い。こういう中で、先生は一生懸命になって、朝から晩まで面倒を見ておるのです。ある時一人の老人が眠っている所へ朝やって来た。そして「どうだ、昨夜よく寝たか」「ちっとも寝てません」

と憤然として答えた。「どうしてだ」「先生がいつものように、おやすみ、と言ってくださるのかと思って待っていた。待っても待っても言って下さらないうちに夜があけてしまった」「それはすまんことだ、おれはどうしても、手ばなすことの出来ない用事があったために、とうとう朝になってすまんことだった」。それからニコニコとしてきた。白人に対して黒人は敵だと思っている。長い間ひどいめにあったからだが、一人シュヴァイツァーだけは、あれは神様だと思っておる。そういうような状態で、シュヴァイツァーに対しては非常な尊敬を持っております。

私は又尾籠な話ですが夜二回、夜おそくとあけがたの二回便所にまいりました。夜の時はズボンの裾が何か木の根にでもひっかかった感じがしたから、カンテラでちょっと見ると、猿が引っぱってるんです。猿がです。びっくりしたけれども、その猿はですね、実に信頼にあふれた顔をしておるのです。何の不安も持っていないのです。人間に対してはいささかの不安も恐れもないから、変なおじさんが来た。「こんにちは」というわけなんだ。それがあけがたの時には、私の部屋のすぐ前のところに木があって、それがとても大きな木なんです。そこから手をのばして、大きな猿が胸をひっぱるのですよ。見あげると、大きな猿、手長猿なのです。これも「こんにちは」といった恰好で何らの不安も持っていない。どうも妙なおやじが来たというわけなんだ。それだけの話なんだ。それだけなついてておる。野性の猿も猫も犬も羊も、みんな野性のものだがシュヴァイツァーは可愛がって餌をやって大事にするものだから、全く動物園みたいなものだ。これは「ノアの箱船のようなものである。ただハトがいないだけだ」といった人がある。というような生活状態であります。

何故シュヴァイツァーがアフリカへ行ったかというと、彼は三十歳の時まで大学教授として哲学の教授をやっておったのです。けれど彼は常に三十歳までは自分の芸術と学問のために生きたい。三十すぎたら直接人間に奉仕する仕事にあずかりたいとかねて深く心に期していた。その時暗黒アフリカの報告がとどいた。土人の現状は癩病でつぎからつぎに死んで行く。肺病は伝染するばかりで、拡がる一方である。その他熱帯病がうんとある。実にひどい状態である。ということが報告されたので、この報告で彼は心が動いた。それだけではなかった。その報告の終りに書いてある一言で彼は非常に、まあなんといいましょうか、決断をしたのです。何と書いてあったかというと、「ここに誰が遣わされるか」「神よ私がまいりますというのは誰か」この言葉に彼は非常に感動して、「神よ、私がまいります」。これはこの瞬間に彼の決断で神の前に対決したのだ。誰れか来ないか。いや私がまいります。はっきり自分の心に誓った。そして三十歳になってから、大学の教授を罷めて、医学部に入って医者の勉強をした。これも本格的にやらなくてはならんというので、熱帯病学やいろいろのことをやって七年かかっております。七年かかって卒業して、卒業論文はさきほど申し上げた『精神病学的に見たるイエス』。まあそういうのを出して彼は学位を取った。そして三十八歳でいまのガボンに来て、そして今年で四十八年になる。まあ三月や半年はどんなところでも我慢の出来ないことはあるまいけれども、「神よ、私がまいります」と彼は神の前に契った。四十八年節操を全うして、志をかえない。

ここにして四十八年を耐え来まししか
ランプのほかげにあおぐ
シュヴァイツァー博士

まあ下手な歌でおかしいですけれども、ランプの灯かげでシワの所を見ると、先生はなんとも平和なうれしい顔をしておるけれども、ここで、このひどい所で、アフリカの中でも一番ひどい、湿度の一番高い正月になれば、もうひどい暑熱で、ヘルメットを脱いで道ばたで挨拶すれば日射病にかかる、ヘルメットを手放すなというような所で四十八年、動物蛋白としては、鰐の肉しかない、一週間二十一回の食事中二回しかバターは食べぬ、そこで四十八年、まあやって来たのですから、これは驚くべき事だと私はもう非常に感服したのであります。

八十六歳の先生我の手をとりて
黒人救ライの急を訴え給う

八十六歳です。私の膝、これを斯うやって「北村」と言って私の手を握って、そうして黒人のレプラの状態というものを見てですねえ。これはどうしても、もっと力を入れてやらねばならんという事を熱心に言われるのです。直ぐに涙がこぼれるような状態でございます。

そういうような中で彼は欧州の大戦、世界戦争が終った時に、病院の者は誰も、そのことを知らなかった。まあアフリカのひどい所で、ランバレーネという所は非常に悪い所ですけれども、それは広い川を渡って何と申しましたかねえ……カヌーで渡って行かねばならぬ。しかも四十五分もかかって行かねばならぬ所で、実にまあ密林と水だけという所で電灯さえも無いのだから、戦争が終ったのがわかりっこ無いのだ。そこでどうして知ったかと言えば、一人白人の病人が入院して居って、それがトランジスターラジオを持って居たので、漸く終戦のことがわかった。早速病院の鐘をたたいて「終戦になったぞ」と皆もわかったのだ。その時先生は棕梠の木をたいて、蚊が這入るからどんどんたいて、其所で読んだのは老子……老子を読んで居られた。老子を……老子の言葉がここにあります。

●恬淡を上となす。勝てども美とせず。しかるに是を美とする者は是人を殺すを楽しむなり。

●人を殺すこと衆ければ、悲哀をもってこれに泣き、戦い勝てば喪礼をもってこれに処る。

斯ういうような老子の言葉、非常に徹底的な平和な思いでありましょう。棕梠の木をどんどんたいて、赤い火のもとでこれを読んだ。彼は非常な平和論者でありますから、その後ノーベル平和賞をもらってオスローへ行った。オスローの国立放送局から二回放送しております。核兵器実験が如何におろかなことであるか、やめろ、と最初に世界に訴えた。世界五カ国語で世界へ訴えたのはシュヴァイツァーが最初なんだ。それから二年後に又私はだまってはいられないという様なことで、同じことを訴えて居る。平和主義者の彼は非常に強く言って居る。

彼の著書の中には『生命の畏敬』と言う大きな論文があります。これは私がお目にかかった時に、先生の『生命の畏敬』を読んだ。又先生の伝記も読んでいたので、「これは先生の小さい時からずっと発展してるのだと思いますが、そうですか」と聞いたら、そうだ、と言われた。小さい時からというのは彼のお母さんが非常に敬虔な人で、毎晩彼の枕元で頭に手をおきながら話したお母さんの話。それはどういうことかと言うと、「どうか人間はみんな平和である様に、みんな幸福である様に、そしてこのアルベルトは人間の平和、人間の幸福のために役立つような人物にどうかなって呉れますように」と毎晩祈った。ところがアルベルトにすれば、お母さんはなぜ人間のことばかり言うのか、蟻も居るし鶏も居るし馬も居る。人間以外の生き物について何にも言わないのはどういうわけかと疑問に思った。それから自分でいろいろ追求したということを書いています。「お母さん、お休みなさい」と言うてベッドに這入ってからも、彼はいろいろと追求した。そして虫も獣もみんな平和でしあわせで楽しい生活が出来ますようにと祈った、ということがしるされて居るのでありまして、生命の畏敬はこれから来たと、まあそれから発展して来たのだと思って尋ねたら、その通りだという話でありました。

彼は生命をかしこみおそれる。いかなるいと小さい命をもおそれかしこむのであって、従って生命を保護するということは、大切にするということは、これは善である。生命を阻害するということは悪である。生命を大変阻害する所の戦争は許されるべきものではないとの強い信念を持って居る。ですから部屋に網が張ってあるけれども、間違えて小さな虫が這入って来ると、コップでそっと取って外へ飛ばしてやる、誰れか目の前に蚊が止ったのを、パチンとやったのでおこられた。なぜあなたはそういうことをしますか、とおこられた。黒人が坑を掘る時は、その中にひき蛙がいるかいないか良く見なさい、居たら出してやりなさい。蟻のかたまりがいたらそっくりそのまま出しなさいと言って彼は監督する。そういうような生活態度であります。

シャツは、もう洗いざらした半袖の開襟シャツでありますが、ズボンは普通の労働者がはくはげたカーキ色のズボンです。私は後からついて二日間ずっと歩きましたが、ズボンの後側につぎ切れが当って居る。つぎ切れが当ってるのは何んでもないが、そのつぎ切れの当てかたが如何にも無細工である。

思うにこれは、女の人も居る、看護婦も産婆さんも居るから、一寸当てて呉れと言えばいいんだが、先生自分でここを直しちまったらしい。私だってあの位の程度だと思うが、誠にみっともないつぎの当て方だ。しかしそんなことは全く平気で、私と会った時も、日本で動物のことについて一つ話してくれとこう言われた。然し突然そういうことを言われても私にはよくわからんが、まあ言ったことは四つある。一つは馬頭観音、私もどういうことかよくは知らんが、多分斯ういうことだろう。つまり箱根や軽井沢をドライブすると、道路のわきに馬頭観音というのがよく祭ってある。これは日本は平ったい所が少い。耕地は十六パーセント程しかない山の多い国だ。山が多いということは交通が困難であって、その困難な交通を馬に助けられてやって居た。相当長い間、その馬がどうかした拍子に倒れると、そのままこの馬は倒れたから捨てておけということは日本人の感情では出来ないので、これを手厚く葬って其の上に馬頭観音を祭るようなことをやって来た。観音化身説とか色々あるそうだが、それは知りませんけれども、そういうような話をして、動物愛護はそういう形で行われて居るということが一つ。

第二は九州と東北で見たんですけれども、温泉の出る所に囲をして牛馬に温泉浴をさせる所がありま す。つまりそういう設備がです。これは何所にも普及してるとは言えないけれども、人間が這入って気持が良いように牛にも馬にも温泉に入れてブラッシをかけてやるということは、日本ではまあ一つの習慣だ、外国にもあるかどうかは知らない。

第三は牛の藪入りということがある。これは御存じないかも知らないが大阪にある。大正の初めまであった。もう今は無くなりました。藪入りというのは封建時代に奴隷の如く使われた奉公人が御主人から暇をもらって今で言うお仕着せというのですか、新しい着物を頂戴して自分のお母さんの所へ、まあ遊びに行きなさいと言って小使銭をもらって、これはまあ非常に有難いことです。これが籔入りであった。これを牛にもやらしたらというので、牛に籔入りの前日ドッサリ御馳走を喰べさせて赤い色のかぶせるものをかぶせてやって、牛には故里がないから、大阪の住吉神社の広場が牛の籔入りの場所なんだ。そこへ連れて行って、一日遊ばせるということが行われた。大正の初めまで行われて居たので、これは動物愛護の精神である。

第四に、これは私は良く知らないので、前川さんの方がよく御存じかと思うが、禅寺の話をした。夏は虫の命の発展する時であるので、みだりに山野を歩いて虫を踏み殺したりするよりは、寧ろ坐禅を組んでちゃんとして安居しておれ、ちゃんとして家の中に安居して居た方が良いということでしょう。まあそんな話をした。私が思い出すのはその位のことですと言ったら、非常に面白い話をはじめて聞いたが、終りの話しは中国の本で読んだ。あれは中国の禅宗思想で、消極的であるけれども、慈悲の精神から出て居るので、面白いなあと言うて居た。全くなんでもよく知ってるおじいさんで驚いたのですが、まあそういう話をして来た。

それから此所をどう思うかと言うんだ。此所をどう思うかということは、彼所を訪問する者は医者ばかりです。そしてこの伝染病の施設はどうかとか、非科学的だとかいう批判はよくあるけれども、私はそういうことはよくわからないので、私は三つのことを挙げておいた。一つは、人間の集団というものを動かすにはいろんな方法があるけれども、少くとも支配するものがあって支配されるものが居て、そういう者の命令服従の関係で一団の人間集団が動くという一つの行き方がある。善い悪いは別だが、そういう行き方をして居るのがソ連の社会だと思う。

第二は人間には夫々個性というものがあって、個性が自由奔放に発展するだけでは集団生活は困難であるから、これに組織を与える。組織の中に出来るだけ人間の個性を生かしながら、而も組織が動くことによって人間集団が動くというような生き方があると思う。アメリカのやってるのがそれだと思う。

第三は、アルベルト・シュヴァイツァーの世界である、と言ったところ、先生ぎょっとして居る。先生の名前を言ったものだからぎょっとしたのだが、これは支配する者も支配される者もいない、共通の使命感を皆持って居る。この共通の使命感のために自分の全存在をかけて働いて居る、そこに生き甲斐を感じて居る、こんな美事なことはないと思って光栄と感じて孜孜（しし）として働いて居る、こんな世界が此所にあると私は感じて居るのだ。不思議に思うがこれは真に大切な世界なんだ。一切の集団がこうなった時に初めて世界が変るのだ。戦争なんか馬鹿なことはやらない立派な世界になるのだとこう思う。シュヴァイツァーの此の世界は大きな存在だと思う。然しあなたは八十六歳でしょう。そうだ。あなたが亡くなったらどうなりますか。アルベルト・シュヴァイツァーの人格を中心にこれだけの集団が動いて居るのに、あなたが亡くなったらどうなりますか、と言ったら、そういうことは神様に委しておくさ、とこう言った。これは又簡単な答えだ。私は参った。そんなことを人間の分際で何を言うかというようなことであったのですが、まあそんな話もしました。

シュヴァイツァーは又人に逢うことが嫌い、写真も撮ることが嫌い、写真が嫌いということは、アフリカの象は何時も鉄砲を向けられて居るが、此の象は何時もこのカメラでねらわれて仕様が無いという話をせられた。それで私は、先生が写真嫌いであることは前々から聞いて居たけれども、私は撮りたいのだがどうですか。よろしい、君は何んぼ撮ってもよろしいと言われてずいぶん撮った。尤も私が自分で撮ったのではない、撮ることの自慢な男が撮ったのだ。最後にフィルムがあと一枚しか残って居ないと言うので、あと一枚だけ撮らしてもらうと言ったら、わきに座って居られた先生が、一寸待てと言って何所かへ出かけて又やって来た。どうしたのかとひょっと見たら、私は上衣を着てネクタイを結んで居るのに先生は開襟シャツ一枚着て居るので、これはネクタイを結んで上衣を着て来ようと思ったらしいです。上衣を着てにょこにょこやって来て、さあ撮れというのです。それが最後の一枚です。このフィルムはフランス製であったので、日本ではうまくいかんかも知れんと言うので、写真をやる人がパリーで現像を頼んだものですから、まだ出来て来ないのです。日本へあのまま持って帰ればよかったと思っている。色々面白い写真があるのだが、そんなわけで今は無いのです。それから私に、自分の写真にサインをして呉れてそれを持って来たのが此の写真です。ドイツ語が読めないからわからんけれども、下に名前も書いてある、記念写真です。読んで見て下さい。そんな風に随分愉快な話もして来たのですが、初めは三日二泊する積りであったが、ローカルランバレーネの飛行機というものは実にだらしが無くて、一つ喰い違うと大変なことになる。それで先生は心配して、北村の乗り込む時間はどうなって居るかと言われ、僅か十分の差です。それは駄目だ。十分の差でうまく乗れるものではない。間違うと大変だからもっと調べなさいと言われて、調べさせたらやっぱりあやしいというので、一泊に止めて二日一泊そこにおいてもらったのであります。大変私は有難く思ったのであります。

そこの食堂も亦なごやかで看護婦、産婆、女医といろいろの人が皆美人なのだ。こんな美人が世にもあろうかと思う程美人だ。これ等の人は平然として此所で働くことが光栄だと思って居る。そして皆無給だが、本当に光栄だと思って喜んで居る。喜びに溢れてかがやいて居る顔が……、明日はどういう闘争方針でやってやろうかというのとは少しちがう。非常に光栄だと思って居るのだ。高橋さんに会って、あなたは何時まで居るのかと聞いたら、高橋さんは、先生が帰れとおっしゃるまで居る。あんたは五十を過ぎて、二十代の者ならいいんだけれども、良く辛棒が出来ますね。冗談言うな、私は無給で非常に喜んで居る。無給がいいですよ。此のランバレーネ周辺では貨幣は駄目なんだ。貨幣時代でないんだ。貨幣交換経済時代ではないんだ。対象がないんだ。何も無いのだ。だから貨幣なんか要らないんだ。全くそうなんだが、先生は金はいらんか、金はいらんかと顔を見ると言うんだ。いりませんと言う度に、要ったら言いなさいと、まあこんなことでしたが、全存在をかけて此の一つのために働くということが有難いと言って働いて居るのです。只今はその癩病村の主任で癩病専門ですが、全くこんな有難いことはないと言って喜んで働いて居ます。

こういう世界なのです、今の時代にですよ。私はシュヴァイツァーを理想の人物とされるのは、そこはそこには単なるヒューマニストというだけでは足りない。彼は黒人の暗黒な面を見て、これでは仕事をして助けてやろうと思った。それだけではなくもっと高い所で彼は神と対決したのだ。「誰が行くのだ」「はい私が参ります」、其の一言が四十八年彼を支えて今日彼の生活をあのようにしてやって居るのだ。

世界にはシュヴァイツァー後援会がうんとあるのです、世界各国に。此の間九月十九日にスイスのバーゼルでシュヴァイツァー後援会国際大会があった。二十何ヶ国が集るのだ。野村実先生や其他の先生達もシュヴァイツァー後援会をやろうと言います。私はやります。至急にやります。至急に、どうか皆様も御後援願い度い。今から三十余年前に内村先生が、先生の所へ集る諸君を前にして、アルベルト・シュヴァイツァーの話をして、貧者の一灯でも何でもいいではないか、シュヴァイツァーに贈ろうではないかと言ったら、其時二百六十八円集ったのだ、金が二百六十八円。シュヴァイツァーは大変感動して極東の日本から本当に温かい贈物を呉れたと言って、ある病棟に日本人の友情を感謝する字が書いてあったんです。それが此の前の水害で皆なくなったのです。今は無い、残念ながら。もう一度日本人の友情を記念する家を作り度い。私はシュヴァイツァーは世界にあれだけの事をやっていらっしゃるのだから、これを償わなければならんと思っているんです、そういう事をやりたいとまあ思っているのです。

話が長くなって、くだらん話ばかりして居たのですが、殊に此前申しましたことと前後しますが、核実験の如きことはやるなとオスローから放送した時に、彼は科学者だからいろんなことを言って居るのです。例えばキュリー夫人が二年間ウラン鉱を取扱った。そして最初に得たラジウムの一塊一グラム、その最初の一グラムを手にふれた時に、彼女の手の皮膚にはさけ目が出来た。そしてどうしても治らんでとうとう非常な苦痛をしながら死んだ。これは骨髄と血液を傷害されたということです。それからアメリカのコロンビア川の放射能のことを、彼はやっぱりこれを放射能のためとして入れて居る、こういうような原子エネルギーの製造をやるファンフォードという原子工場の下水が流れ込んでコロンビア川に這入ったので、それから起る現象で川のプランクトンが二千倍の放射能を持って居る。鴨は四万倍の放射能を持ち、川の魚は十五万倍の放射能を持って居る。親鳥が子供を養う虫で養って居る場合に幼いこれを喰べる燕は五十万倍の放射能を持って居るということを彼は科学者だから言って居ることが伝えられています。というわけで御座いまして、私が今やりたいことは、近頃は大分日本からも青年がシュヴァイツァーの所に行って働きたいと言う者がある。けれどもうっかり行って一週間で逃げて帰られたとなると困る。本当にやるなら、その一生涯をかけてシュヴァイツァーと同じようにやる程の人がほしいのであります。そのようなことについても選考をやるような機関を設けたらよろしいと思う。野村先生と話し合って居るのですが、物的に我々は何かを贈って声援するとともに、精神的にも援助をすることにしたいと思い、良い青年で本当に行くと言う人があるなら選考して其の使命感というものが如何にかたいかどうかということを確かめて送りたいと考えて居る。

別れる時にシュヴァイツァーは高橋先生に、いよいよ北村は明日出発することになったかと言われたから、そうなりましたと言った。先生は一寸妙にお淋しそうな顔をされた。私の頭が良くなるわけでもないけれど、先生のヘルメットを記念に持って帰ってやれと思って、「高橋さん、高橋さん、僕これもらって帰ろうか」と言ったところが、憤然としておこりまして、駄目だと大きな声で、駄目だ、どうしてだ、いや先生はこういわれた。「北村がタラップにあがるまでは送って行かなくてはいかんぞと。そうして、飛行機に北村が乗りこんだら、このヘルメットは忘れないで持って帰れよ」といわれた、とこういうんです。そういうわけで、ヘルメットは横領をしなくなったのですけれども、シュヴァイツァー先生から色々なものをいただいた。黒人の作った彫りものとか、先生が自分の写真にサインしてくれたものとか。

思うに先生は人に会うことが嫌いである。写真が嫌いである。ということは、自分個人の評判が伝えられることはいやなんだ。かつて四十八年前に、四十八年もっと前に、自分が決意した時には、神の前にしとやかに静かに神と対決しただけの話なのだ。自分は使命を感じているんだ。使命を感じてやっているんだ。人からほめられようがそんなことはいやなんだ。ですから、そういうことではなくて、先生の宗教に多少理解を持って、先生のインナー・ライフにちょっとふれるような話をした私に対しては、非常に先生はよろこんでくれた。私の部屋にやって来たり、また自分の部屋に来いといわれて連れていったりして、最後はだいぶおそくまで先生の部屋で話をした。先生の原稿の前には石油ランプが二つおいてある。そのまん中に大きな猫が寝ているんですが、その猫の寝かたが面白い。天井に腹をむけてノウノウと寝ているんです。諸君が眠られるような恰好なんですね。猫がそんな恰好の寝かたをするのを見たことはない。これはもう何の不安もない。そしてシュヴァイツァー先生も猫のねむりをさまたげないように自分の体をこっちによせて、君はこっちに来いといって、ひっぱっていって話をされる。こういうふうなやり方で、こういうふうな恰好を見たことはない。

さていよいよ見送っていただいて、ランバレーネからオゴエ河を越えてむこうのエアーポートのある方へいこうとする時に、四、五人の人がヘルメットを振っておくってくれた。その端にシュヴァイツァー先生がおられたのですけれども、先生は祈るようにして頭をたれていられるんです。それから船が中流に来た時もふりかえって見ると、先生はやっぱりそのままの姿勢でいられる。私は、

このわれを見おくるとオゴエ河畔に佇ち
　祈り給へる老先生はや

先生は手を振ったり、しっかりやれとか、なんとも言っていないんだ。だまってうつむいて祈りをささげている恰好だ。私は非常に感動をいたしまして、これはいったい、どうもえらいこったと、おそれいってきたのであります。話は大変長くなりましたが、これでおわりたいと思います。（拍手）

昭和三十九年五月二日　講話

和敬塾理事長　前川 喜作

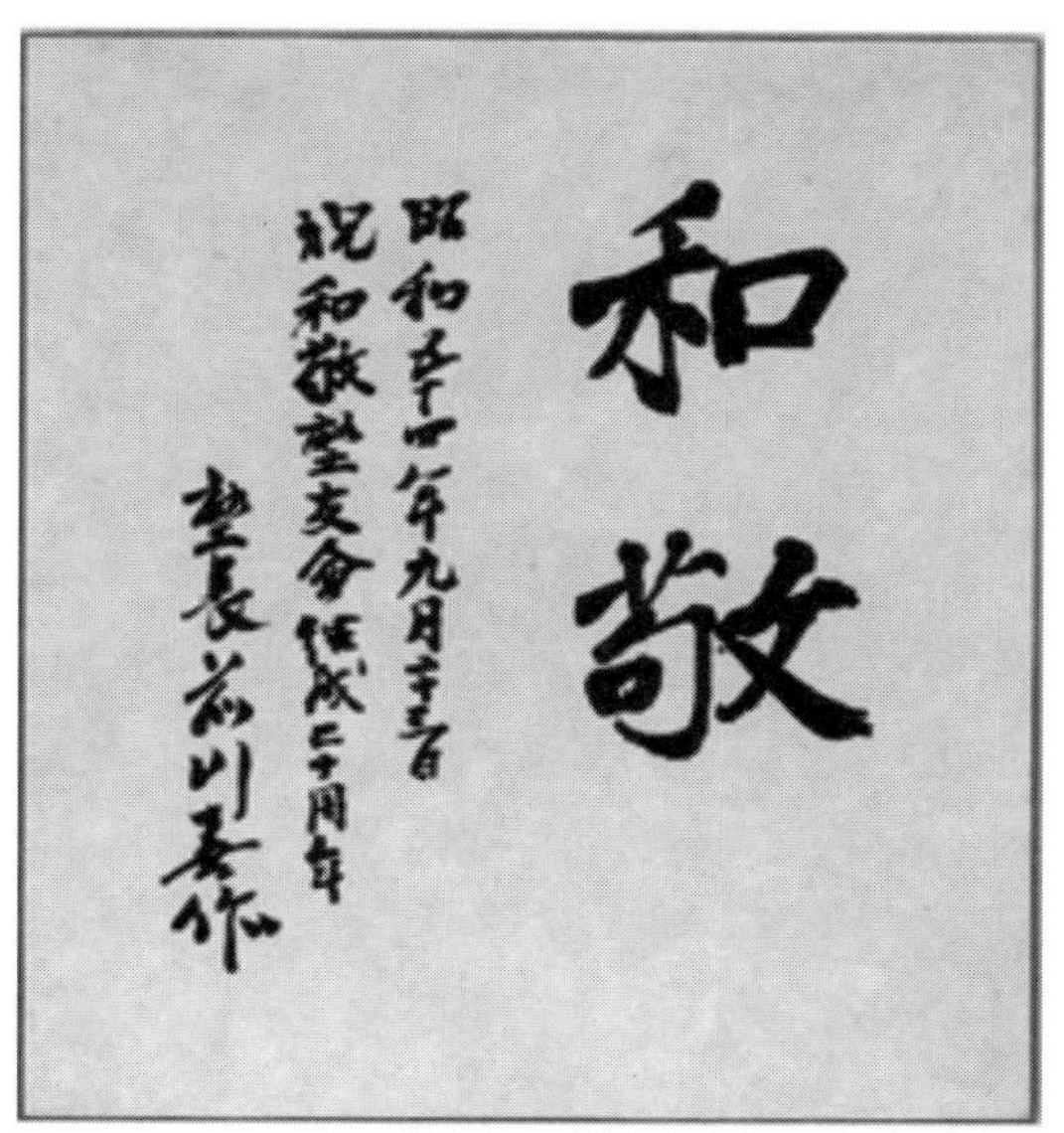

■ 前川 喜作（まえかわ きさく）略歴

財団法人和敬塾創立者。

1895年（明治28年）、奈良県生まれ。

1920年（大正9年）、早稲田大学理工学部卒業。1924年（大正13年）、株式会社前川製作所設立。

1948年（昭和23年）、早稲田大学評議員（のちに理事、校賓）。

1955年（昭和30年）、財団法人和敬塾創設。昭和61年7月19日逝去

いかに職業を選ぶべきか

今夕は恒例により、就職の問題について私の考えを聴きたいとの諸君の申し出がありましたので、何か参考になることを申し上げたり、質問に答えたいと思います。

これから実社会に活動する最初の就職の問題となりますと、これは人間——しかも立派な男子として此の世に生れ出たことと、将来才色兼備の麗人と結婚して家庭を営むことと併せて三つの大きな問題、いな運命でもあるかと考えます。

私は就職とか、一つの計画を樹（た）てるとかという時には、よく文天祥の『辛苦に遭逢するは一経より起る、干戈落々四周星、山河破砕して風絮を漂わし、身世飄揺して雨萍を打つ、皇恐灘（たん）頭に皇恐を説き、零丁洋裏に零丁を歎く、人生古えより誰か死なからん、丹心を留取して汗青を照さん』という、「零丁洋を過ぐるの詩」を思い出すのであります。私如き凡庸の者におきましては、別に責任を回避するわけではありませんが、こんな運命を決する様な大問題は空恐ろしくて御答も出来ないのであります。恐らく神様のみが知って居られることとさえ思うのでありますが、さらばと云って、天に口なしとか申しますから、結局は各人自ら十分考えられて決定さるべきことなのですが、今日は只ほんとにご参考までに私の考えをお話しして見たいと思いますから、そのつもりで聴いていただきたいのであります。

私は初めて就職——職業職場を決定する場合の大前提となるものは、何よりも自分の人生観と申しますか世界観と申しますか、或は哲学と申しますか――早く云えば「人生如何に生くべきか」と云う問題を第一に考えるべきだと思います。この問題が決まりませんと、ただ漫然と目先を見ての業種や会社の選択などと云うことはまことに空疎なことゝなってしまいます。否むしろ取り返しの付かぬ過誤を犯すことにさえなるかと思います。皆さんが今日まで十数年間勉強と修養を重ねられたのも、皆この命題――「人生如何に生くべきか」の問題の解決のためであり、また終生を通じて考え続けねばならぬ命がけの問題かと存じます。

即ち「如何に生きることが自分に最も幸福であり最も有意義の生き方であるか」と云う問題を先ず決定されることが先決問題だと思います。真実を求め美を求め善を求めたい純真な人が、一時の感興に支配されて、ただお金や地位や名誉を求めて、世俗的な所謂成功を求めて虚偽と不正と隠謀を手段とする職業に就かれたとするならば、これはご当人は終生を通じて精神的にも物質的にも矛盾と苦痛といばらの道に泣かされることになると思います。

第二にはその求める生き方に自分の性格能力が適しているかどうか、その念願成就の可能性はあるかないか、或いはどの程度あるか、又あってもなくても希望の達成は問う所ではない、如何なる苦難の途を辿ろうとも、只々ひたむきに此の道に精進することこそ自分の生き甲斐を感ずるのだ、それで満足だと決心されれば、私はそれはそれなりに、ご当人は人生の第一義的な幸福と生き甲斐をつかまれたことになると思うのでありますが、然しその代わりにそうして熟慮決心された以上は、これを天職と心得て、その成敗は運命に任せる覚悟で終生努力を続けて悔ない気持で、容易に此の決定を変えないことである。そうすれば百里は行かずとも九十里、九十里は行かずとも八十里、七十里に行けるのではないか。然かも方向は正しいのであれば、私はそれで結構と思うのであります。

一応この前提に立っての現時点に於ける就職、職場の選定について心得ていただきたいことを二、三申し上げたいと思います。
一、私は先ず第一に着目したいことは、時間的には少なくとも三十年先、出来れば五十年先を考えることと、今一つは、空間的にも世界的規模と視野に於てものごとを考えると云うことであります。即ち三十年五十年先、自分の人生の終着の時点に於て、この地球上の人類の学問・政治・経済等文化の様相がどうなるであろうか、又なっているであろうか、そしてそれに対して自分の目的達成に最もエフィシェントな道——職業、会社を含めた就職——が決定さるべきでないかと考えますが、如何でしょうか。これもまた大変難しい問題でありまして、現在並びに将来の文化の発展変革のテンポは私共が過ごして来ました明治・大正の時代とは想像を超えた速さであり、それも年々加速度を加えて来て居るようにも思われるのであります。昔の十年二十年の変革は今の一年二年にも当らないものがあります。広さにおきましても、日本だけの世界だったのが地球に又宇宙に広がって居るのでありますから、時間的にも空間的にもこの決定は又大変難しいことと思うのでありますが、さらばとて此れを閑却し去ることは、お互様どうしても出来ない運命に置かれて居るのであります。この点どうぞしっかりと腹をすえて、よく考えていただきたいのであります。勿論五十年先にはきっと世界が一つになって、世界国家が生れて居るでありましょう。人種的偏見は残るとしても、オーストラリアもアフリカも南極も世界人に開放されることでありましょう。月の世界は闡明(せんめい)されているでありましょう。人間の生命も、平均寿命は百年以上になるようになるでありましょう。空中に移動住宅も建設されるでありましょう。食事も米やパンを必要としないでありましょう。衣類も寒暑に対する考慮をネグレクトした、ただ装飾的のものになるのではないでしょうか。無重力の地帯も出来るかも知れません。趣味も嗜好も、物の価値判断も大変な変革を来たすでありましょう。熱源も核熱源から進んで、太陽や地球の内部からとる様にもなるでしょう。従って職業の選定に当っては、こんなことも考えに入れておかれるべきであると思います。

こんなことを考えますと、今諸君が何会社が良いとか、何会社の資本は、経理内容は、世間の人気は、社長の人柄は、経営方針は、将来は、などと考えて居られることも、根本からじっくり考え直していただく必要も或はあるのではないかと思うのであります。煙に巻くのではありません。ほんとうにお互いが現在直面して居る厳粛な事実であり、免れることの出来ない運命でもあるのであります。次に、然らば先に申しました方針決定の大前提たる諸君の人生観と、五十年先の世界の未来図を決められた後に決定さるべき極めて現実の――ここ数か月以内に決定されなければならぬ就職を対象にした手近な、現実的な点を考えてみましょうか。

第一に、日本は土地は狭い――現在の国際的通念は地上の空間さえも、又その土地の下の地球の中心に到る資源まで、その地表の面積が所属せる国家民族の専有物であります。今にその地表上の空気、水、蒸気さえもその所属に帰するようになるかも知れませんね。第二に、従って資源は極めて貧弱である――天然資源としては公海を利用する水産業と空気を資源とする化学産業、石灰を資源とする窯業位のものでしょうか。我々の日常欠くことの出来ない石油にしてからが、殆んど全部を海外に求めて居る、鉄鉱石、粘結炭、ボーキサイト、綿花、ウラン、その他数限りない重要資材は殆んど海外に仰いで居るのであります。第三には、そのかわり人的資源――優秀な資質と比較的多い人間――が少々豊富であることであります。私はこれ――人的資源――を活用する以外に現在の国際情勢に於てはお互いの将来に生きる道はないと思うのであります。米英仏等、いわゆる先進優超国家は、領土的植民地は近来殆んどなくなったが、自国の豊富な資源の外に海外投資と云う経済的植民地さえも拡大して、その国力と民福を発展させて居るのであります。

現在の日本は、原材料を海外に仰いで遠い所から船で運んで来てここで加工して、それを又船で海外に輸出する。或は此れに加工を施して機械器具として海外に輸出するいわゆる加工業をやって居るのであります。その往復の運賃がコストの約二十%に当るのであります。又時間と手数がかかるのであります。然かもその相手方の資源豊富な低開発国は日本から買入れた機械器具を使って自分の資源を自分で加工して自立経済を着々と進めて居るのであります。孫子の兵法の「逸をもって労を待つ」を現実にやって居るのであります。そうしますと、将来の日本の加工業はどうなるでありましょうか。曽ての英国のランカシャーの紡績業は日本に取って代られ、今、日本の紡績業は最早綿花の生産国にとって代られつつあるのであります。印度は日本の紡績プラントを輸入して、最早すでに綿布の輸出国となって居るのであります。メキシコ、エジプト、ブラジル皆同じようであります。その他例えば、日本の発電設備、貨物自動車を買入れて、低開発国は着々と自国資源の開発と自立経済の確立に突進して居るのであります。欧米の先進国はこれに資金を投入して此れに拍車をかけて居るのであります。然かも日本も今やいわゆる開放経済に突入したのであります。世界中自由に交易をやる様になった。即ち世界は経済的にも極めて狭くなったのであります。

そこで、然らばどうすればよいかと云うことかと思います。私は我々の持つ唯一の資源たる人的優秀さを益々活用することであります。幸に平和共存ムードと開放経済態勢が益々発展して世界は一つになる――世界同胞――世界国家の誕生を契機として、お互がドシドシ海外に出て行ってアフリカにも南米にも進出して、例えば華僑のように、あまり政府・国家の力ばかりを当てにせずに、国民各自の自力で会社、公団等で、我々の技術と能力を提供して世界中に拡がって行くことが、最良の策でないでしょうかと考えます。私はときどき月性の詩「骨を埋む豈墳墓の地のみならんや、人間到る所に青山有り」を思い出すのであります。

それにつけても私はそれには只単に「技能が優れて居る」「人間が多い」だけではこれは駄目であります。到る所でその民族に愛され、親しまれ、尊敬される人柄でなくては大成しないと思います。ユダヤ人の様に、技術・頭脳の明晰と世界の富の多くの部分を占める彼等の様に――私は実際ユダヤ人はそんな利己主義一点張りの悪い民族か否かはハッキリとは知りませんが――到る所で「ジュー、ジュー」と云われ、「ジューイッシュ・フェロー」とダーティ・フェローの代名詞の様に見下げられ、嫌われる印象をあたえて、それが世界の民族一般の通評となる様に、もしも我々日本人がなったとしたら、これはもう我々の将来は望みがないのではないかと思うのであります。人種的偏見は、これは人間の本能でもありましょう。自尊心・自負心は、従って自国優越の先入観は、何処でも同じことでありますが、それを克服してその土地を自らの墳墓の地として同化して行くためには、何と云っても先に申し上げましたヒューマニティーと申しますか、高い人間性を持ち合せて居ることこそ、技能にもはるかに優り且つ必要不可欠の要素かと考えます。

そこで私は――広告か宣伝の様で恐縮ですが、和敬塾でそんな人物を皆さんが作り上げていただきたいと思って、この塾の創設に一念発起し、老躯を引っ提げて微力をつくして居る所以であります。然かも日夜力の足らないのを嘆いて居るのであります。

なお最後に諸君からの質問にお答え致します。将来お父さんの事業を継承されるのに、卒業と同時に家業につかれるか、又は二三年他社に勤務して勉強してから家業につかれるか、何れが良いかとのご質問ですが、私は矢張り直ぐ家業につかれるのがよいと思います。それは（一）他社に就職されても、君の修業と研究を目的とされるのでしたら、他社への勤務は日々の勤務そのものが一から十まで、君の修業と研究になるものではない、そのほんの一部又は三分の一位しか勉強にならないと思います。それはスケール、方針、業種、その他必ず合致しないからであります。（二）直ぐに自社に入社されて、そのかわり初めから一社員・一見習生として、他社に入られたと全く同じ気持ちでコツコツと勉強され、この間十分同業他社にも研究に行かれることです。これが是非必要であります。俺は社長の長男だ、東京で大学を卒えて来たのだ、近く社長になるのだ、と云った様なエリート意識は塵の垢ほどもあってはいけません。又社員からもそんな感じを持たせてはいけません。一見習生―社員―係長―課長―役員のコースを実直に進まれることこそ、必須の条件であります。そうでないと、将来自分も苦しいことにもなり、社員のモラール（士気）にも大変悪影響を及ぼすと思います。事業経営には学閥閨閥は絶対禁物です。特に中小企業に於ては、公私を混淆することは厳禁であります。

大企業がよいか小企業がよいか、これはよく論ぜられることでありますが、至って簡単な問題であり、各々特質はあると思います。大企業は安定性があり、小企業はこれが乏しい。大企業はメカニズムの一コマとして協調と他動性と申しますか、個人の能力、効果、失敗が直ぐにあらわれないで、綜合的全体的にあらわれ、運命的のものがありますが、小企業は独創的・自動的と申しますか、自分の創意、努力、失敗の結果が比較的早く形にあらわれて参りますから、それだけ心身の苦労は一方でないでしょう。そしてその効果は努力よりも小さくて失敗はむしろマイナスが大きい事が多い。従って危険でもありますが、又積極的な人には良いかも知れませんね。私などは卒業後川崎造船に入ったのですが、我儘者で上役の勧告もきかずに無理に飛び出して、いやと云う程苦労をして、案外その効果もなく一生を誤った様な気も致しますが、只し日日好む所に向って苦労する内にも希望に燃えて働いた事は幸福であったかも知れんと、此れも運命と今は諦めて居ます。

私は大企業を選ばれる人はその業界の日本一、又は二下って三位の会社を選ぶべきでないかと思います。尤も将来性を考慮に入れてですよ。現在第一位でなくても将来第一位たる会社ですよ。

尤も大企業小企業などと申しますが、日本の企業は何と云ったって世界的スケールで見れば、日本の大企業と云ったって、世界的には小企業ではないでしょうか。世界的に見れば、下請企業でもあるかも知れませんね。

私はそれよりも大企業小企業と選別するよりも、企業の将来性、会社の社風、社格（こんな言葉があるかないか知りませんが、人に人格があるように、会社の性格品格ですね）社長の人格、能力、と云うことが大切ではないでしょうか。低劣な利己的な人の経営する会社は、社会的にも見下げられますね。そしてキットそんな会社は一時は栄えても、寿命が短い様ですね。そんな会社へ入るとたとえ給料は高くても、諸君の日常の社交、又特に近く迎えんとする結婚にも影響しませんか知らん。

将来性と関連しますが、私は午前八時の会社を選んでいただきたいですね。「ボーイズ・ビー・アンビシャス」と云うことは、私は「青年よ、午前八時であれ」と私なりに解釈して居ります。午後一時か二時の会社では楽しみも希望も失います。二十年前のテン・ビッグ（十大企業）は今のテン・ビッグでしょうか。現在のテン・ビッグが、十年、二十年先にテン・ビッグであり得るだろうか。この点を考えに入れていただきたいのです。希望と夢のない程ミゼラブルなことはないと思います。私のようなロートルがそうですから、諸君、青年諸君は尚更と思います。

私は一番嫌いな言葉の一つに「コネ」と云う言葉があります。最早真面目な企業の人事に閨閥は勿論、学閥とか社長、役員の個人的要素を混入する所はないと思います。もしあるとすれば、それは間違った経営であります。現在はよくとも将来性はありません。企業は人であります。日本郵船会社は戦前から最も大きな財産を持った会社の一つでありますが、それにも増して郵船の資本は、人材を集めて居ると云うことだそうです。コネがないと入れないなどと云う会社は、私はあまりお奨め出来ません。よく代議士諸君の紹介や名刺をもって行かれる方がある様ですが、実業界では特に通用致しませんと思います。前時代的の遺物でしょうね。紹介依頼は学校の先生か、御両親、御兄弟位の依頼位でしょうか。

入社試験の時は学力テストもさることながら、面接が大変大きなファクターであることを考えておいていただきたい。服装、態度、言葉遣い等を数人の人が四方八方から観察されますから、服装は清楚な、出来れば制服、散髪、ヒゲなども剃って行くことですね。偽悪的の態度、エリート、青年らしさのない事は良くないと思います。学生らしさ、青年らしさの天真爛漫さと落着いた態度も良いと思います。イエス、ノーをはっきり答える、知らんことははっきり知らんと云う方が良いと思います。無理にコジツケの返答は良くないと思います。言葉ですが近頃問われて答えるのに「……じゃないですか」と云う青年が多いが、これなどは特に注意して下さい。「……です」とか精々不安であっても「……と思います」位にして下さい。

問われない事はあまりしゃべらぬことです。「雄弁は銀、沈黙は金」と云うこともこの場合当てはまります。自分を売り込もうと申しますか、物知りを知らせようと云った気持は禁物です。相手は海千山千のシタタカ者ぞろいですからね。

筆記試験に当て字誤字はその人の学力と云うよりも人柄をアンダーバリューされますから、止めて下さい。知らなかったら他の言葉を使うか、又はカナ字で傍点を打っておいて下さい。近頃一流の新聞にもよく誤字を書いて居ること、それも無理をして難しい言葉を使いたさに間違った字を書いて居ることがあります。荒涼たる感が致します。

尚お言葉ですがオトーサン、オカーサン、ボク、教師などと云わずに、チチ、ハハ、ワタクシ、センセイ位の方がよいと思います。審査員にオベッカ、反抗的反駁的態度、感情的態度等は、何れも慎んで下さい。意見が異って居た時はなるべくおだやかに答えられた方がよいと思います。

面接は堅くならずに、パスするもよし、しないもよし、成敗はあまり気にしないで始終にこやかな態度が良いと思います。礼儀を考えるのも一つのエチケットと考えて下さい。オベッカではありません。

その他種々申し上げたい事も沢山ありますが、希望者は又私の室に来て下さい。個人的に御相談にあずかります。

以上前後まとまらぬことを申し上げましたが、これは何処までも私の私見でありますから、どうぞ取捨選択していただきたいのです。何か御役にも相立てば幸甚に存じます。

昭和四十四年九月十八日　ご講演

東京教育大学教授

朝永 振一郎

■ 朝永 振一郎（ともなが しんいちろう）略歴

1906年（明治39年）～ 1979年（昭和54年）
東京生まれ。第三高等学校の同級生である湯川秀樹とともに京都帝国大学理学部物理学科入学。卒業後、1937年ドイツに留学し、ハイゼンベルクの教えをうける。理化学研究所を経て、1941年に東京文理科大学教授となる。戦後は素粒子論グループの指導者となり、1946年朝日賞受賞、1948年日本学士院賞受賞、1952年文化勲章受章。1956年から東京教育大学学長となる。量子電気力学、とくに超多時間理論およびくりこみ理論の展開に寄与して1965年ノーベル物理学賞受賞。日本学術会議議長、光学研究所長等を歴任する。平和運動、国際交流に対しても湯川らと協力して行動した。1957年パグウォッシュ会議参加、1962年科学者京都会議を開催する。

著書「鏡の中の物理学」「科学者の自由な楽園」「量子力学と私」「物理学とは何だろうか」ほか、多数。

科学と常識

「科学と常識」という題で何かお話ししようと思うのですけども、あんまり役に立ったり、為になったりする自信はないんです。ただこの頃、世の中がいろいろ騒がしくなりましたので、たまには少し浮世離れのした話をさせていただくのも、まあ気分転換でいいんじゃないかというわけで、少し現実離れしたような事をお話しするかも知れませんが、ご勘弁いただきたいと思います。

科学と常識と申しましても、科学というのはいろいろありますし、常識にもいろいろあるわけですけども、今日お話しいたしますのは、私は自然科学者ですから、我々をとりまいている自然に関する科学と、それから自然に関する常識というようなものの関係と申しますか、そういうふうなことをとりとめもなくお話ししたいと思います。

我々が科学というものを持つようになりましたのは、わりあい新しい。わりあい新しいと申しますか、とにかく科学的なものの考え方で、いろいろな自然現象に対して科学的に考えて、自然法則というものを見つけるという作業が始まり、いわゆる今流の科学という形をとりましたのは、わりあい新しい十五、六世紀から十七世紀頃だといえるかと思うのです。

しかし、もちろんその前にやはり科学というものの芽生えはあるわけでありますし、科学というものはある日突然あらわれたものではなくって、だんだんに出来てきたものです。そして今日なお、科学の扱います対象がいろいろ大きく拡がってまいりましたし、それから非常に精密になってくると、まだわからないことがいくらでも残っているというわけで、これからも発展し続けるものだと考えなければいけないと思います。一方、自然に関する常識というもの、これもおそらく科学というものができる、つまり近代的な意味の科学というものが成立するまでに、人類の歴史と共にだんだんある意味では形をなしてきた。

そして実を申しますと、「科学というのは常識の延長だ」といってもよろしいように、科学とはやはり常識の上に足場をもってだんだんに発展してきたということがいえるかと思います。でも科学と常識はしばしばくい違うことがございます。しかし、自然を見まして、それをいろいろ解釈するとか、あるいはその中からある種の法則をみつけるとか、そういう基本的な態度は、常識の中にすでにあったと考えてよろしいのではないかと思います。

我々は自然の中に生きて生活しているわけでありますから、人類が生活するために、やはりこの環境であるところの自然というものをよく知らなければならないということで、自然を見つめるという作業が始まるというわけですけれども、そこから科学が出てくるわけであります。しかし、その考え方の芽生えと申しますか基礎にはやはり常識があるわけです。とにかく我々の外に自然というものがあるという、これも常識なわけでありますが、やはり科学もそういう同じような前提に立っているわけであります。

それからいろいろ自然の中に生きるために、自然に対する見方というものが、別に学問として考えなくても、ある程度のものは子供の時から持っているわけであります。それがある意味では、生活の知恵というような形で伝承されてきて常識になっているわけであります。本来、人間がそういう我々の外界をよく観察して、そこからこの何らかの秩序を自然の中に見つけ出すという欲望は、それが生きるために必要であるということ以外に、必要であろうがなかろうが、そういうものを知りたいという欲望、これがやはり人間というもの固有の習性として持ってきたといえるかと思うんです。

例えば、小さな子供が三つか四つになりますとですね、いろんなことに質問を投げかける。親に向かって、これは何故であるかというような質問をして、どういうふうに答えていいか解らないで困ることがあるわけですけども、こういうことは他の動物には見られないわけで、人間特有の性質だといってよろしいのだと思います。子供は子供なりにやはりこの自然現象の中から、ある種の自然現象の解釈をするという、それに興味を持つということはしばしば見られるわけであります。

皆さん方はまだ子供のある方はおられないと思うので、私の子供のことで恐縮なんですけども、一番上の女の子が生まれて、やっと這いだした頃、その頃になりますと、身の廻りにあるものに関心を持ちだして興味を感じるようであります。こういうもの（演台上の水差し）があればこっちのほうに這って行き、そしてこれに触ってみるとか、持ち上げてみるとかそういうことをしきりにやるわけですね。大人はこういうもの（湯呑み）があるとやはり好奇心を起こして、やはりこうやってついで注いでみる。それから飲んでみると「ゴク」。子供はこういうふうにうまくはいきませんが、こういうものをいじってみる。ひっくりかえして見たり、なめてみるというようなことをしきりにやるわけです。

その子供が、やっと這える様になった頃に、台所で母親が仕事をしておりますと、そこへ這ってきて、そして台所にはスリッパがよく置いてあるわけですが、これを持ちまして、持ちながらエッサエッサ這って行って、上がりがまちの所にいってそれを下へポンと落とす。そのことにいつのまにか大変興味を持つようになりまして、台所に行くとエッサエッサと這っていって下へ落とす。で、落として「アア」とか何とかいっている。これなんか、落ちるという現象におそらく興味を持ったんだと思います。

これは一番上の子だけかと思いましたら、下の子もやはり下へものを落とすということに興味を持った。これは今度はスリッパではないんですけども、上の子の積み木がオモチャ箱に入っている。それを持ち出しまして、窓の所にいってポトンと落とす。そういうことをしきりにやっておりました。積み木がなくなっていると思って窓の所にいってみると、そこに沢山落ちている。これなんかおそらくその手を離すと物が下に落ちるという現象に興味を持ちまして、それをやってみる。こういうことをやる動物は他にはないと思う。まあ猫なんていうのはかなり好奇心の強い動物で、動くものがあるとチョッとこう手を出す。でも物を落としてみるという実験をやれるのは人間だけなのです。

それからもう一つ、そういう現象に興味を持つという時期がすぎますと、ある種の解釈を彼らはするように見えます。ある夏の日に台風がきまして、非常に大きな風が吹いて木が揺れているのを見ておりまして、子供が言いますのには、ちょうど、私、郊外に住んでいたもんで、家の前が畑になって、その向こうに竹藪があります。それに木が生えていた、それが台風の風で揺れるわけですね。それを興味を持って見ていたんだけれども、何を言うかと思っていたら、「日本中の木を全部切ってしまったら、風は吹かなくなるね」と言うのです。これはどういうつもりでそんなこと言ったのか、その時はよく解らなかったのですが、後で考えて見ますと、風が吹くから木が動くという、まあこれは普通の常識がありますが、それを彼は彼一流の解釈をしまして、木が揺れるから風が出るんだと解釈をしたらしい。

考えてみますと、うちわで扇ぐと風が出ますね。子供にうちわで扇いでやったりすると、それから子供もそれに興味を持って、うちわでお父さんが扇いでくれた経験から、おそらく物をゆすると風が出るという、その経験を拡張しまして、木が揺れるから風が吹く、だから木を切ってしまえば風が吹かなくなる。こういう解釈を子供がすでにやっているように思えるわけであります。

これはもちろん大人の常識からすると、原因と結果を入れ違えているから、間違っていると言えないこともないのです。とにかく一つの原因と結果を類推して、そしてそこに法則というと大げさなんですけども、物が動くと風が出るという、うちわの経験をもっと一般化するという作業を、子供がやっているようにどうも見える。まあ私が子供の心の中まで入るわけにはいきませんから、この解釈は間違っているかもしれません。子供は、今はもう大学を卒業して就職しておりますから、「あの時、お前はどういう気持ちでそういうことを言ったんだ」と聞いたって、おそらく覚えているはずはないんで、やはり子供は子供なりに、自然の解釈をやっていたように見えます。

そういうわけでその常識の中にこの因果関係、ものごとを原因と結果にわけて考えるという、これは大人の常識からいっても普通のことであるわけですね。これがやはり科学の中にもそれと同じ形で引き継がれておる。それどころか科学者でも、時々原因と結果をとり違えて、間違った説をなすというのはしばしばあることです。そういうわけで、常識の上に基礎を建てまして、そしてそれをさらにこの論理を緻密にし、適用の範囲を拡げて、できるだけ多くの現象を一つの法則で説明したいという気持ちがあるわけなんで、そういうことをやる作業が、今度は常識よりさらに進んだ学問として流れてきたわけです。

この学問は、今申しましたように、十七世紀ぐらいになりますと、近代的な科学の形をとってまいります。その前には「自然哲学」というふうな一種の哲学的な形で、いろいろな学説がでたわけです。自然法則というものを学問的な形ではっきりさせるには、非常に哲学的なやり方と、自然現象に密着したやり方とがあります。哲学的というのは、観念的、つまり頭の中で自然界を理想的な形でかなり超越的なものとして作り上げて行くという行き方です。一方、もう少し現実的に、頭の中で考えるだけでなくって、自然現象自身をよくよく観察し見つめて、そこからこの法則を探しだそうとする行き方がある。自然科学の考え方はむしろ後の方になるわけです。ただ自然をどう解釈するか、あるいは自然法則がどういうものであるかを求めて行くという行き方に、頭から先と、目から先に実際に見つめて、そこから物事を探していこうという考え方がある。そしてこの後の方は自然科学に非常に近い考え方です。自然科学と自然哲学の違いは、自然科学はさらに、ありのままの自然を観察するだけではなくて、実験という操作に訴えて、つまりある意味では人工的な自然を作り出して、自然法則を非常にはっきりと自然をして示させるということをやるというのが、十七世紀頃から盛んになってきたわけです。

その前に、いわゆる自然哲学というのがあったわけですが、その二つのやり方の、自然を良く見て、そしてそこから自然の法則をみつけていこうという行き方を非常に大規模にやりました元祖と申しますか、もちろん昔の古いことですからよく解らないですけども、わりあい解っているのがギリシャのアリストテレスという哲学者ですね。この人がわりあいに自然科学的に現象を良く見つめて、そしてそこから自然法則を考え出そうとした。これはもちろん常識ではないわけですけども、これがしかし十七世紀の自然科学ができるまでには、長い間常識として、はじめはもちろん哲学だったわけですけども、それが段々常識になってくるわけで、アリストテレス流の考え方が非常に常識の中にまで入ってきたわけです。

この頃はアポロが月まで飛んでいったりしているから、この宇宙空間についてのアリストテレスの考え方というのは大変おかしく見えるかも知れないんですけれども、それが長い間常識であったことを、今思い出さなければいけない。すでに、我々の住んでいる地球というのは、円い球であるということはアリストテレスなんかちゃんと解っていたんです。ところがですね、宇宙空間というものは、この地球を中心にして同心球で、地球から遠い方が上で、地球に近い方が下というふうに、彼は考えたんです。

そしてものが運動するというのはどういうことかというと、全ての物体はそれぞれ固有の場所を持っている。ある物体はこの宇宙の中心の方に近い所に場所を持っている。ある物体は宇宙の中心から遠い所に、つまり上の方ですね、上の方に固有の場所がある。そしてこういう物体ですから、下の方に固有の物体がある。それを無理に外から強制すれば、固有の場所から離して上の方に上げることができる。ところが強制がなくなると、固有の場所に戻ろうとして、下へ降りて行くという考え方だった。下の方に固有の場所を持っている物体は重さを持っている。逆に上の方に固有の場所を持っているものはズーと上に上がって行く。たとえば煙が上がって行く。まあそういうふうな解釈ですね。それからいろいろ細かいことはあるんですけども、その固有の場所に戻る運動を、自然運動と名づける。そそれから無理に固有の場所から離すような運動、これは強制する運動であります。固有の場所に落ち着きますと、そのものはそこで安定して落ち着きます。それではこの自然運動が起こるその原因は何かと申しますと、やはり固有の場所から離れていたわけで、固有の場所に帰らなくてはいけないということなんですけども、この廻りの媒体の影響で下に引っ張られるというふうに考えています。ですから木は空気という媒体の中にある時には下に引っ張られるけれど、下に水があって水の中に入りますと、今度水よりは上に固有の場所があって上に上がって浮いて来るという解釈ですね。これは今からみますと大変おかしな解釈なんですけども、おそらく自然現象を見て、それにいわゆる思弁的な要素をあまり入れないで、非常に子供のような素直な気持ちでいれば、そういう解釈になるのかも知れません。

もちろんギリシャ時代にも原子論というのはありまして、今の物理学の考え方に非常に近い考え方もあったわけですけれども、原子というものは誰の目にも見えないわけですから、かなり思弁的な、つまり頭の中で考えるだけの要素があったわけです。そういう考え方をアリストテレスはあまり好まなかったようですから、運動は運動として、木が空気中では落ちるけれども、水中では浮いてくるということをあまり人工的な考えを加えないで解釈すれば、今のようになるということであったと思うのであります。

ところが今のは地上の物体についてでありますけども、今度、天体、天にある星というもの、これは固有の場所をやはり天に持っているという点、そういう意味で固有な場所というのは問題になるのですけども、これは地上の物体と少し違いまして、地上の物体は上下の運動が自然運動だけども、天体は円運動ですね、円運動するのが自然の運動なんだというふうな解釈をしている。

それからもう一つ彼の考え方の中で申し上げとかなくてはいけないのは、すべての物体は四つの元素からできているというものです。こういう考え方はギリシャだけでなく、東洋にもあったのですが、四つの元素というのは、地水風火、つまり、土と水と風と火ですか、この四つの元素、それでいろいろなものができている。今、土と申しましたけれども、土とか水とか申しましたのは、いわゆる今ここにある水ではなく、実際の水は元素の水が沢山含まれているのですけれども、火だとか風だとか土なども一緒に合成されている、まあそういうふうな考え方です。それから風（ふう）というのは風なんですけれども、これは空気といってもいいわけなんですけれども、元素としての空気は、実際の空気では必ずしもないのです。ただ実際、空気は、まあ今の言葉でいいますと、元素の空気が一杯入っている。まあそういういい方ができると思うのです。そういうふうな解釈をいたしまして、今の運動のみならず、たとえば水を熱すると水蒸気になりますし、冷やすと氷になるといういろんな変化を致しますが、それは水というのは、地水風火が適当にまぜ合わさってできているので、その蒸気になるというのは、風の部分以外のものが風の部分、空気に似た物に水が変わると。凍るのは、土に似た成分が温度を低くしますとプレゾネェト（personate）するというふうなことでいろいろな変化の現象を説明しようとしたのです。

さらに天体は、そういう変化は一切やらない。運動も永久に円運動をくり返す。天体自身は、水が蒸発をするように、決して蒸発したりなんかするようなことはない。そういう考え方をしていました。地上の物体と天体とを非常に厳密に区別しております。

では一体どこから天かといいますと、これが面白くて、地球の廻りに月があるわけですね。この月から下にあるものは今いったような地上の物体で、月から先が天である。天には、地水風火は存在しなくて、そこにはまあ一種の、今の言葉で言えば、エーテルが充満していると、そんな解釈をしたのです。

古い話ばっかり長くなってしまうのですが、それでは地球が何故その宇宙の中心にあるかといいますと、地球というのは、天体ではない。天体ですと上の方でグルグル廻っているのですが、地球というのはこういう普通の物体と同じように、重さを持っている。つまり下の方に固有の位置を持つのです。下というのは宇宙の中心です。宇宙の中心に固有の位置を持つ、そういうものが地球である。したがって地球は宇宙の中心に、まあ初めは宇宙の中心でない所にいたかも知れませんけれども、固有の場所が宇宙の中心であるから、宇宙の中心に寄ってきた。それでまあ落ち着いてじっとしているという考え方ですね。

これは、今から考えると随分おかしな考え方になると思うのですけれども、しかしこれがだんだん常識化されまして、いわゆる天動説になる。地球は宇宙の中心じゃないという考え方が常識になるのには非常に時間がかかっているのです。それから「固有の場所」というような考え方が捨て去られるまでには非常に時間がかかっているわけです。

さらに、アリストテレスのように宇宙にはどこかに中心があって、その中心の周囲に同心球でいろいろ性質の違ったまあ階層ができているという考え方はもちろん今では採用されないので、今では空間というものには中心なんてない。どこでも皆同じ性質を持ったのが空間であるという考え方になっている。ですから現在の考え方では、空間というものは到るところ等質で、ホモジニアスといいますか、場所によって違う性質を持っていない。それからどういう方向が特に、こっちの方向とこっちの方向が違うというようなことはない。それが今の考え方ですね。ちょっとペダンティックに申しますと、空間はホモジニアス（等質）で、アイソトロピック（等方向）だという。これは今の考え方ですが、アリストテレスは、中心がある。それに近い所、遠い所といろいろ性質が違うというわけで、ホモジニアスではないわけです。それから方向によって、今のですと上・下の方向とそれに直角な方向、つまり、横になるわけですけども、この上下というのが非常に絶対的な意味を持っている。そういう意味で、ある方向が特別な性質を持っている、アイソトロピックでないということになってまいります。

そこで、もう一つアリストテレスの考え方の特徴は、真空というものはあり得ないというのです。なぜかといいますと、そもそも真空というものはホモジニアス、場所によって性質が違うことがあり得ない。本当に空っぽなんですから。それから、ある方向の真空が特別な性質を示すということもあり得ない。そういう意味で真空というのはあり得ない。つまり彼の考え方は、真空の本当の空っぽの場所は考えられないことがらであるという。真空というのはあり得ないという考え方だったのです。

ところが、この地球中心の考え方がだんだん地動説というものに変わってまいりました。それから一方、真空というものが実際あり得るということが、実際に作って見せられた。これが十七世紀の一つの発見です。これはご承知のように、酒樽に口がついていますね、抜くとそこから酒が出る。その時、上にキリで小さな穴をあけてやらないとお酒の出が悪い。そしてこれは何故かということが問題になったわけです。それはアリストテレス流にいいますと、空気が入る穴がないと、下から水は出てこないで、もし上の穴がなければ、口が大きければそこからボコボコ空気が入りますけれども、小さな穴ですとそっちから空気が入ることはできない。上の穴をあけますとそこから空気が入って下から水が出ることができる。それもつまり、上から空気が入らないで酒が出れば中に真空ができるわけですが、ですからそういうことはおこらないんだという。これが真空というのはあり得ないんだという一つの証明になっていたわけです。

ところがですね、ポンプをつくる職人が、吸い上げポンプの場合、一〇メートル以上水を汲み上げることができないということをだんだんに知るようになってきた。それから水を運河であるとか、あるいは土地に山がありますと、サイフォンという細い管を、山をまたいだ管を通してこっちへポンプである程度吸いだしますと、後は自然に山を越えて水が流れる（サイフォンというのは土木工事にしばしば使われていたわけですが）、ところがそれが山の高さが一〇メートル以上になると駄目になるというようなことがだんだん土木工事をやる人たちの間にわかってきたのです。そこでこれに興味を持った学者が、ベルキという人で、この人が、ポンプが一〇メートル以上吸い上げないというのは、どうせその当時の機械ですから、ポンプについている弁がぴったりつかないせいだろうという、そういう解釈もあり得たんでしょうが、一〇メートルよりちょっと長いようなパイプの頭にねじをつけておいたのです。そしてこの中に水を一杯にいれまして、下にもねじをつけて、もっと簡単に水の中に管を立てるわけですね。そして下の栓をふさいで上の栓を開けて水をジャーといれて一杯にします。そして上の栓をしめて、下の栓を開けます。そうすると、水がやはり一〇メートルの所まで下がる。そういう実験をやったのです。そうするとさっきの酒樽と違いまして、上はふさいであるのに下がるわけですね。すると真空になるということになります。そういう実験をやったわけです。ところがですね、これをさらに詳しく実験をやりましたのが、有名なトリチェリという人なんですけれども、これは水銀を使いましたところが、水ですと一〇メートルでも、水銀ですと七六〇ミリメートルですか、七六センチメートルより長い管に水銀を入れて逆さにしますと、ずっと下がってちょうど水銀の面から七六センチメートルの所に止まる。ですから真空というものは、アリストテレスのようにあり得ないものではない。作ることができるということがわかったわけです。

それで、その解釈なんですけれども、やはり真空はできるけれども、その真空に抵抗する力を持っている。その抵抗する力で七六センチメートルまでは抵抗する。水銀が下まで落ちないで、七六センチメートルまでは引っ張っている。しかしそれ以上抵抗するそういう力はないという解釈です。これはまず一応あったわけです。これは真空というものはあり得るという意味では非常にアリストテレスには反対なんですけれども、真空に抵抗する力があるという点ではかなりアリストテレスに近い考え方、つまり我々の常識に近い考え方です。

我々でも、ストローを入れてカルピスかなんか飲むでしょう。そうするとスーと入ってきますね。まあミルクでもいいんですけれど、それは、やはり我々が吸い上げるから上がってくるとお考えになる。それが常識です。これは一種の我々の、吸い上げるということはですね、真空に対する抵抗力というものを利用して水を吸うんだと。ところがこの解釈をさらに詳しく考えて、吸い上げる力とか、真空に抵抗する力だとかの本性を、これは大気の圧力によるんだという解釈をしたのが有名なパスカルですね。つまり吸うから上がってくるんではなくて、大気がこれが上から空気の重さでもって表面を圧しているわけですね。その結果、上に上がってくるのです。水銀の七六センチメートルの重さと一〇メートルの水の重さというのは、計算してみると相当する力で水銀の面とか水の面を圧しているからであるという解釈が出てまいりました。

パスカルはこれをさらに実証するために、山の上でトリチェリの実験を繰り返すことを人に頼みましてやってもらったところが、たしかに山の上では七六センチメートルよりもずっと水銀柱は低くなる。それは山は高い所にありますから、山から上の空気の量が平地から上の空気の量よりも少ないから、その結果、要するに空気の圧力というのは、空気の重さですから、水銀の面を圧す力が弱く、七六センチメートルを持ち続ける力なんてなくて、それより低いということを意味する。

それでこの空気・大気に重さがあるということと同時に、今のトリチェリの実験の説明をしたわけですね。空気に重さがあるということは、たとえばアリストテレスの考え方では考えられない。と申しますのは自然の固有の場所に落ち着いた物体には、力は働いていない。重さがあるというのは、より下に落ちようとする。つまり固有の場所より上に持ち上げられたものですから、それが下に降りようとする力、それがないと重さもなんにもなくしてしまう。

これがまあアリストテレス流の考え方で、ですから大気に重さがあるということは、彼の考え方では出てこないのです。そういうわけでそれが十七世紀頃、これは一つの例なんですけれども、それまでの常識を破るような自然に対する解釈がいろいろ出てきたわけです。これに対してもちろんパスカル流の解釈に反対する人たちもあったわけで、真空というけれども、実はアリストテレスのいう地水風火の風が、そこには実は入っているのだ。どうして入っているかと申しますと、実際の空気はもちろんガラスを通さない。しかしながら空気の中にある元素としての風というものですね、これはあのガラスの中の小さな穴を通って中に入れるんだ。それがいわゆるトリチェリの真空といわれる部分に一杯になっているのだ。まあそういう解釈であったのです。

これに対してパスカルは、それはアリストテレスの考え方を採用すればそこにそういうものが入っているという考えにならざるを得ないだろうけれども、自分が問題にしているのは、アリストテレスの考え方が正しいかどうかということを問題にしているのであって、それが正しいというところからいろいろ結論を出しても、それはもう自分の問題と違うのだというのです。つまりある理論といいますか、ある科学があって、それが正しいと決めちゃって、そして、現象を説明してトリチェリの真空の中には地水風火の風が一杯になっているんだということを主張しても、これは前提を決めちゃっているからそうなる。しかし、前提を疑うとすれば必ずしもそういう結論は出ないし、そういう考え方でなく、他の考え方で現象をうまく説明すればいいのである。ある現象に合うような解釈が、それは仮説ならば、そう仮定した場合、他の問題にどういう結論がでるであろうかということをさらに考えて、そしてそれを実験によって他の現象でとりあげたものが果たしてそうなっているかどうか、確かめる。そこまでやらなければいけないんだということを言っているわけですね。

つまりここで、ある学説の審判官として、「実験」というものに判断させなければいけないんだという考え方が明白にでているのです。これがあの私が先刻から申しております近代的な自然科学の特徴かと思うのであります。パスカルは大気圧でものごとが決まるんだという証拠として、水が一〇メートル、水銀が七六センチメートル、それがちょうど、水銀と水の比重の違いでちゃんと説明できる。

さらに山の上ではもしそういう大気の圧力でトリチェリの真空ができるということを仮説とするならば、その仮説から、山の上では水銀柱はもっと低くなるだろうと予測して、それを実験で確かめて、そして予測通りに実験がなった。そういうことで彼は自分の仮説から予言できる現象を実験で審判にかけた。そういうことで自分の正しさを主張したのですが、これはまさに近代的な自然科学者のやり方を非常に端的に示したものだといえるかと思うんです。

大分時間が来たので、この辺で話をおしまいにしなくてはいけないんですけれども、このアリストテレス流の考え方、宇宙の中心がどこかにあって、中心から遠い所と近い所で宇宙空間の成立が違うという考え方、それから上・下という方向とそれに直角な横の方向とは非常に意味が違う。上と下というのは非常に絶対的な意味を持っている。こういう考え方をしたわけですが、それがまあいろいろないきさつで破れまして、宇宙空間、空間というものは、この場所とあの場所が違うというようなことはない。空間それ自身はこの場所もその場所も全く同じ性質を持っていると考えなくてはいけない。そういう考え方、それからこちらの方向とそちらの方向とは何か違うというようなことは空間には考えられないということになってきたわけです。

ところが、物理学が真空とか物の運動とかいうことだけでなくて、これは自然哲学も同様ですが、光の現象、光とは何であるかというような問題が出てきたわけです。これがやはり十七世紀頃「光の波動論」、光は波動であるというような、そういう考え方がいろいろな実験で試されて、そしてこれが非常に確かなものということになってきたわけです。ところが波であるとしますとですね、音はまあ空気の波とすると、光は何の波であるかということが問題になるわけです。そこである意味ではこの真空というものは解釈が変わってきまして、物質、物体が何もなくても、そこに光を伝える何かものがあるはずだという、これをエーテルというふうに名づけられているんです。これはアリストテレスの考えているエーテルとはちょっと違うんですけれども、とにかくこの普通の物質ではない材質が宇宙空間に充満し、満たしているという考え方をとらざるを得なくなってまいりました。

ところがそういうエーテルというような媒質が空間を充たしているということを考えますと、ここに一つの問題が出てまいります。というのは、そのエーテルというものは別に、ある方向にどうとか、ある場所にどうとかいう事はなくて、全くホモジニアスに、かつアイソトロピックに宇宙に一杯になっていれば、さっき申しました空間のホモジニアスということとアイソトロピックということはエーテルがあってもちっとも差しつかえがないわけです。エーテルの存在と別に矛盾することはないわけです。

ところがここで一つ問題になりますのは、それでは宇宙にはいろんな天体が運動しているわけですけれども、まあアリストテレスのような意味での中心、地球が中心であるということを考えるということはできないにしても、エーテルに対して動いている天体とエーテルの中でじっとしている天体とそういう差別はどうしても考えなくてはいけないわけですね。そうするとその意味で、沢山の天体の中で、特別な天体があるのではなかろうか。つまり、エーテルというものが充満している時に、そのエーテルに対してじっとくっついている天体とその中を動いている天体と、そういう差別が当然起こるわけです。

そうするとですね、太陽がエーテルに対してじっとしていれば、あるいは太陽は宇宙の中で非常に特殊な天体である。まあ中心とはいえないでしょうけれども、そしてもし地球がエーテルにくっついているとすれば、それはやはり特殊な天体だということになるわけですね。そこでエーテルに対して一体地球という天体は動いているのか、あるいはエーテルについて止まっているのか、そういうことが知りたくなってきたわけです。

これが十九世紀の終わり頃の非常に大きな問題になりました。特に光についての研究が非常に進んできましたので、光の速度というものを測ることができるようになりました。そういうわけでこれを一つ実験的に調べようという興味のある問題がでてきたわけです。どうやって調べるかといいますと、もしこの机（演台）がエーテルに対してくっついているとすると、この机の上で、こんな小さな机ではしょうがないですけれども、この上に光をあてますと、それが反対側にくるまでに時間がかかるわけですね。光は一秒間に三〇万キロメートル走るというようなことは当時実験でわかっていたわけですけれども、もしこの机がエーテルの中で動いているとすると、こちらから出た光があっちへ行く時、机自体もあっちへ動いているとすると、三〇万キロメートルよりも遅くあっちに着くわけです。というのはここから光が出た場合、同方向に三〇万キロメートルで走るうちに光と机が段々重なってきますから、実際これだけ長く走らなければならないわけです。ですから三〇万キロメートルよりも遅く伝わるように見えるわけですね。逆にこっちで出た光はもしエーテルさえじっとしていれば、ここからここまで来るわけですが、出た時にこっちへ動いていますと、これだけ走れば、すぐここに来るわけですね。ですから三〇万キロメートルよりも早くここへ届くわけです。ですからいろんな方向に光を出しましてですね、そしてまあ同じ距離の所でそれを受けとりましてですね、それが四方八方どっちも三〇万キロメートルでピタッと到着したとすれば、この机はエーテルにくっついているという。で、もしここから出た光がここに来る時間の方がここから出た光がここに来る時間よりも長いとすれば、これ全体はこっちへ動いている。そういうことになるんですね。ですからまあエーテルにくっついているかいないかというのは、エーテルというのは目に見えませんからわからないんですけれど、その中を走る光の速さを測ることによって、間接にではありますけれど、ある天体といっても地球、我々地球の上ですから地球しかできなかったわけですが、それがエーテルに対して動いているか止まっているか調べることができるわけです。

ところがここでいろいろ地球上で、今いったようにいろんな方向での光の速さが同じように見えるのであるか、ある方向には早く着き、ある方向に遅く着くかという実験をやってみましたところ、地球の上でやった実験ではどんな方向にもすべて光は一秒間三〇万キロメートルで走るという結論しかでてこない。そうしますと地球はエーテルに対して動いていないと結論せざるを得なくなります。ところがですね、他にいろいろ星から来る光の現象を調べてみますとですね、やはり地球はエーテルの中で動いていると考えなければ説明できないような現象がいくつかあるわけです。それやこれやで結局わかりましたことは、光というものは、どういうふうに運動しているか。この世界と申しますか、世界と申しますとおかしいんですが、光を出すものとそれを受けるもの、途中に鏡を置いたり、いろいろしますけれど、この楕円の実験機械が、これがまあどういうふうに動いて、まあ等速運動でないといけないんです。常に光の速度は一秒間に三〇万キロメートルであるというそういう結論が出てきたんです。

これは常識からみると非常に考えにくいことで、今いったようにこっちへ行った時には光は三〇万キロメートルよりも遅く走るように見えるし、こっちからここにくると速く走るように見えるというのは常識なんですけれども、その常識がどうもまちがっているということになるんです。そういうわけで、光では、エーテルというもので空間が一杯になっているとしても、光の現象を用いまして、エーテルに対してどういうスピードで地球なら地球、月なら月でいいんですけれども、それが運動しているかということは、決して知ることができない。実験で結論を出すことはできない、そういう性質を光とかエーテルとかいうものは持っているということが解ってきたわけです。

そういうわけで、アリストテレスのいう意味での、世界の中心、宇宙の中心、あるいは空間の中心、あるいはある方向が特別だというそういう性質はないにしましても、ないのみならず、空間というものはその中での運動ですね、エーテルに対する運動というものがやはりすべての天体にすべて違いはないというそういう結論になったわけです。

これがあの「相対性原理」といわれて、大変常識と違った考え方だというので、大変問題になったわけであります。アリストテレスの考え方、宇宙空間の考え方がだんだん破れてきたのにさらに一歩、十九世紀の物理学にも破綻を、欠点があるということを示した一つの大きな考え方の転換であった。そういう意味でこのレラティヴィティ（相対性理論）という考え方は非常に大きな事柄なんです。そういうわけで宇宙にあるすべての天体は、宇宙の中心にあるとか、近いとか遠いとかいうこと以外にも、運動の状態として特別に権利を持つような天体は存在しない。

この運動という考え方をいれるということは、空間にさらに時間を入れたということなんです。アリストテレスの考え方では、空間はホモジニアスでなくって、それからアイソトロピックではない、上下というのは絶対性であると、それから中心というのは絶対的な場所があるというふうに考えていて、それが破られましたが、さらにそれに時間を入れた。まあ、これ四次元の世界というわけですが、時間に入れてみますと、この今までの考え方ではエーテルにくっついている、エーテルに対して運動していないという、そういう天体と、運動している天体と差別があったわけですが、その差別もないんだという意味でこの三次元の空間にさらに時間をもう一つ加えた、さらに四次元の世界というものにまで、アリストテレス流の考え方が一つ残っていたのをですね、それも取り去ってしまった。そういうことになったわけです。

そういうわけでこのレラティビィティという考え方は、ある意味では、その前までは「時間」というものは空間と別個に、ある種の絶対性を持っていたわけです。ちょうどアリストテレスで上下という関係が水平の関係に比べて絶対性を持っていたのと似ているわけですけれども、このレラティビィティというものは、時間にも、空間に対する絶対性をさらに捨て去るべきだとなったわけですね。

時間は絶対性が無くなったということを具体的に申しますとですね、ある二つの出来事が起こったとします。これが同時に起こったというのを昔は、これはもうどういう人が見ても同時に起こった。そういうふうに考えていたんだけれども、それは間違いである。ある人から見るとこっちが先に起こって、こっちが後に起こったと見える現象が、他の人から見ると反対に見えることもあり得る。そういう意味で同時刻というものの絶対性が破れたと、これはまあ常識から見ると非常に考えにくいんですけれども、おそらくこれが将来は常識の中に入ってくるだろうと思います。それでアリストテレス流の考え方が常識になった頃は、とにかくこの上下ってものが、絶対的な意味があるということは地球のごくある限られた場所で、そこだけに生活している場合、そういう考え方でちっとも困らなかった。それがずっと遠い所まで行くようになると地球が円いってことを考えなくっちゃいけない。そこまではアリストテレスも考えたわけですが、上の方にあまり高くいけなかったわけですね、ですから月から下が地上の世界である。月から上が天界である。それで一向困ることなかったわけですね。今はそんなことというとアポロが早速困るわけですね、月の向こうへ、さらに火星まで行こうなんていっている。月までは地上の法則は成り立つが、そこから先は別の法則が成り立っているというのでは、火星までちょっと行けないわけです。

ですから今ではアリストテレス流の考え方なんていうのは受け入れられなくて、むしろニュートン力学が常識になってきたんです。特に宇宙船に乗ると無重力になりますから、どっちが上だかどっちが下だか区別なくなるんで、てんでわからなくなって、これまさに空間はアイソトロピックだってことをハッキリ示すわけですね。ですからもしアリストテレスの時代に宇宙飛行ができたら、アリストテレスの考え方も変わったと思うのです。今のレラティビティ・相対理論が現在まだ常識になっていないのは、相対論と今の光の速度なんていう大変なものが出てきてるわけで、もし宇宙空間を走るスピードが段々上がりまして、光の速度に近く飛ぶようになればですね、おそらくレラティビティというのは、常識になり、本当に身近な物になってくるんじゃないかと思うわけです。

どうも時間も大分超過したので、このへんで終わることにします。何か尻切れトンボみたいになりましたが、私最後にちょっと、脱線することをお許し願えれば、宇宙船の中で子供、赤ん坊を教育する、育ててみるとどうなるか。スリッパを持って放り出しても落ちないわけですね、それから水をコップに入れても下にたまっていないわけです。子供が自分の周りにある世界をどういうふうに受け入れるであろうかということに非常に興味があるんですけれども、これはちょっと実験をやるわけにはいかないんで、だからせめて動物実験で猫でも、猫の赤ん坊を宇宙船に乗っけてですね、そこで育てたら一体木に登れる猫になるかどうか、そういうこと位やってみたい。

それともう一つ、ついでですから申し上げますが、私、『鏡の中の世界』という本を書いたことがあるんで、お読みになった方はあるかも知れませんが、鏡の中を見るとこっちのポケットが逆についているんで、着物を着ると左前になる。ですから鏡の中で右と左が逆になるというんですけれども、未だかつて鏡を見て上と下が逆になったというふうに見る人はいないわけですね。これはまさにアリストテレスの考え方がまだどこかに残っているといっていいんじゃないかと思うんですけれども、それから先ほどのストローで水を飲む時にですね、だれもこう大気が圧力で押すから口の中に入ってくるというふうには感じないですね。むしろ吸うから真空ができ、それをいやがって水が入ってくるという方がむしろ考えやすい。そういう意味でこの常識というのは、つまり実際の我々の感覚といいますか、皮膚で感ずる感じと科学とは必ずしもしっくりいかない面がしばしばあるということは我々よく日常感じることです。ですから実感を重んじるということも、大変大事でありますし、そして常識というのは大事だけれども、実感の上にたって作られている科学の場合には、場合によっては実感というものを捨てなくてはいけないかも知れない、そういうことを感じますので、これつけ加えさせていただきたいと思います。どうも、これで終わります。（拍手）

昭和五十七年六月十六日　ご講演

前日本医師会会長

武見 太郎

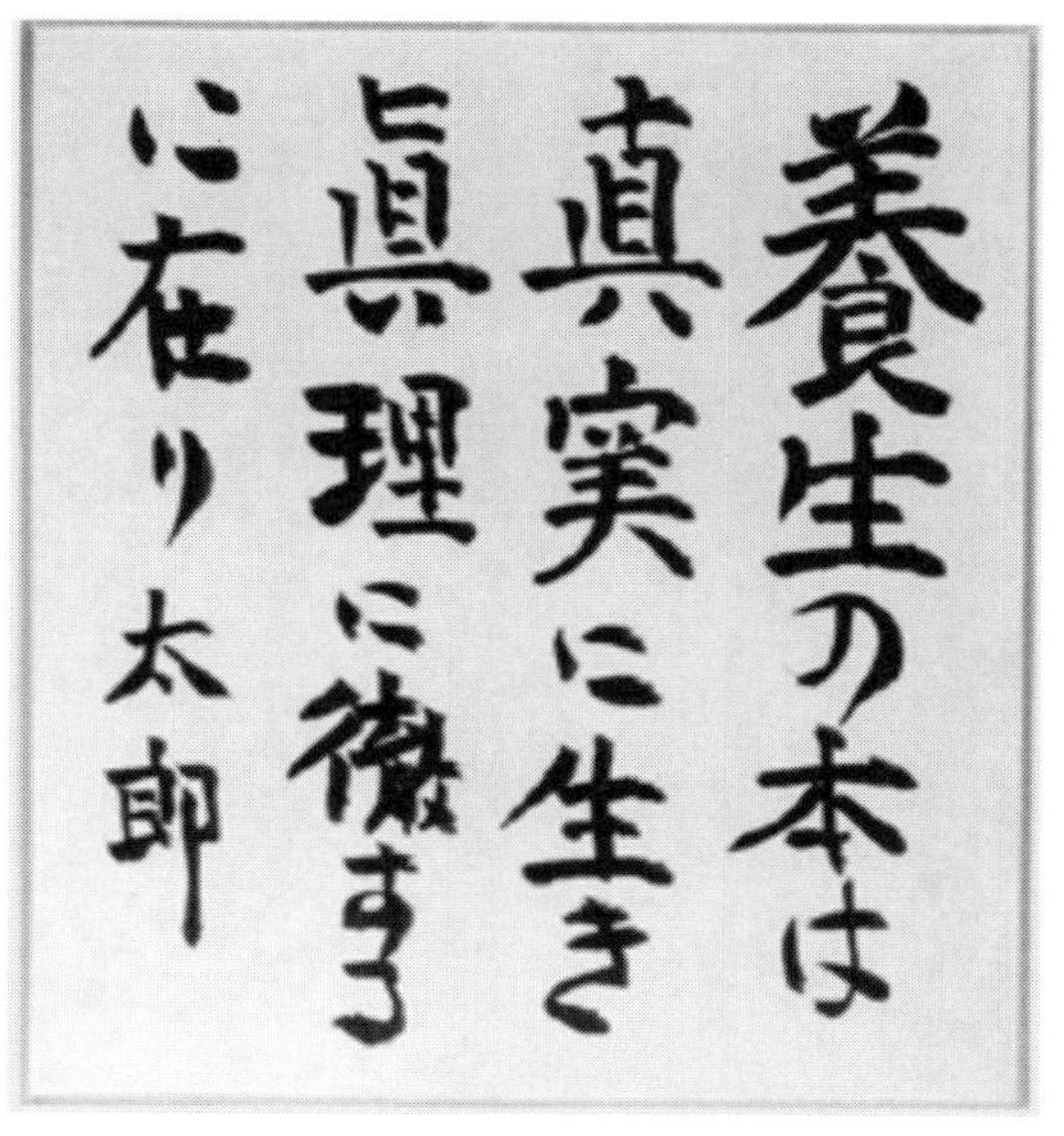

■ 武見 太郎（たけみ たろう）略歴

1904年（明治38年）～ 1983年（昭和58年）
京都生まれ。1930年慶応義塾大学医学部卒業後、同大内科教室に入局。1938年理化学研究所の仁科研究室でサイクロトロンから発生する放射線の生体に及ぼす影響について研究，1939年銀座に武見診療所を開設、診療の傍ら心電計などを開発する。戦後新制日本医師会の発足にあたり代議員になる。日本医師会副会長を経て1960年、日本医師会会長に当選、1981年引退。

著書「医心伝心」「寸鉄医言」など。

国の運命と個人

今日は、別にかしこまったお話を申し上げる必要はありません。ただ僕は、見ず知らずの和敬塾ですけれども、来て話をしろと言われまして、それでは行こうか、という気になったのは、ここは昔の細川侯爵の屋敷跡であり、私がよく往診に参っていたことから、懐かしさを感じたからです。その後に送っていただいた塾に関する資料を拝見したところ、今の日本で、大学を建てるよりも、もっと大事な仕事を選ばれた創立者の方の慧眼に感心しまして、ここに伺う決心がつきました。

本来ならば、私は医学に関する話を申し上げるところですが、ここの塾生諸君の大多数が医学部以外の諸君でありますので、それ以外の分野の話をするつもりになりました。今日、僕の選んだ題は、これまで一度も話したことの無い、「国の運命と個人」というものです。この題を選んだ理由は次のようです。私も現在七十九歳まで生きてみると、物の見方が、若いときとは変わってきて居ります。ここで、これから一世紀あまりの時代の中心となる諸君に、私がこれまで、どのように世の中のことを見てきたかを、お話ししておくのも無駄ではないと考えるからです。

よく世間では、運が良いとか悪いとか口にしますが、運というものが、人につきまとっている部分も確かにありましょうが、自ら開拓する部分も、自ら捨ててしまっている部分も又あるということを、常に反省することが必要だと思われます。私は、生まれて物心がついてから今日まで世の中のことを見てまいりますと、それは一つのエクスペリメント（実験）に過ぎないと思います。社会では、試験管を振るような実験はできませんが、歴史の先生などは、歴史的にそれを把握なさいます。社会学の方は、社会学的な把握をなさいます。しかし、私は人間の社会を、人間が形成していて、その中に個と群とがあって、それが営んでいく社会というものが、どう動いてくるかということは、生物学的に見ましても、一つの実験とみていいことだと思います。ソシオ・バイオロジー（社会生物学）という学問がありまして、これの考え方の中には、経済学や社会学は入って居りません。むしろ、生物学的な手法を社会に適用しようとするのでありまして、これには、多少問題点も無いわけではないのですが。ですから私は、生まれてから今日まで、日本において生じてきた問題を、一つ一つ実験の結果として捉えてみるという科学的な方法を考えまして、物を見ることにして居ります。

さて、皆さん方、核廃絶、或いは戦争放棄など、生々しい問題を随分お考えになるし、新聞記事も満ちて居りますが、私はあの議論の中に、実験的な意味を本当に持っているのかどうかを問いたいのです。そうではなくて、単なるお念仏では意味が無いのです。殊に、それが政治上の謀略に使われて居りましたら、大変な間違いです。

私は、核の問題については理化学研究所で勉強して居りまして、その当時、医者で原子物理学をやっているのは、他に誰も居りませんでした。広島の原爆測定も私がしましたから、生々しさもよく知っています。私は、絶対に核には反対であります。しかしながら、その反対であるということを逆に考えて、アメリカでは何故核開発をやっていたかという問題については、日本の新聞、雑誌はほとんど載せて居りません。これを、私は戦後において、オッペンハイマーとかフェルミという核開発に直接参加した先生達と、直接膝を交えて、幾日間もディスカッションした覚えがあります。

それによりますと、彼らは、産業の発展をもたらす新しいエネルギー源としての核を開発することによって、アメリカの資本主義をもう一遍発展させようとしていたとのことです。この考えの下に、オッペンハイマーを頂点とする、アメリカ現代物理学の先生達が動いていたわけです。そして、たまたま第二次世界大戦が勃発し、トルーマン大統領のサインにより、核兵器に使われました。広島に新爆弾が落ちた直後に仁科（芳雄）先生が広島に向かわれ、現地から送ってよこされた骨等を私は測定しましたが、その時、大事をとって、最も鈍いラジオ・スコープで測ったのですが、平常の二五〇〇倍の放射能が検出されました。これにより、明らかに原子爆弾だという証拠を掴んだのです。しかし、当時陸軍は、これを新爆弾と称していました。

もうじき八月六日が来ますが、哀れっぽい話のみを聴いて物を考えるのは、私は正しくないと思います。そういうものが何故開発されて、何処で使い道を間違われて、世界中の政治家がこの間違った路線に飛び込んでいったのは、どこに欠陥があるのかということを考えることこそ、私は人類の幸福とつながることであると思います。どういう問題であるかによらず、ただシュプレヒコールをするだけでは何にもなりません。実は、その頃既に、私達も原爆というものが造られることを想定はしていましたが、あと四年後ぐらいのことであり、まさか、あんなに早くできるとは思っていなかったのです。この予測は結果的には誤っていました。しかしながら、その時に、私達の研究室で仁科先生は、人体に傷害を与えるような核爆発は学者の良心として決してやるべきではない、ということを、徹底的に皆に教えて居られました。

当時、軍というものがオールマイティでありまして、我々の一挙手一投足にまで軍部が関与していたと言ってもいい時代でした。私が中学四年の時から、学校にも現職の陸軍将校が配属され、一から十まで教育に関与するのです。このような中で、日本が軍国主義に傾いていった、その最初の動きがどういうところから出たかということは、一つの社会的実験として考察さるべきであります。すなわち、皆さんが本を読んでのみ日本の軍国主義化を捉えるのではなく、同時に、何故そういうことが行われたかということを、皆さん自身が考えることが、実験という言葉にあたると思います。近頃ドイツでは、「ゲダンケン・エクスペリメント」すなわち「考える実験」という言葉が流行しています。昔の実験が試験管を振ったり、動物を使ったりするにとどまっていたのに対し、最近では、これに加えて脳細胞を使って物を考え、その後、コンピューターを駆使して結論を出していくというように、科学実験の体系も大きな方向転換をしつつあるのです。このような新しい実験においては、ソーシャルなファクターも実験の対象となり得るということを、まず知ってもらいたいのです。

さて、このように日本が軍国主義化の道を歩む中で、これを新聞がたたくわけでもなく、国会が抵抗するわけでもないというように、戦争をするのはよくないことであると考えている人がいても、それを口に出す自由も無くなったということです。私は、自由がなくなることは社会を暗黒化するものだと思います。現代は、自由が過剰で問題を起こしていますが、私は暗黒化された自由よりは、はるかに上等だと思います。今は本当に自由が満ちあふれています。皆さんにしても、下宿を探す場合、マンションを借りようが、和敬塾のようなすばらしい寮に入ろうが、その選択は自由なのです。このような選択の自由というものがある社会は、私はすばらしい社会だと思います。選択の自由の幅が広げられれば、それだけ大きな社会となり、狭められれば、それだけ皆さんの生きがいというものが減少させられると思うのです。

私は、国家の運命というものを考えてみますと、国民が選択の自由を幅広く持っている国家と、そうではなく独裁者の命令通りに動いている国家とでは、国力に大きな違いが出てくるのが現代ではないかと思います。これはもう既に、第二次世界大戦という実験で大きく証明されてきたと思います。すなわち、日本は正に後者の方向に進み、勝ち戦の話ばかり宣伝していたのですが、理屈の通らない戦争で勝っても、それは窮極において人類の福祉につながらないのです。そういうことから、第二次大戦の終末は原爆でみじめなものになったのでありますが、日本は、このような他と比べられない一つの実験を自らやったことを、今の若い諸君が忘れないで欲しいのです。自分でやった実験を自分で忘れたら意味がありません。日本人がやった、この大きな実験について、その原因と結果とをひとまとめにして、ソーシャルな問題の実験として諸君自身が考えてくれることが、日本を将来すばらしいものにすることにつながるのではないでしょうか。

私は、そういう点から、国の運命というものを考えざるを得ないと思います。但し、当時は立憲君主政体というものをとって居りました。その前は、封建制度の時代でありました。福沢諭吉先生は、民主主義の時代に生まれては居りませんけれども、そういう時代の呼び方を、多数主義の政治（多数決政治）と、大人主義という表現を使って居ります。大人主義と云うのは、偉大な人を選挙によらないで起用することです。福沢先生は、在世中の明治二十年に『帝室論』という小冊子を出していますが、その中で、皇室制度の問題を考えて、その危険性も考え、将来はどういう議論が出てくるかもわからないということで、明治二十年に出ました尊王論には、かなり将来の危険を具体的に示しています。これを今読んでみても、真にその通りであると言わなければならないほど斬新なのであります。日本には民主主義の時代は無かったのでありますが、福沢諭吉という人は民主主義者であった。そして、その民主主義というのは、個人の人権を尊ぶということです。それは、思想の自由と行動の自由というものの上に立脚するものです。そして、我々がこれに追加するものがあるとすれば、冒頭に私が申し上げました選択の自由という問題です。その当時は、福沢先生の文章には、選択の自由という理念は無いようでありますが、私は、これだけ世の中が進歩致しますと、選択というものの重要性が非常に増してくると思います。以上のようなことから、私は、これからいかにして国の運命と個人がつながったかを、例を挙げてお話ししたいと思います。

何故軍部がのさばって、莫大な数にのぼる国民の命を台無しにしてしまったのか、ということを考えてみますと、これは明治憲法成立時の事情を考えなければいけません。これの最初の草案を作ったのは大久保利通であります。大久保は、陸軍の山縣有朋元帥に対し、統帥権の独立というものを命がけで反対したが、志半ばにして暗殺されてしまいました。この後を継いだのが伊藤博文ですが、彼は、山縣の意見を呑んで軍隊を天皇直属とし、今日の文民統制とは全く異なる統帥権の独立を認めました。すなわち、天皇の命令であれば何でもできた。また、しなければならなかったのが明治憲法でありました。このような統帥権の独立が許されたら、将来、国家が危殆に瀕することがあろうということを予め知っていたのは、歴史に残っているのは大久保利通一人をおいて他に居ませんでした。

そこで、私が諸君に訴えたいのは、個人の自由な考え方の中に、永遠の真理が見出されるか、見出されないかによって、国の運命が分かれることがあるという一つの例として、このことを記憶しておいて戴きたいということです。

それから、もう一つ例を挙げましょう。大東亜戦争に入っていったときの、暗黒の社会の様子は、議会政治は無茶苦茶になっていまして、すなわち統帥権の独立によって実体を失ったものになっていまして、他のあらゆるものもだめになってきて、とうとう戦争に負け、原爆でやられてしまったということになったのです。その時に、これで戦争を絶対にやめようという決意をどなたがなさったのか、ということはあまり歴史にはっきりと言われておらず、また、書かれてもいないのですが、これは今の陛下（※昭和天皇）なのです。実は、これは全くプライベートの事ですが、私が原爆に関する放射能を測定し、情報局総裁の所へ行って、「実は広島のは原爆なんですよ。測定の結果そう出ました」と話しましたら、「俺の所ではアメリカの放送を傍受し、全部英語で記録してあるから、持って行って君達のデータと合わせてくれ」と言うのです。私はこれを持って帰って来ました。私の家内の父が、内大臣をしていた牧野伸顕という伯爵だったので、私は夜十一時過ぎにお爺さんを起こして、「実は原爆ですよ」と言ったら、翌日是非参内して、陛下にそれを申し上げ、それを理由に和平をして戴かなければ大変だ、という旨の返事をしていました。その頃、アメリカは六日に広島に原爆を落としましたが、十二日には東京に落とすと予定しているんですよ。この予定を掲載した新聞は一紙も有りません。知らない筈は無いんでありますが、それを出す勇気が新聞記者には無かったと思います。そして、牧野伯が心配したのは、そういうことになったならば、平和交渉をする相手が居なくなってしまう。東京がやられたら、アメリカが日本全土を占領してしまって、日本の国は無くなるから、どうしても、これは早期にポツダム宣言を受諾しなければだめだというんで、翌朝、陛下のところへ参内したわけです。そして、その時に牧野家では、荷物に蒲団と便器を入れて、陛下が戦争をやめるご決意をなさるまで、お爺さんがお帰りにならないように、ということをお願いして送り出したんです。私の車で一緒に参内しました。そして、私はすぐにそこから出まして、情報局総裁のところへ行き、牧野伯が参内したが何時何分に退出するか見ていてくれ、と総裁に話しておいたんです。

そうすると、一時間四〇分後に牧野伯は退出したというんですね。その時、面白い話があるんです。私が原子爆弾のことを簡単に書いて、牧野伯に渡したんです。これは、原子力なんてとても知っているようなお爺さんではないから、渡したんです。そうしたら、わからない者が陛下にご説明申し上げるんですから、陛下がおわかりにならないのは当然のことでありまして、そこで陛下がそれをこっちによこせ、とおっしゃられたそうです。差し上げましたら、陛下がご覧になって、陛下の方はお若いから、少しおわかりになったと見えて、「わかった」と、そして「戦争はこれで、自分が責任をもってやめる」とおっしゃったんですね。それで、牧野伯は退出してきたんです。これはもう、全く世間には出ていない話なんですけれども。

もしもこの時、陛下が軍の虜になっておしまいになっておられたら、焦土決戦で東京には十二日に原爆が落ちていたということになるのです。そうしたら、日本にはもう今日の繁栄はございません。これはもうアメリカの植民地で、ハワイの次にニッポン・アイランドが出来ていたに違いない。その時、古野伊之助というのが情報局総裁と共同通信社の社長とを兼務していて、普段私は、失礼ながらそれほど偉いとは思っていなかったのですが、これが物凄く度胸のある人で、その時私は初めて見直したのですが、いよいよ原爆だと聴いたら、「よろしい、陛下がそうご決意になったんなら、今晩十時の仏印向けの放送で、日本はポツダム宣言を受諾したと、俺は放送してしまうから、その時間にお前も来て聴いていろ」と言われたんです。私は、十時に放送を聴きました。

すると、十時十五分にロンドンとニューヨークから号外放送が出まして、日本はポツダム宣言を受諾したという放送が来たわけです。そこで、これならば東京には原爆は落ちないということはわかったんですが、古野さんと僕とは、そこに居ては危ないというので、別々の方向に逃げて帰ったのです。これも今では笑い事ですが、当時、戦争反対を唱える者は片っ端から殺されていたのです。その例が、五・一五事件、二・二六事件です。途上国へ行きますとそういう習慣が残っていますが、日本だってついこの間まであったのです。それから、つい最近でも、若い人の間でそういう殺し合いがあるなどということを見ていますと、本当の近代化はできていないと思うのです。これをする役割は、諸君に背負ってもらわなければならないわけです。もう僕らの時代ではないんです。

以上のような経緯で、陛下は和平をご承知になったわけですが、こうなった以上、軍部はもうどうにもならないのです。陛下お一人の決断でそういうことができたことは、あまり、ものには書いて居りません。しかし、陛下のご決断が無かったら、それはできなかったのです。そして、陛下の終戦の詔勅というのがありますが、お読みになった方はあまりいないかも知れませんけれども、陛下は戦争を終わるにあたって、世界の平和と人類の生存というものに対して、再び地球上で戦争が無いようにということをはっきり述べて居られます。このような、すばらしい宣言をして戦争をやめた皇帝というのは、地球上に他に一人もございません。これは、歴史家に聞いてみましても、正にその通りでございます。私はそれ以来、陛下に対して特別の尊敬の念を懐かざるを得ないんですが、そのような大きな事業も、陛下までも個人と申し上げては相済みませんが、個人の力というものが、そういう大きな作用をするという一つの例として考えて戴いたら如何でしょうか。

それから、まだいくつか近い話もございますが、日本が焼け野原になりまして、この時に、幣原内閣ができたんです。その後、幣原内閣がどうしてもアメリカと衝突してうまくいかなくなって、内閣を吉田茂にわたそうということになったんです。その頃、与党、野党などというものは無く、派閥も無かったんです。派閥なんてやっている暇は無いんです。食う暇も無いくらいですから。そこで、前任者の幣原首相が、あとは吉田を、と陛下に奏請したということで、銀座の教文館にあります私の診療所で、幣原・牧野会談が行われました。医者の診療所では、まさかそんな話がされるとは思われないから、新聞記者は一人も追いかけて来る者はいないんです。その時どんな話をしたか、私はその席には連なって居りませんからわかりませんけれども、とにかくその時に牧野伯が言ったことは、吉田は外交技術屋であって、国内問題は素人だから、吉田を首相にすることには不賛成だと言って、とうとう頑張り抜いたそうです。そして、一時間半位、お爺さん達が二人で何か話していたんですが、その後幣原首相が一旦帰り、私が牧野伯と一緒に疎開先の千葉の柏へ帰ろうとしましたら、幣原先生がもう一度ドアをノックして入ってきた。何だと思ったら、丁寧に帽子をとって、「閣下、今回だけは大目に見て戴きます」と言って、またお辞儀をしてすぐ帰ってしまった。私には何にもわからない。諸君の頭はまだ若くて柔軟だけれども、おそらく、それが何を意味したかわからないでしょう。外交官というものは、どこまでずるさがあるものか、僕はその時初めて知ったんですが、今度は嘘を言いますよ、という言い訳なんですね。それで、こういうことをした。

つまり、その帰り途に吉田外相を呼びつけて、牧野伯は賛成したからお前が首相をやれ、と言いわたしたんです。言いわたされた方の吉田外相の方は、大慌てに慌てたんですが、それはもう後のことで間に合わない。そして、翌朝七時頃、私の所に外相官邸から電話が掛かってきて、理化学研究所へ行く前に五分間立ち寄ってくれと言うんです。立ち寄ったら、いやにがやがやしているので、どうしたのかと尋ねたら、実は牧野のお爺さんが賛成したそうで、俺はゆうべ首相になることになった、とのことなんです。冗談じゃない、はっきり断わったんですよと言っても、もう間に合いません。これからは、そういう首相は絶対出て来ませんよ。派閥のバランスの上にチョコンと出てくるようなものに、ろくな玉は出ないから、まあ、あまりあてにしないで見ていてご覧なさい。それで、さきに「閣下、今回は大目に見て戴きます」と言ったのは、それだったんですね。こちらはどうも頭の回転が悪いから、そこまでわからなかったんですが、幣原さんというのは一代の外交官でしたから、それくらい頭の回転がよかったんですね。

そうしたら、吉田さんが私に何を言うかと思ったら、「君は前農林大臣の石黒忠篤さんとは大変親しくしているから、あそこへ行って、誰を農林大臣にしたら良いか聞いて来てくれ」と言うのです。それでは、首相のメッセンジャー・ボーイをやるのかと思い、気が進まなかったのですが、何しろ危急存亡の食べ物の無い時ですよ。ですから、僕は石黒さんの所を尋ねて行った。すると立ちどころに、それは東大教授の東畑精一君がいい、彼は食糧対策委員長として、日本の食糧がどういう風な形で少なくなってきて、困っているかを一番よく知っているから彼がいいということを言いました。私と一緒に行こうと言うので、私は、石黒さんのお供をして東畑先生を訪問しました。そうしたら、先輩や何やらと相談しなくてはいけないので、車を貸してくれと言うんですね。その頃、自動車のガソリンが無いんですよ。僕は医者だから、わずかのガソリンを貰っていましたけれども、普通の人は自動車に乗れないのです。東畑先生ぐらい偉くても、自動車のガソリンは無いんです。それで翌日、総理官邸の自動車を回して、種々な人の話を聴いて歩いたところが、行政経験の無い人がうっかり大臣などはできないと東畑先生はお考えになって、断わるという返事になった。私の診療所で何回か、吉田さんと東畑先生が会いました。その時に吉田さんはこういうことを言いましたよ。「アメリカが食い物をごっそり持って来る以外は、日本が助かる見込みは無いんだ。だから、持って来ると言うまで、君が逃げ回っていたら僕が追いかけて歩くから、一月か二月をそうしたら、仕方無しに持って来るだろう」と。これも外交の手練手管なんですね。それから、司令部に居りましたウィロビー少将というのがやって来まして、米よこせ運動の赤旗を、最高司令官の命令で止めようと言うんです。これに対し吉田さんは、止める必要は無い。あんなものは何とも思わないから止めないでくれ、と言ったんです。これは、後で聴いたら、日本中が赤旗を振ったら、アメリカは慌てて食い物を持って来やがるから、皆が振った方がいいんだと考えていたようです。ところで、吉田さんが首相になったということで、私は失礼だったけれども、自信があるかどうか尋ねたんです。そうしたら、吉田のおじきは、戦争で負けて外交で勝った歴史がある、と言うんです。だから俺はやると言うんです。そう聞くと、僕は医者以外の事でも協力せざるを得なくなって、メッセンジャー・ボーイをやりながら、とうとう一週間、吉田さんの隣の部屋へ寝泊まりしまして、その間に政治家の実体がどういうものか全部わかりました。僕が政治家にならなくてよかった、という確信を持ったのはその時です。

そうこうするうち、六日目にマッカーサーが幌のかかったジープをよこして、吉田に裏から入って来い、と言って来たんです。爺さんが行って、二十分位したら、にこにこして帰って来て、「マックが『俺が最高司令官の間は、日本人は一人も餓死させない』と言って啖呵を切ったから、今晩組閣するんだ」と言うんで、和田博雄農林大臣ができて、組閣ができてしまったんです。そして、その後の話がまた面白いんですが、銀座の僕の所へ吉田の爺さんが来て、当時は料理屋も無く、焼鳥屋が精一杯だったんですが、その焼鳥屋へ行こうと言って、銀座通りを歩きながら焼け野原を見て、これだけみんな焼け野原にしてくれたんだから、この上に新しい工場を建てて、日本人の勤勉さが一〇〇%発揮されたなら、日本は世界一の国になるだろう、是非そうしなければいけない。それには、科学技術より他に方法は無いということを言いました。科学技術を振興しなければだめであり、そういう意味では進むべき道は一本しかないということでした。勝った側は爆撃されていないから、古い機械を使ってやるに相違ない。こちらは最新鋭の機械を使ってやったら必ず勝つから、そのうち見ていやがれと、一人で啖呵切って威張っていました。不屈の精神というものがそこにあるわけです。それでいて、自分は何をやったらいいのかわかっていないんですよ。それで僕に、今度は、有沢広巳君と、東畑君と、中山伊知郎君を顧問にするんだと言うので、僕は、科学者を加えなさいと言ったんです。そうしたら、そりゃあそうだということになり、仁科先生は大御所で、表に出すわけにはいかないんですけれども、その次のクラスで、工業大学の学長をしていた内田俊一先生と、それから茅誠司さんです、彼は東大教授の時代ですが、彼らの名前が挙がりました。

茅さんは、理化学研究所で僕の隣の部屋にいたんです。その頃、月末になって小遣いが無くなると、皆で本郷通りへ行って、五銭か七銭位のコーヒーを飲んでねばって、種々な話をしていたんですが、実は茅君というのは、彼が発見したマグネットでB29が飛んで来たんですよ。日本を爆撃したB29というのは、彼のマグネットによるものなのです。これを聞いた学士院では、急に茅君に学士院賞をくれたんです。丁度、福井（謙一）先生がノーベル賞を貰ったので文化功労者になったのと同じようなものです。大体、日本政府というものは、間が抜けているんですよ。彼のマグネットはそれほど優秀なマグネットであったわけですが、そういうわけで、茅君の出世街道はB29のお陰なんですよ。その他にもすばらしい研究をしていますが、マグネットで学士院賞まで授かったのは、非常に名誉だったわけですよ。その時、長岡半太郎先生が学士院長で、授賞理由を述べられましたが、「本研究は十二年前のものであるけれども、今日なお価値があるので授賞します」という、真に理屈の通らないような説明をして居られましたが、まあ、くれないよりはいいですね。茅君は有難く頂戴して、僕らもご馳走になったのだから、悪くはなかったんです。

その頃、もう一人、堀義路というのがいて、北大の教授であり、重水の勉強をしていたんですが、彼はエネルギー源として重水素を使おうということで、今の水爆ですね、あの理論を考えていた人なんです。これもアメリカは既に情報をキャッチしていますから、どうしてもこの三人を吉田内閣の顧問団に加えたわけです。すると、アメリカの司令部は、これは歯の立たない三人が出て来たというんで、今度はかなり柔軟な姿勢になってきました。吉田外交というのは、カラ手で他人を騙してはいないんですよ。そういう実力を一〇〇%使っているんです。今の臨調（臨時行政調査会）なんていうのと、ちょっと桁が違うんですよ。雄大でしょ、考え方が。負けた者がそういうことをしようというのですから。勝った者が偉そうなことを言うのはわかっているけれども、負けた者が何くそ、というのはそこなんですね。日本中の頭脳資源を採用しないために負けたんだから、俺は採用、活用するんだというのが吉田の理想なんですね。そして、平和国家に徹するんだということですが、だとすれば何を最初に造るべきかと言えば、鉄鋼の自主生産だということになった。司令部は、日本における鉄の生産を絶対に許していないんです。当時の経済安定本部（安本）副長官が永野重雄さんでして、これは元々鉄屋さんですから、大変熱心に働きかけたんですが、どうしてもできなかった。そこで、一番難しい問題は私がやりますよと言って、吉田首相が引き受けて、二日間程トルーマン大統領と電話で何回も何回もやって、とうとう許可をとって鉄鋼の自主生産ができるようになり、今や日本の鉄は世界一の質の良さを誇るほどになったのです。この鉄を、質のすばらしいものを造ったというのは、本田先生や、その前の教授とか茅君なんかのつながりで、日本の実力がそこに結集していたからなんです。これが出発点となって、日本の産業開発というものが、すばらしい方向へ進んで行ったのです。そして、学界で、これはという人は、若い人でも何でも全部網羅して研究を進めていこうということになりまして、それから十五年から二十年経った今日、現在の状態になったのです。今日の技術革新とか、日本が工業国としてこれだけ栄えたということは、そういう総理の意図の下に、教育、研究態勢が組み替えられたということと、日本人の勤勉性というものに絶対の信頼を置いた政治をやったことに帰するのでありまして、この点をよく考えて戴かなければならないと思う。このようにして、日本は今日、世界にもう一遍出て来たのです。

アメリカはそれまでは、日本を潰して昔の農業国にしてしまえ、そうすれば、再び戦争をしないからということで、日本を押さえつけようとしたんです。しかし、こちらが科学技術で伸びる方向を決めたということになると、アメリカとしては、東南アジアの守りは日本に任せた方が得だから、そうしようということになり、以前にアメリカ風の憲法を日本にわたしておいたくせして、講和条約締結の一週間前になって、ダレス（国務長官）なんていう厚かましいおやじがやって来て、吉田とすぐそこでやり合った。そして、再軍備を勧めたわけです。すると、吉田さんはイエスともノーとも言わないんです。僕が時計を見ていたら十五分間ですよ、ダレスが一人でしゃべっているんです。もうこの辺まで問いつめたら、イエスかノーか返事をするだろうと思うところまで来ると、知らん顔をして緊張そのものの顔をしているけれども、何も言わない。僕は、返事というものはイエスとノーしか親から習っていなかったんですが、返事をしないという返事の難しさをその時初めて知りましたね。外交官でなければこんなずるい話はできないですよ。諸君も偉くなったらイエスとノー以外の返事が必要になるだろうと思います。後で僕は、どうしてあの時返事をなさらなかったのか吉田さんに尋ねましたら、食う物もろくに無い者が軍備なんかしてたまるか、産業開発をして、しこたま儲けたら自分で自分を守ることはしなければならないが、他人のところへ攻めていくような軍備は絶対にやってはいかん。もう、そういう時代は過ぎたんだということを、吉田さんは、はっきりと言っていました。そして、陛下の詔勅に従って、世界の平和の中心が日本に無ければいけないんで、外交官と新聞記者にすばらしいのが出て来て、この趣旨で日本は世界をリードすべきだと言ったんです。ところが見ていると、新聞記者にも政治家にも、そんな大したのはいなくて、やっぱり木偶の坊しかそろっていないんですけれども、僕は、そういうことも現場で聞いて居りまして、深刻に考えさせられましたね。

今、僕がこれだけ話をすると、日本が危急存亡の時に本当に役に立ったものというのは、個人が役に立っていますね。それからもう一つ、これは学問の面でお話をしますと、理化学研究所の仁科研究室だの、鈴木研究室だの大きな研究室がありましたが、これらの諸君が何をやっていたかと言いますと、一番の基礎科学は、絶対に軍の言うことを聴かないで勉強していたんです。ある日、私が夜八時頃、研究室で勉強していますと、足音がして仁科先生が悲痛な顔をして入って来られた。先生、どうしたんですかと尋ねると、その日、軍の方から、もうこれ以上基礎研究をやったら承知しないぞという厳重な要求があったと言われました。これからは、皆、戦時研究にあたらなければいけないということでした。湯川君とか朝永君というような、後にノーベル賞を貰ったような人達も、それは困るということだったが、ただ困るだけでした。僕と先生とで話をして、僕は「もしも我々のところで基礎研究を怠ったならば、戦後それを受け継ぐ人がいなくなります。今、朝永君や湯川君等、大勢、先生のお弟子に俊英がいるけれども、あの人達の灯が消えてしまったならば、日本の科学技術の再開発はできなくなると思うが、どうですか」と言ったら、仁科先生はその通りだと言われた。それでは、僕達で絶対に先生を守るから、基礎科学の研究は続けてやることにしましょう、どんなに軍が弾圧しても、やろうじゃありませんか、これはもう、人類のための最後の拠点ですという話をしたら、諸君がそれほどの決心をしているのなら、僕もそのつもりでやろうということになりまして、そしてもう、焼き落された後でも、熱烈なコロキウム（研究会）と勉強を続けていた間に、二人のノーベル賞が後になって出たわけです。わずか二〇人の中から二人出たんですから、一〇%のノーベル賞でしょう。その他にも、これに匹敵するような業績を挙げた人が居りますが、未だ貰ってはいないんですが。

そういう点から、新しい文化に貢献する非常に大きな業績というものが、そういう伝統の中で生かされるということも、これは個人とその集団とがそれを守ったからなんですね。そういう点を考えてみますと、終戦記念日というのは、私は、今のやり方には賛成しません。未来につながらない悲しみを国民に強要するようなものは、私は、実験という冷静な立場から物事を捉える方法ではないように思うのです。

そして、もう時間が大分迫ってきたので申し上げますと、皆さん方が本をお読みになる時に気をつけて戴きたいことを、少し考えてみて居ります。時代環境というものを充分に考えて戴きたいんです。封建社会なら、封建社会における自然環境なり、社会環境というものの立場から、当人の行為を評価することが大変に必要です。しかし、今出て居ります本を見ますと、今の社会の論理で昔の社会を馬鹿にした記事が溢れていますが、これはとんでもない扱い方の間違いであり、実験というものを知らない人のやることです。時代を背景としない限りは、国の運命と個人との関係を考えることはできません。それから、国の運命というものについて、過去の考え方は、領土を拡大することが皇帝の主な仕事だったわけです。帝国主義の時代はそういう考え方だったのです。現在の日本の憲法の教えて居りますところは、そうではなく、ウェルフェア・ステート（福祉国家）という考え方に立ちまして、そして、日本の伝統的な制度の中にて、皇室制度を生かしながら考えていこうということになってまいりまして、今は非常に変わった民主主義になりました。ところで、民主主義の時代と申しますものは、先程の大人主義の時代とは違いまして、国の運命を、どんなにつまらないと思われる人でも、一人一人が背負っているという時代です。他人に任せきりにはできないんです。諸君は、今はいいや、というようなことを思ってはいけないんです。今でも諸君は、国の運命の一部を背負っているんだという自覚が、私は大変必要だと思います。

それから、無意識の出来事の重大さというものと偉大さというものを、よく考えて戴きたい。無意識の事というのは忘れてしまって、水に流されることが多いんですが、そういう中に、将来の重大さと偉大さというものが潜んでいやしないかということを考えた上で、捨てるものは捨てて欲しいと、私は思います。私は、その考え方が無いと、非常に大きな間違いを犯すと思います。そして、そのようなことを考えまして、個人の決断と行動への慎重な配慮が必要になってきます。ですから、今まで申し上げたように、国家が個人の運命を左右する場合は、大人主義、軍閥主義の下にはありますが、今の民主主義の時代には、はっきりと、個人が国の運命を左右するようになってきています。そこに私は、このような種々の重大さを考えなければなりません。

加えて、人権と倫理という問題が、個と群の考え方から、国家体制という問題に及んで考えられなければならないと思いますが、そういうことへの配慮にも、一つの確かな考えを持たなければならないと思います。その他いろいろ申し上げることはございますが、また折がありましたら、そのうち話すことにしましょう。

私は今まで、ごく近い過去の問題を、生々しい記憶の中からお話をしましてまいったのですが、これらの他にも、まだ考えなければならないことがあります。それは、私は理論として諸君に忘れてほしくはないんですが、未来のことを考えるときに、このまま推移した未来はどうなのか、ということですね。それを、私は「自然的未来」と称して居ります。それから、最近、日本の人口が急激に減ってまいりまして、ですから、老人が急激に増加したんですが、若い人の出生率が一・六ぐらいに減りました。これは大変な問題なんですね。これは、社会生物学的な事実としては、見逃せない重大な問題です。そうしますと、「社会生物学的未来」という考え方が無ければ、将来のことを考えるわけにはいかないということになります。それから、どのような平和を築いていけば、世界が安泰になっていくかということを考えますときに、「計画的未来」という考え方が必要です。計画というのは、非常に緻密な計画であり、時間軸も入ってこなければなりませんが、この自然的未来、社会生物学的未来、計画的未来という中に、今、私が申し上げたようなことを、ところどころに点として入れていきますと、問題の解決が非常にやり易くなります。ですから、ものを理解しようとする時に、単に覚えるだけでなく、そのような一つの理論化を試みて、その中で自分の態度を決めることが必要であると思います。

今日は、諸君にお話しする機会を得まして、大変に有難く思いました。私からの話はこれで終わりますが、諸君が、何か私にこの際聴いておきたい、または、反対だというご意見がありましたら、質問して下さい。よろこんでお答え申し上げたいと思います。ご清聴有難うございました。（拍手）

講演後の武見先生との質問応答要旨

●司会

折角のこの機会に武見先生から質問応答のお許しを頂きましたので、質問したい者は手を挙げて質問して下さい。

●質問者Ａ

今日の演題とは少々離れたテーマについてですが、私は、早稲田大学で学生健康保険組合委員会に属して、健康保険問題や医療問題について少し勉強しているんですが、医療というものは代替がきかないと思うんです。つまり、米が無ければパンを食べて生きていくという方法がありますが、医療に限っては、病気になったら必ずそのサービスを受けなければならないと思います。この認識に立ちまして考えますに、このように公共性が非常に高い医療であるにも拘らず、保険医の辞退とか、学校医の辞退ということが生じて社会問題にまで発展したわけですが、今申しました医療サービスの性格とあわせて、何故あのような事態が起こったのかを伺いたいと思います。

●武見先生

それは、ごく簡単に申し上げますと、今の制度が非常に古いんです。私は、今の制度を改めろということを言いますけれども、いつになっても改まらない。そこで、まず私は、月曜休診という制度を始めてみたんです。しかし私は、その時には月曜日の診療所というものを、その地域で作っておけ、ということを厳命致しましたから、ご病人でお困りになった方は無い筈です。まあ、ひとつの小児科医院に四〇人ぐらい来てしまったということもありますが、私は必ず、そういう時に処する道をちゃんと作りながら戦争しております。

それから、健康保険制度ぐらいふざけた制度について、これが公共性があるか否かということを私から申し上げますと、公共性は全くございません。私は、何が公共性かということを、諸君がこの機会に知って戴くことが良いから申しますが、あの制度は、日本、いやヨーロッパの平均寿命が三十五歳の時に出来た制度なんですよ。ビスマルクの生きている時代です。そして、学問的には、結核菌が発見されて、細菌学が生まれたばかりのときなんです。平均寿命が三十五歳ぐらいですと、コレラやチフス、ペストが流行しますと、自然におさまるまで手がつけられない、予防注射も何も無い時代です。その時代に病気になった職工さんが会社を休むと生産が落ちるというので、それで、健康保険組合というものを作ったのです。これが健康保険の始まりでございます。

その当時、平均寿命が三十五歳ですから、人口構造は、底辺の非常に広いピラミッド型であって、今のものとは全然違います。その当時は一人で五人か六人の子供を生むのが普通だったのに対し、今日は一・八か一・九人ぐらいになって居りますから随分違ってまいりました。それから医学はどんどん進んで来まして、治療に非常に金がかかるようになり、検査にもそれが言えます。しかし、この医療に金がかかるということにつきましては、医学界も反省しなければいけない点がありますが。

ところで、組合管掌健康保険制度ぐらいふざけた、反社会的な制度は無いですよ。なぜならば、保険料を働き盛りの職工さんから集めておいて、そして、彼らは病気になることは少なくて、回復力もあるから早く治り、これの恩恵を被ることは自身ではあまり無いんです。それより零細企業の方になってきますと、生活力も弱いし、病気になっても長くかかります。そのようなものを全部平均してしまって、社会保障制度というものを作るのならばわかるのですが、一生涯の内で、一番働きざかりで、金があって、病気になることの少ない若い層を組合化してしまって、そして、その組合がお金を貯めて、福祉事業と称してあっちへホテルを造ったり、こっちへゴルフ・リンクを造ったりしているというのが、組合管掌健康保険制度の現実なんです。

そして、これより零細企業が対象である政府管掌健康保険制度というのは、これは零細企業ですから生活条件も悪いし、健康管理もよくありません。病気になると長くかかりますし、病気になる頻度も高いわけです。それから国民健康保険制度というのは、農村中心でございまして、生産性が最も低い分野であります。このように、貧乏人は貧乏人どうし保険し、金持ちは金持ちどうし保険するというのが今の社会保険であります。

そして、健康保険組合がいかように金もうけをしても構わない制度なんです。事実は、日本一の土地信託会社が健康保険組合連合会です。それには全部、厚生省の役人の古手が入って居りまして、土地を売り払う際にも、全部保険局長の許可を得なければならないんです。これはもう、日本中の信託会社が束になっても健康保険組合には及びもつかないほど、莫大な財産を持って居ります。ですから、医療に公共性があるのならば、こういう制度は許されるはずが無いんです。私が今の制度がだめだというのは、人口構造の変化に対応していないということ、それから富の程度が変わってきて、所得が階層別に変革してきていること、すなわち、所得倍増計画にのらない農村というようなものは、五十%も国庫負担が無ければ財政上やっていけないのに対し、組合健康保険は四千億も五千億も儲かって、それが組合で勝手に使える。これを考えてみて、この制度はまともだと思いますか。私は、大学で社会政策なんて教えている先生は少し頭が狂っていると思う。阿呆らしいことをその通り教えているんですよ。それというのも、私は、法律は生き物だと思うんですよ。そして、人間の社会で生きていなければならない法律が死んでしまっている、そういうことになる。

それから、最近出ました、ある種の団体のレポートを見ますと、医療費が高まってくるのは、重装備の必要があるからだと書いてありますけれども、重装備のものは使われる頻度は小さいんですから、医療費としては少ないんです。ですから、そういうのは理屈にはなりません。以上のようなことから、医療制度を根本的に変えなければいけない、というのが私の主張なのです。そして、今の健康保険というのは、医学が原始的な時代の産物でございますから、できあがった病気を治すというのが原則です。あなた方、病気にならなければ医者に行かないでしょう。病気になって行くのが公共性だというのは大間違いで、病気にしないというのが、一番公共的な要素なんです。その病気にしない方の努力は何もしていないんですよ。病気になったら診てやる、というのが健康保険制度なんです。私は、これには全面的に反対でございます。

私がもう一つ反対しますのは、大体、社会保険というものは、船の海難事故に対する保険から発想が出て来たものでして、船が沈むと、船主も損をするし、荷主も損害を被る。その損害が莫大だから、一部はその人達が払って、あとはみんなでかばってやろうじゃないか、ということで、社会保険制度が出来たんです。そうしますと、それ（船や荷物）は無生物ですから金で返してもらっても同じことです。少し損をして金で返してもらうということです。ところが、健康はそうではないですね。切ったりはったりしてもらっても、自分が自発的に治って傷跡がくっついて、内臓が機能しなければ健康回復ではないんです。ですから人間というものはどういうものかと言いますと、生まれてから死ぬまでの間の、ライフ・サイクルというものがあることは皆さんご承知でしょう。それから、常に新陳代謝をして生きている生物なのです。無生物は新陳代謝をして居りません。それからもう一つは、子孫をつくるのは、人間、生物の特色です。それからけがをしても自己修復ができるというのが人間の得意です。そうすると、ライフ・サイクルがあり、メタボリズム（代謝）があり、そして自己修復ができ、子孫を残すという四つの現象を有する。無生物でない社会に対して、無生物のインシュアランス（保険）の考えを持っていることに、私は本質的な過ちがあると思うんです。社会政策を教えている、なんていう偉そうなことを言っている連中は、人間の本質を知らないんです。

私は、そういう私の考え方に基づいて、バイオ・インシュアランス（生存保険）という考え方をもう既に七、八年前にヨーロッパで発表致しまして、これは非常に大きな反響を引き起こしました。今の保険制度はだめなんだと訴えました。日本の政府なんていうのはですね、いっぺん法律を作ってしまったら、変える意思はないです。六法全書の中で一生、生きていけば恩給がもらえて、昔は勅任官か何かになったんですが、そういう役人の制度が生きている限りは、公共性なんてものは言えた義理ではないと思います。僕は総辞退をしましたけれども、ちゃんと救急診療所は残しています。そこで、儲け放題の健康保険組合がけしからんというので、今度は老人保険には、健康保険組合も金を出せよと言ったら、文句をつけたのが健保連ですよ。僕はこういう考え方では駄目だと思うんです。人間の平均寿命が七十八歳となってきたときに、三十五歳で死んでくれれば黒字であったのが、学問が進歩して長生きしたら赤字になっちゃったというのでは、制度自体を考えなければいけないということですよ。日本という国は、ショック療法をやらなくては改まるものではないんです。私は、人間の本質というものを無視した制度が、いかにして崩壊すべきかということを、諸君に論理的に追究してもらいたいと思います。私は、それをやるのが臨調だと思うんですが、これまたケチなことばかり言っていまして、どこまで成功するかわかりませんけれども、私は医学の研究方法におきましても、そういう考え方でいけば、僕が厚生大臣ならば、医療費は五年間で半分にしてみせると言っているんです。自信があります。ですから、その点でですね、公共性なんていう言葉は今の法律の下では使われるべきものではないのですから、若い人は、さっき僕が言ったように、使う言葉について慎重に意味を考えて欲しいと思います。

●質問者B

今、お話をうかがいましたら、ご関心というものは自然科学の分野にとどまらず、人文科学も、また、哲学に関しても、非常に広範に及んでいると思いましたが、先生の非凡な交際範囲というものは、多彩にわたるのですけれど、これはやはり、先生の開業医という職業によるのか、それとも、先生ご自身が積極的にお求めになったことなのかお聞かせ下さい。

●武見先生

これは、大変大事な質問をいただいたのですが、それは両方ともございます。先程もここの応接間でお話ししたのですが、医者というのは、種々の階層の人々に会いますね。ですから、いろいろな人から、いろいろな話を生で聴くことができる。そして、裸になって診てもらう時に、嘘を言うのは政治家でもいませんね。政治家というのは、嘘を言うに決まっている人々ですけれど、そんな連中でも裸になると正直になるんですよ。そうですけれども、私は現在、「ライフ・サイエンス」というものからもう少し先に出て、「生存科学」というものを主張して居ります。ヒューマン・サバイバル・サイエンスといっております。この生存科学とは教養も倫理も科学も、全て係わってまいります。細胞科学や遺伝子組替えなんていうことが行われてまいりますと、この倫理という問題とも大変関係してまいります。そういうことにつきましては、ケネディ・インスティチュートで、ジョージタウン大学ですが、ここで、バイオエシックスということが、もう十年以上も前から言われてまして、四冊ほどの大きなエンサイクロペディア・オブ・バイオエシックスが出版されています。その中に、日本人で書いているのは僕一人です。

ところで、私がどういう遍歴で本を読んだかと言いますと、私は学生時代に、田辺（元）先生の『自然哲学』というのを愛読しました。それから、三木清の書いた『構想力の論理』というものも愛読しました。そういうものを愛読して居りまして、たまたま私の患者には、西田幾多郎先生もいらっしゃいました。和辻哲郎先生もみえました。そういう方々のお話も伺うことができました。また、田辺先生の先程の本の中で、私が腑に落ちない点を伺ってみると、先生方の間でも問題点があるというお話のこともありました。また、文学の方でも、志賀直哉先生や、幸田露伴先生も僕の患者だったし、種々なことがあります。イギリスの大金持ちのロスチャイルドも僕のところに来るんです。そういうふうに見てみますと、あらゆるものが与えられる時に、その受け皿を若い時に作っておいた、というのが大変良かったと思います。私自身、もし受け皿を持っていなかったらザルの中に黄金の水が流れてしまっただろうと思います。つまり本はですね、読むべきものであって、読まれてはならない、ということをお話ししておけばそれでいいんじゃないでしょうか。

それから、湯川君や渡辺慧、それに朝永君も一緒の研究室でして、夜を徹して学問上の議論をしました。そういう雰囲気の中で、誰に構わず徹底的に議論のできるサークルを作っていた、ということが、私自身にとって非常に大きなことであったようです。どうせお金の無いその頃の皆ですから、まあ、大したものを食べたりする暇は無いんですけれども、その議論の内容は、もし、記録にとどまっていたら大変面白かったろうと思うんですが、その頃、テープレコーダーなんてものは無いんですから、皆、勝手にしゃべって、それでおしまいなんですが。私は、ディスカッションの場を何人かで持つということが、種々な意味におきまして一番重要な要素になったと思います。それから、その際オピニオン・リーダーというものはディスカッションの場ではひとりでにできてくるということを、大切なこととしてつけ加えておきます。

●質問者C

最初の質問に関連するのですが、現在大学で財政赤字問題について勉強しているんですが、その中でも三K赤字、まあ、先生に関連するところでは、先程おっしゃられた健保問題があるんですけれど、現行の医療制度では現物給付で、出来高払方式のため、医者側にも患者側にもあまりコスト意識がなく、先生もおっしゃられたように、現行のままでは、財政への圧迫は解消できないと思うんですが、先生は具体的にどういう方向へ持って行けばよいとお考えでしょうか、お聞かせ下さい。

●武見先生

あなたは、社会政策ですか、それとも経済学ですか。

●質問者C

経済学です。

●武見先生

経済学ではレオンチェフというのをご存じでしょう。彼が去年の八月、僕とディスカッションしたんですよ。そしてね、僕に反対していた日本のある有名な経済学者に対して、「お前の言っていることはトータル・ミステイクだ」と言ったんです。これはもう有名な人ですよ、日本では。それで、レオンチェフは僕の意見に全面賛成しました。その文献がありまして、和敬塾の方へ送っておきますからどうぞご覧下さい。

●質問者D

皆さん高尚な質問ばかりされて、こういう質問をするのは非常に気がひけるんですが。先生のお話をいろいろお聞きして居りまして、先生ご自身の能力ということがもちろんあると思いますが、やはりある意味では、先生に連なる姻戚関係というんですか、牧野の爺さん、吉田の爺さんと言われていますのもある意味では、そういう要因もあると存じますんです。僕らがこれから人生を過ごしていくうちにひとつの大きなエポックとして、結婚という問題があると思います。そこにおいて、僕自身は偉くなりたい人間でして、結婚というのは非常に重要な問題だと…（笑い）…それを含めて先生の結婚観というか、女性観といったものを…（笑い）…構いませんでしょうか。

●武見先生

大変面白い質問です。僕もそういう質問の経験があります。僕が予科三年のときに、友人達がね、有名なドイツ文学の茅野蕭々という先生にね——これがかなりのロマンチストだったんです——この人に先生の恋愛談を聞かせてくれと言ったら、えらい怒られたことがあるんですよ。僕の場合なんか、子供が「親父さん、どうしてママと一緒になったんだい」って尋ねるんですね。それで「お見合いはね、十分間だよ」って話したんです。それは牧野伯の居室でね、日本間で座っているわけですよ。それで、長く座らされるとかなわないから、十分間ぐらいのほうがいいんだけれども、二人で口を利いて話すなんてことは無いんですね。それでまあ僕も、辺りの雰囲気みてね、そして、まあまともな人間だと、これならよかろうと思っただけだ。非常に簡単なんだ。もしね、僕がその関係を利用して偉くなろうと考えていたら、それは大変大きな間違いになっただろうと思う。僕が政治家になろうと思ったら、もしそういうことをやったらですね、一番早い道だったと思います。しかし、私は勧められたことがございましたけれども、やる意志が無いんで断わったことが二度あります。一番滑稽だったのは、佐藤栄作さんが、僕に、東京都知事をやれってんですよ。そして、どんなことでも聞くよって言うんですね。それでは僕も条件があるから申し上げると言うと、何でも言いたまえって言うから、「都議会議員に歳費だけやってね、議会を開かないんなら僕はやってもいい」と言った。そうしたら佐藤さんが、「そんなら俺がやるよ」って言いましたよ。……（笑）……。ですからね、あまり結婚なんてものを功利的にお考えになることは、私は却って逆効果になると思います。それから、結婚なんてものはね、人生に二度あっちゃならないですよ。人生二度結婚論なんて馬鹿なことを言った奴もいないわけではないんですけれども、私はそういう出発点は絶対に避けなければいけないと思う。これは、人間が人間たる所以ですから、私としてはそれだけは強調したいと思います。それから、立身出世した人にね、奥さんの家系がよかったから出世したなんてのはね、あまり感心したのはいませんよ。役人ならいざ知らず、役人以外の階層では絶対に無いと思う。本当に好きになって一緒になるのが一番良いことだと、僕は思う。僕は自分の子供達に、女が二人、男が二人居りますけどね、絶対に僕は干渉しなかった。そして、自分の好きな嫁さんをもらえ、最後のイエス・ノーだけは自分で決めろと。そして私は、それが決して悪くなかったと思って居ります。ですから、名門とのつながりを考えるなんていうのは、一番下品の下なるものですよ。そういうのに限ってろくなもん掴まないから、まずよした方がいいね。（笑い）

●質問者E

日本の防衛問題についてお伺いしたいんですが、現在、国防費が増加してきていますが、私は日本の防衛費というのはゼロにすべきだと思っています。そして、平和国家としての日本の態度を世界に表して、外交面でもっと積極的になるべきだと思いますが、先生の、日本の防衛に関するお考えをお聞かせ下さい。

●武見先生

おっしゃることは、原則としてその通りだと思います。しかし、原則論が通る世の中だけではないですね。私は、積極的な国防費の増大なんていうものは、あってはならないと思うんです。今、地球を、十二個壊すだけの核が保存されているんですよ。地球十二個壊すんですよ。そうすると、地球には隅っこさえ無くなってしまうんです。日本にまだ訳書が出ていませんけれどもね、ニクソンが"THE REAL WAR"という本を書いています。これを見ますとね、やはりアメリカ大統領ともなれば、あまり評判はよくなかったんですが、素晴しいことを書いています。これには今の核のことなど詳しく書いています。それから、今おっしゃったことについてですが、自分だけそうすれば、他人もそう認めてくれると思うのは非常に早計なんですね。自分も他人も認め合うということが大事であって、世界中で手を繋いで認めあう段階を、こしらえる努力を忘れてしまって、防備だけしなければ良いという考え方には、私は、直ちには賛成できません。それから、防衛費はGNPの一％に抑えるとか言っていますけれど、これも阿呆な話ですよ。僕は、ああいう数字を出して非核三原則なんてナンセンスだと思います。僕は当然非核三原則はそうあるべきだと思いますが、それならば何故、世界でアグリーメントをとる努力をしないのかを問いたいですね。サミットを何回やったって、そういう国際的なアグリーメントが無くてやっていたら無駄ですよ。私は、結論だけが良くて、その間のプロセスを無視するくらい危険なことは無いと思うんです。そういう点で、君の議論は若さの至りとして、今日は聴いておくけれども。とにかく、占領されたら赤旗立ててお迎えに来ますという、どこかの大学教授がいたけれども、あんな阿呆な形はあってはならないと思う。それから、防衛費なんてものは削れるだけ削るべきだと思う。しかし、それはあくまでも、世界の了解の下にするというのが民主主義の原則なんであって、俺さえしなければ安全だなんてのはねえ、これは動物園の檻の中に飼ってもらう人間が、食い物に困らないという理屈と同じなんですよ。諸君は、動物園に飼われる意志は無いでしょう。そうだとすれば、僕は、そこのところを考え直す必要があると思うな。

●司会

予定の時間を随分オーバー致して居りますので、質問はこれにて終了させて戴きたいと思います。まことに有り難うございました。（拍手）

昭和五十八年五月十五日　ご講演

内閣総理大臣

中曽根 康弘

■ 中曽根 康弘（なかそね やすひろ）略歴

1918年（大正7年）～2019年（令和元年）
群馬県高崎市生まれ。東京帝国大学法学部政治学科卒業後、内務省に入省。海軍経理学校、海軍主計中尉、終戦時海軍少佐。1947年、衆議院議員に初当選。科学技術庁長官、運輸大臣、通商産業大臣、自民党幹事長ほかを経て、1982年～1987年内閣総理大臣。現在、世界平和研究所会長、日韓協力委員会会長、アジア太平洋議員フォーラム名誉会長。1997年に大勲位菊花大綬章を受彰。2019年、大勲位菊花頸飾の追贈を受けた。

著書「新しい保守の論理」「天地有情」「政治と人生」「政治と哲学」「二十一世紀日本の国家戦略」「自省録」ほか多数。

人生について

●講師ご紹介　前川理事長

いま総理にお着きいただきまして、記念講演をいただくわけですけれども、日本国の総理大臣を私が紹介しなくても、塾生諸君は知ってるわけです。

ただ私は思うんですけれども、戦後の日本の歴代の総理の中で吉田ワンマン宰相以来、珍しく総理大臣らしい総理大臣、宰相らしい宰相が生まれたというふうに思うわけです。これは私が思うだけじゃなくて、おそらく塾生諸君の後ろにいらっしゃる来賓の皆さまとか、あるいはＯＢや皆さんが思っていらっしゃるでしょうし、同時に日本人がそう思うだけじゃなくて、アメリカなりヨーロッパなり世界の先進国がそう考えていると思うわけです。

例えば、中曽根先生が総理になられて一週間を出でずして、アメリカの「ニューズウィーク」と「タイム」という雑誌がございますが、そこで「珍しく日本にリーダーシップのある、話のできる総理ができた」というふうに非常に好意的というか、大々的に論陣を張っていました。そしてその「ニューズウィーク」と「タイム」の表紙に総理の写真が出ておりましたけれども、これなども非常に世界中がそう見ているというあらわれだと思うわけです。

ヨーロッパ、アメリカから見てみるというと、日本というのは大変な経済大国であって、自動車にしても鉄鋼にしても家電にしても、とにかく強くてしょうがない、非常にいい製品を安く出す。これは結構なことなんですけれども、しかしそんな大きな経済力を持った日本がやることをやっておるのかというイライラといいますか、ねたみといいますか、があるわけですね。

そういう世界に澎湃（ほうはい）として起きている日本に対する批判、それが経済的な問題ではもう解決できない。いくらやっても日本の家電とか自動車というのは、強くてしょうがないんですからね。

したがって、その問題を政治的に解決するとか、貿易摩擦であるとか、あるいは日本株式会社であるとか、最近は日本の通産省（現経済産業省）のポリシーが悪いということを言っていますね。

そういう、経済学で言うところの完全資本の完全競争ということじゃなくて、問題をすり替えてイライラしている。そういう世界の情勢に対して、残念ながら日本の政治家の皆さんはわりあいにのんきというのか、外交オンチというのか、ノホホンとしておられる。

そこに現われたのが中曽根総理であって、就任早々、非常に短い時間に幾つかの外国等のイライラをクリアされて、一応日本が世界の中の孤児にならないように、袋だたきに遇わないような状態にして、これからおそらくご専門の行政改革を中心とする内政問題に取り組まれるんだろうと思うわけであります。

そういうお忙しい総理に和敬塾の記念講演をいただくということは非常に光栄であり、また私どもにしては非常にありがたいことであります。

塾長などは、そういう忙しい大事な人を和敬塾に一時間以上もお引き止めするのはよろしくない、それは国のためにならんというようなことまで言うわけであります（笑）が、私は和敬塾としては一分でも多く居ていただいてご指導願うことは、また国家のためにもなるとさえ考えているのでありま す。

今日はそんなわけで、総理にどれだけ和敬塾においでいただくか——これは衆議院の解散権と同じように、内閣総理大臣の専権事項でありますから、これからひとつ、総理に時間の許す限り、和敬塾の皆さんと、あるいは塾友の皆さんと対話していただければありがたいと思っております。それでは総理、よろしくお願いいたします。（拍手）

●中曽根総理

皆さん、こんにちは。今日は塾の創立二十八周年で、しかも前川塾長先生の八十八歳の米寿のお祝いの、たいへんおめでたい日にお招きをいただきまして、皆さんにお会いし、お話を申し上げる機会を得ましたことを、非常にうれしく思う次第でございます。

前川塾長先生、誠におめでとうございました。実は妙な関係がありまして、前川塾長先生の最初のひ孫が私の孫にあたるというわけで、系図でも見ないと、皆さん、まごまごするんではないかと思うわけであります(笑)。要するに前川塾長先生の孫が私の長男のところへ嫁に来て、男の子が生まれて、それがひ孫になったと、そういう話であります。

そんな因縁もありまして、今日は参上したのでありますが、私は和敬塾がつくられるというときのことを多少知っておるのであります。それは、私たちの先輩に北村徳太郎という先生がおりまして、これは長崎の親和銀行の頭取をやって代議士に出てきた方で、私と一緒に昭和二十二年に衆議院議員に当選された、立派なクリスチャンであります。後に、和敬塾の二代目の塾長になられた方ですが、記録を読んでみますと、当時から二回ほど塾に来られて講演をなさっており、その先生から、和敬塾がつくられるという話をお聞きした。

なぜ、和敬塾がつくられるかというと、敗戦後の日本の状態を見て、あまりにも物質万能すぎる、もう少し精神的覚醒が日本の教育界に起こらないと、この日本はとんでもないことになると、そういう心配から塾ということを考えて、そして学生たちを収容して勉強させ、特にそういう人間のある精神性に目覚めさせようということであります。私はその話を聞きまして、非常に立派な方が出てきたと思いました。

私は昭和二十二年に青雲塾というのを群馬県につくって、そして青年諸君と寝起きをともにしたり、あるいは勉強をともにしたので、塾をつくるという精神においては、完全に一致しておったわけであります。そういう意味で、非常に共鳴したわけです。

ただ私のほうの青雲塾というのは、群馬県高崎市の、私の住んでいる、ちっぽけな、下が三間で上が二間の小さな貸家が塾であり、そこへみんなが出入りして、話をしたり一緒にお風呂へ入ったりしました。そのうちに材木屋である私の親父さんが、その隣に今度は少し大きい、我々の思想運動の本山をつくろうというので、会館をつくってくれました。そこで時々みんなを集めて講演したり、勉強したりしてきたということです。徳富蘇峰先生という大変な歴史家がおりまして、その話を聞いてわざわざ「青雲塾」という大きな額を書いてくださすって、今でもそれを正面に掲げてあります。そういうふうな因縁がありまして、塾というものについて非常に共鳴しました。

塾をつくるについては、基本的精神がなけりゃならんというので、幾つかの綱領とか修学原理とかそういうものをつくって、これを基準にしてやりました。何しろ戦争に負けて、今までのものがすべて否定されて、そして廃墟の上にどこへ行くか方向舵がなくなった飛行機みたいに放浪しておったのが、当時の日本であります。そういうときに、いかなる価値が尊いのかということから始めて、国民の皆さん、特に青年の皆さんに正しい考え方を持ってもらおうというので、それができたわけであります。例えば教室ということがあります。我々のほうの塾はそういうちっぽけな貸家でありますから、教室があるわけではない。「教室は同志の心の中にある、心が広ければ広いほど同学の志も広いのである」と書いてある。それから順序ということがあります。「修身斉家治国平天下が修学の順序である」と書いてあります。目標というところがあります。それには、「各々の人生を最高の芸術品に完成して世を去ることを修学の目標とする」と書いてあります。あとで、ＰＬ教団の御木徳近という先生が『人生は芸術である』という本をお書きになりましたが、私はそれを見て、ああ、私と同じ考えを持っていらっしゃる。「各々の人生を最高の芸術品に完成して世を去ることを修学の目標とする」と、そう書いておったわけであります。

そういうことから、和敬塾の精神にも非常に共鳴をし、注目もしてきたという因縁があるわけであります。私のおいがここでお世話になり、いま彼は東芝のどこかに勤めております。それから私が昭和二十二年に立候補したときの秘書の息子が、やはりここでお世話になりまして、これも立派に巣立っております。そういうわけで、二人の近い人間が塾友として皆さんの先輩であるというところもありまして、非常に喜んでおるわけなのであります。

それは前置きといたしまして、現代についていろいろ考えさせられるものがあります。私は先般、ＡＳＥＡＮ諸国を周りまして、数日前に日本に帰ってきたわけでありますが、最近、ＡＳＥＡＮの国々でも、例えば、ルック・イースト（東を見ろ）、あるいはスタディ・ジャパン（日本に学べ）とか、そういう声がちらほら起きておる。またアメリカではエズラ・ボーゲル君というハーバードの先生が『ジャパン・アズ・ナンバーワン』という本も書いておる。まあ、おだてられていい気分になるのも警戒しなけりゃならんけれども、一体どうしてこのようなことが出てきておるのであろうかということを考えてみました。

私は、東南アジアのある政治家と時間がありましたときに、ゆっくりといろいろ話しましたところ、日本の話が出まして、「四百年前に三人の偉い人が日本に出てきた。そのおかげを非常に被っておる」と私は言った。で、「あなたはこの三人を一緒にしてやっているようなことをおやりになってるんですね」と。

三人とは誰であるかというと、信長と秀吉と家康であります。戦国時代を統一するについて、信長のような決断力のある、しかも非常に近代性を持った政治家が出て、まずこの乱をおさめた。信長はご存じのように、かなり果断なこともやりますが、教会を許したり、あるいは黒人を自分の従者にするというような、かなり進取の気性に富んだ人のように私は思います。しかし彼のような人が出なければ、統一はできなかったでしょう。

次に出た秀吉は、この信長のあとを継いで日本の安定という面に非常に大きく心を注いだ。その安定の一番の中心はなんであるかといえば、所有権の安定であります。ですから彼は検地をやって全国の土地調べをやり、そしてたしか私の記憶によれば、聚楽第に後陽成天皇をお迎えして大名どもを集めて領土安堵状というものを与えた由です。つまり、おまえたちが持っておるその土地はおまえたちのものである、安心せい、もう争奪は許さんぞという意味の領土安堵状を与えた。つまり、土地所有権を確認した。

もっとも、その土地所有権というものが現代的意味における所有権であるかどうかは疑問でありますす。租税徴収権といいましょうか、所有権というものは百姓、町人が各々持っておったようでありますから、その領域に対する支配権、あるいは租税徴収権というようなものを与えたということでしょう。しかしいずれにせよ、そういうことを確認して所有権が安定するということが、戦国が終るということを意味したと思うんです。これは非常に大きな力を及ぼした。

続いて出てきたのが家康であります。この家康は、信長や秀吉に対して何をやったかと考えてみると、これは結局、世の中を治めるには学問でなければ駄目だ、教育であるというところに目覚めたのではないかと思うんです。彼は一面において封建制度をつくって、極めてきめの細かい、そして丹念な組織論を持って世を治める基礎をつくった。例えば参勤交代にしてもそうだし、あるいは大名にカネを使わせるために治山・治水に使ったりしたということもそうでしょうし、あるいは大名の奥さんを江戸に置いて人質にしておいて反乱を防止したこと。つまり、現代的意味における大変な組織者であったわけです。

しかしそれと同時に、学問で世の中を治めなければ、長続きした安定は得られない。そこで、林羅山でありましたか、朱子学を入れて湯島に聖堂をつくって孔子の廟をつくって、そして論語等の学問というものを中心に世の中を治める基礎づくりとしてやった。そして全国のお寺にお坊さんがいますが、これが寺子屋と称して百姓、町人のせがれにお坊さんが字を教え、読み書きソロバンを教えた。それと同時に論語を教えて、そして祖先を敬い、親を大事にし、兄弟仲よくし、そして近所の皆さんとまた仲よく手をつないで、「修身斉家治国平天下」というようなことを教えたわけです。

三百年の間これをやってきたわけでありますから、日本はすでに知的には非常に高い水準の国家になっておった。文盲率ももうすでに徳川時代においては、ほかの世界の国から比べればかなり低いし、また知識欲も非常に強い国民になってしまったと思うのであります。そういうふうに学問を教え、そしていわゆる道徳律というものをはっきり教え込んだ。それがずっとしみてきて明治維新のときに花が開き、明治の発展の原動力になったんだろうと思います。アジアの国々にいろいろな国々がありますが、この徳川時代のような一般民衆に対する啓蒙、教育というものがなかったから、ほかの国には明治維新のようなことが起こり得なかった、あるいは起きても遅かった。

日本は二百数十年にわたって、すでにそういう土壌づくりをしてきた。その力が大きな力をなして、明治維新になって開化したと私は思うのです。明治維新になりまして、また民主主義を取り入れた。この民主主義と日本固有の伝統的な精神というものが巧みに結合し、また為政者によって調和がとれて、現在まで日本は非常に大きな発展をしてきたんだと感じております。この祖先を大事にし、親を大事にし、兄弟仲よくして恥を知る。これだけの教育の基礎があったから、いま日本は世界で非常に犯罪の少ない国にもなっておるし、あるいは離婚の少ない国にもなっておるし、そしてわりあいに和を好み、闘争を嫌うという精神、和敬の精神というものが充実している国になってきておる。これが日本経済にこれだけ大きなエネルギーを持たせ、世界的に発展させている原動力であると私は思っておるのであります。

八月十五日ごろになるというと、お盆がくる。そうすると、東京や横浜や大阪でもそうでしょうが、何百万という日本人が子供を連れて故郷へ帰る。東京駅、横浜駅、大阪駅のプラットホームは故郷へ帰る、帰省の親子でいっぱいですね。あの暑いときに子供、奥さんを連れて、石川県なり兵庫県なりへ帰って行くということは、大変なことです。しかし、にもかかわらず、戦争に負けても連綿としてこれは続いておる。そして帰った人たちは最初に何をするかといえば、石川県へ帰っても兵庫県へ帰っても鹿児島県へ帰っても、まず仏壇の前へ行ってお線香をあげてチーンと鳴らして拝む。つまりお墓参りですね。先祖参りです。

その中の相当数の諸君は、東京におるときには赤旗かついで国会の周りを歩いて、「中曽根内閣打倒！」と言っている諸君です（笑）。ところが石川県へ帰って仏壇の前へ行ってチーンとたたいてお線香立てて拝むと、その瞬間に自由民主党になってくれるわけである。だから自民党は強いんだと私は思っている（笑）。つまり、人間の本音に根差しているものである。外国から輸入して生半可な未熟の思想やなにかではない。我々が考えているものは、人間と自然の大道に立脚している考え方だ、ほかの政党より、より国民に密着したものを持っておると、私らは考えておるわけであります。

この力、つまりグループに対する忠誠心といいますか、あるいはみんなで団結して一緒にものを完成する力といいますか、ともかく日本人特有のそういう組織的な一つの精神的傾向がありますね。これがあれだけの大東亜戦争、太平洋戦争をやって、あれだけの被害を受けても、天皇制が消えなかった理由であるんじゃないでしょうか。ほかの国だったら、この大損害を受けた戦争があれば、あるいは天皇制というものはふっ飛んでいたかもしれない。しかし日本の場合は、戦争の最後の目的はなんであるかといえば、天皇制護持ということであった。それは、やはり自分たちの国、あるいは組織というものに対する帰順する心といいますか、そういうものがいかなる変事にあっても消滅しないというものが連綿と続いておったのではないだろうか。

ただ儒教精神というものは、それだけだと求心力であるから凝固する。ところが日本は明治維新以来、民主主義が入って議会政治が行われ、特にいわゆる大正デモクラシーという時代を経まして――デモクラシーというものは大体、遠心力であります。この儒教的な、あるいは仏教的な求心力と、それから西欧民主主義を入れた遠心力というものが巧みに時代によって調和され、調整されていくと、そこに日本の大きな力が出てくる。

科学技術というものは、識別するところから出てきますね。私とおまえはどこが違うかというところから出てくるでしょう。私が昭和二十五年に初めて外国へ行ったときに、飛行機に乗ってアジアの空を飛んでインドのほうへ行ってからヨーロッパへ入ったら、アジアの空から下を見ると褐色の大地が多い、あるいは灰色の大地である。これがベイルートの辺から白い家がだんだん増えてきて、それからイタリーからヨーロッパに入ると、緑の世界、芝生の世界、麦の世界へ入っていく。アジアを飛んでいるときには、水田の上にはいつくばって一本一本稲を植えておる。瓦は黒い。「アジアは褐色でヨーロッパは緑だ」と私はそのとき言うたことを覚えている。つまりアジアという場合には、いろんな色をガチャガチャッと混ぜるというと、灰色か褐色になる。つまり融合というところが特色でしょう。

ところがヨーロッパの場合は原色の世界である。屋根にしても赤、緑、白、原色の世界です。だからそれは、おれとおまえとどこが違うかということを識別するのに一番いい。また、自分というものを浮かび上がらせて認識させている、いわゆるディスティンギッシュド（distinguished）というのに一番いいものである。これは科学の根源になった力でしょう。はっきり物を分析して分けていくというのは、交通信号を見ればわかるんであって、赤はストップ、緑はゴー、はっきりさせなけりゃ交通信号にならない。

そういうようなことから見て、アジアならアジア、日本なら日本というものは、儒教とか仏教とかというものからきているもの、向こうはキリスト教からきているものというようなもので、画然と基礎的に違うものがある。日本も大きな、そういう存在の一つだと私は思っておるのであります。

現代を見ると、一九八三年、二十世紀の世紀末に入ってきておる。一体、世紀末という言葉は何を意味するか――。よく世紀末というのは、絶望とか暗黒という印象を持つ。大体、一八八七年とか六年とか、一九八〇年とか九〇年とか、不況とか革命とか戦争が多いんですね。今は一九八三年だが、非常に激動の時代に入ってきておる。イランでホメイニさんが出てきたのを見るというと、やはり文明というものの競争の時代、あるいは文明の対決の時代に入ったのかもしれん。キリスト教文明と回教文明の衝突であるかもしれませんね。キリスト教徒のアメリカの大使館員が人質になって、カーターさんがあれだけ苦しんだ。やったのは回教文明のシーア派に属するホメイニさんである。ホメイニさんのやっている思想というものは、純回教主義というようなもんでしょうね。それでその前のイランの王様のシャーがもたらした石油を売って、大きくもたらしたアメリカ的物質文明に対抗して、回教のホメイニさんが出てきたという要素もなくはない。

あるいはレバノンにおける紛争等を見ても、回教とキリスト教の対決的姿勢が非常に強い。二十世紀の終りになって、そういう文明の対決的色彩がなきにしもあらずであります。ところが、我々の仏教や儒教文明というものは東方にありましたから、あまりかかわり合いがないし、さっき申し上げたようなところで、あまり対決というものを好まない。そこで世界全体を見渡してみると、この儒教、仏教文明というものが非常に重要な意味を持ってくる時代が今来つつあるのではないかという気もしておる。

アメリカが経済摩擦で日本をいろいろ攻撃してきておりますけれども、これ現象面をとらえて直るものではない。アメリカに今の離婚率が続く限りは、日本にはかないっこないのです。自動車をつくるにしたって、日本の自動車とアメリカの自動車はどこがいいか悪いか、皆さんみんな聞いて知ってるとおりであって、これをつくっている者の心の作用が非常に大きく作用しておる。組み立てるときの手間抜きとか、そのほかの問題がある。日本人はロボットを使ってるくせに、精神的には手づくりの精神である。あれだけの大きな工作機械を使い、ロボットを使ってるけど、心は手づくりの精神ですね。

なぜなら日本人というのは非常に美学が好きであって、三島由紀夫さんみたいに死ぬのでも、ああいう美学的な死に方を選ぶ。一生をもって、美学に殉ずるという方もある。我々の日常茶飯、周りを見れば美学的発想が非常に強い。ある意味においては非常にエモーショナルな民族であり、また非常に繊細な民族です。俳句みたいなものは、ほかの国にはできない。

そういうような日本の持っておる力、この美学的な、コオロギのひげのような繊細なものを片方で持っておりつつ、しかも近代文明を駆使する。特にこれから情報産業の時代に入ってくるというと、半導体であるとか、あるいはＬＳＩであるとか、ああいう極微の世界に入ってくるというと、これは日本の独壇場になる可能性が出てくるのではないかという気もしないではない。アメリカが焦燥感を持つのは、そこにある。この日本人の手づくり精神ですね。ハードよりもソフトの時代に入ってきつつある。日本はこれには非常に遅れておった。しかし今、追いついてきた。追いつく力は、この美学的なもの、それから組織的な力、日本が伝統的に持っておる力で追いついてきているんだろうと私は思うし、非常に大きな将来性をここに発見する。

日本の発展を見ると、戦後はナベ・カマから出発して、自転車やラジオをつくって、それから自動車をつくって、これが牽引力になった。あるいはテレビをつくって、これが牽引力になった。しかし石油危機のあとには、牽引力になるようなものがない。何かもうかる新しい科学技術の発明が起これば、みんな資本家も投資して、そしてかなりの需要が出てきて、時代を引っ張っていく。石油危機以後出てきたのは、三菱のふとん乾燥機かなと思うぐらいである（笑）。あの程度のものは、とても経済をひき上げる力にはならない。

最近見ているというと、このＬＳＩとか、いわゆる情報産業――ＣＡＴＶとか、データ通信とか、この情報産業が次の日本を牽引していく大きな原動力になるのではないかと思っておる。そこに力を入れようと私は考えておる。だからデータ通信を思い切って民間に開放して、官僚統制を排除させた。

行政管理庁長官のときにも勧告を出し、また法律をつくったときも、それを断行したのであります。それを民間の力にゆだねて、百花繚乱とした商品を出させて、これを次の日本の産業と文明の牽引力にして行こうという野心があるから、それをやっておるわけであります。

これは日本の組織力と美学力との両方の結合で向いてきていると思っておるし、GNPという概念ももはや物の数ではなくなりつつある。一トンの値段を考えてみると、鉄では九万円ぐらいです。自動車だというと、一トン百万円ぐらいです。ところがLSIになるというと、五億か六億ぐらいですから、そんな量の大きな、運賃のかかるものよりも、ちっぽけな小さな、極微のものでもつくって頭脳、知識を集約したものでいったほうが、日本の場合はいい。どうせバルキー（bulky）なものは発展途上国に追いつかれてくるものでありますから、逃げていかなきゃならん。そういう将来の予測も持って、いま私たちは心がけておる。それをやれるというのは、この日本の伝統的な底力がそこにあるからであります。で、アメリカが一番それを警戒しているのではないかと思うんです。これらの点についてアメリカとよく話をしながら、一面において手を握りつつ、一面においては競争していくという形になって、摩擦を避けて両方で共存共栄していくという道をいかにしてつくっていくかということが、私たちの今後の大きな仕事であると思っておるんです。

ともかくそういうことで、キリスト教文明と回教文明に対して、儒教や仏教を持っている我々の力というものが、二十世紀の末に次第次第に頭角をあらわしてきておる。地球儀を見てみると、一番たくましい伸びつつある国はどこであるかといえば、日本、韓国、台湾、香港、シンガポール、このへんですね。経済成長率を見ても、ASEANの国は五、六％の経済成長率を、この不況のときでも持ってきておる。これらの日本とか韓国とか台湾とかシンガポールとか香港という国を見てるというと、一つ共通したことがある。それはなんであるかというと、箸を使う民族だ、コメを食う民族ですね。箸を使うということは、結局、儒教、仏教的なものなのでありましょう。そういう意味において、またアジア的、東洋的精神という意味において、ＡＳＥＡＮの国々も似たところがある。

また、そういうような意味において地球儀を見るというと、ヨーロッパももう疲労してきている。現状を維持するのに汲汲たるものがあるのでしょう。中近東は騒乱がやまないし、アメリカはアメリカ自体が離婚に悩んで、社会秩序がかなり乱れてきておる、これが産業を停滞させておる大きな原因だろうと私は見ておる。だからレーガンは立ち上がって、また世界一のアメリカになろうと訴えて、建て直しをやっている。最近、かなり建て直ってきていると思いますが、それでもまだ離婚率がそう低下しているわけではない。南米はご存じのとおり借金の山であって、世界から救済されなければやっていけないというような情勢の国が多い。

こう見ると、世界で最も社会的にも安定して、そして着々と発展し、前進して、最もダイナミックなエネルギーに富んだ地帯は、東アジアの地帯だと私は思っておる。その力はどこからきているかといえば、今言ったアジア的ななにものかというものに起因するのではないかと思っておる。これらの地帯において、民主主義と伝統的な精神が巧みに調和されていったら、素晴しい発展する地域に更に成長していくであろうと私は考えておる。

日本はその中において、すでに明治維新をやり、民主主義もやり、戦後においては特に民主主義、あるいは市民精神というものが岩盤のように日本社会にすでに固定してきている。成熟化してきている社会に今やなりつつあって、情報産業に向かってまっしぐらに進むという、世界の先端を切っているところまできておる。アジアの国々は日本を見て、自分たちも日本のところまでいこうという、実にけなげなと申しますか、立派な精神で今モーションを開始しておるというのが現状だろうと思うのです。

皆さんはこの日本に生まれて、そして我々の後の世代をやっていただく責任者たちであります。どういう社会に我々が生まれているか、地球の中において我々が今どういう位置にあるか、そういうことを常に考えていただいて、世間に出た場合の一角のリーダー、一隅を照らす人としての責任を十分果たしていただきたいと考えておる次第です。

以上で私の話を終わりにいたします。ご清聴ありがとうございました。（拍手）

●前川理事長　それではこれで記念講演を終わります。先生には和敬塾にもう少しいていただけるようですから、これを塾生諸君との対話の時間にしていただきたいと存じます。棚岡さん、司会をお願いします。

●棚岡常務理事　では簡潔にお願いいたします。手をあげてください。どうぞ。

●質問（吉田君・北寮）　一つは、戦後民主主義における自民党内の派閥の功罪というもの。それからもう一つは、現在政治家というのは二世議員、二代目議員が多いということについて、どう思われるか。最後は総理のプライベートな面になって申しわけないんですけど、今日の朝食のメニューをお教え願いたいと思います。（笑）

●中曽根総理　まずあとから答えますと、私はゆうべ日の出村の農場へ行きまして泊まって、今朝八時四十五分に向こうを出てきて、食べたものはコメと納豆とトマトとタクアンであります（笑）。それから派閥の功罪ですが、これは新聞で見たとおりであって、私がなんら説明する必要はない（笑）。それから二代目の政治家論でありますが、二代目が必ずしも悪いというわけではないし、くだらん二代目はくだらんもんである、いい二代目は立派な二代目である。本人の心がけと能力にかかっている問題であって、二代目が悪いと考えることは越権である。人権無視であると思っております。

はい、次。

●質問（福本君・南寮）　人生について理想と現実の相克についてちょっとご質問したいんです。理想と現実、若者、特に大学生が頂点に達して、それでだんだん年代とともに薄れていくと思いますが、五十、六十、七十になっても、学生と同じように現実と理想で相克している稼業がただ一つ政治家だと思うんですけれども、ある面で現実と理想の相克というのは利他的なものと利己的なものの対立と思います。そこで、その二つを合一させるといいますか、合理的に矛盾なくしてバランスをとった人生を歩んでいく思想的なバックボーンといいますか、よりどころというか、そういうものを中曽根総理にお伺いしたいのですが、いかがなもんでしょうか。

●中曽根総理　ゲーテの『ファウスト』という本の中に、「人間は天よりは美しき星を求め、地よりは最大の快楽を得んとする。これが人間なり」と書いてある。まさに理想と現実の相克の中に生きて、苦しんで死ぬのが人間でしょう。しかしこれを苦しみととるか喜びととるか、その人の心がけだろうと思います。しかし、これは十五ぐらいから二十二、三ぐらいまでの間に、その人間がどういう修業をしたかということによって、これは非常に影響されると思います。

私の場合は、ちょうど昔の旧制高校というものがあって、我々は当時いわゆるドイツ理想主義というものを非常にいいものとして勉強してきた。カントとかフィヒテとかシェリングとかいうドイツ理想主義というものを非常に勉強したものです。特に河合栄治郎さんの影響を私は非常に受けて、河合先生は『トーマス・ヒル・グリーンの思想大系』という大きな本をお書きになって、私はそれを耽読したものであります。河合先生の考えは、大体非常な理想主義をお持ちになっていた。そういう影響を非常に受けて、いわゆるドイツ理想主義的なカント的なものを非常に受けて政治家になっておりますが、いろいろな荒波を受け、時にはドブロクを飲まなきゃならん。特に派閥の長になるということになると、酸いも甘いもかみ分けないと、そういうものをなかなか続ける力はない。いわゆる「清濁併せ呑む」という日本の言葉がありますが、清々濁を併せ呑むというタイプもあれば、濁々清を呑むというタイプもある（笑）。その人によって、いろいろやり方が違う。がしかし、やはり道徳性というものは一番大事なものではないかと思うのであります。しかし政治家の場合は結果論である。「可能性の芸術」といわれておるように、結果論です。いかにうまいことを言って演説しても、現実にそれが出てこなければ駄目だ。演説をしなくても、黙っていてもそれが現実に出てきて、結果として大きなものが残ったら偉大な人になるわけで、結果で証明される、点数つけられるのが政治家でありますから、その結果を生むためには外角スレスレのストライクで言う場合もあるし、あるいはたまにはボールを投げる場合もありますし、いろいろなことが政治技術として起こり得る。がしかし、やはり一番の基本的なものは道徳性ということではないかと、私たちは心掛けていかなければならんと思っておるわけであります。

結論から言いますと、最初に申し上げましたように、十五から二十二ぐらいまでの間にその人がどういう勉強をし、どういう思考を持ったかということが、非常に大きな影響を持ってくるということで、諸君は自分で選択せらるべきであると考える次第です。

●質問（大和君・西寮）　日本という一国の総理大臣となられて、総理がお持ちの政治家としての志というものをどういうふうに日本の国政に反映していこうとお考えですか。それからもう一つは、ASEANなど東南アジア諸国をご訪問になって、そのあと、日本国というものの志はどこにあるべきかということをお考えになりましたか。というのは、日本というのはいつも経済大国ということ以外には、特にこれといった印象はないんですが、そういうものだけじゃなくて、日本というものがこれから世界の中でリーダーになるにしろ、もっと世界を引っ張っていくにしろなんにしろ、志というものが日本の国にとって必要だと思います。そういう点で、総理の政治家としてのお志と、日本国のこれからの志はどうあるべきかということについてお聞かせ願います。

●中曽根総理　最初に申し上げましたように、青雲塾の修学原理にある「修身斉家治国平天下」が政治家としての志であった。それを続けていくということであります。それから私はASEANへまいりまして、いろいろな立派な政治家にお会いいたしましたが、日本の経済力に対しては非常に大きな敬意を持っておられます。しかし私は到るところで「経済的強さと道徳的価値は別のものであります」ということを言ってきた。今でもそのとおりに思っておるのであって、経済的に強大である、世界でGNP二番目の国になったというようなことで有頂天になっていると大間違いであって、世界レベルの中で道徳性が一番高い国はどこであるかと、そういう勝負をしてみるという心がけが一面において政治家になければならんと思っています。

だからといって、また教育勅語みたいなことで皆さんにそれを強制しようとは思わない。それは学問とか、教育とか、そのほかのことで熟成されてくるものでありますが、しかし経済的強さに眩惑されてはいかんということを、自分たちの戒めとしていきたいと思っておる次第であります。

●質問（大西君・西寮）　先生はいつ拝見してもかくしゃくとしておられますが、これに気をつけていらっしゃるという健康法をお聞かせいただきたいと思います（笑）。

●中曽根総理　私がアジアを周ったときに外人記者団から「非常に若く見えるが、どういうわけか」と聞かれましたから、「それは、私は最も妻を愛し、妻は最も私を愛しているからでありましょう」と、そう答えました（笑）。（拍手）

●謝辞　前川理事長

それでは総理にたいへん長い時間お話しいただきまして、和敬塾として心から感謝いたしております。ますますお元気でご活躍されるように拍手をもってお送りしたいと思います。ありがとうございました。（拍手）

なお、一つ報告しておきますが、中曽根総理から掛軸を一つ和敬塾にご寄付いただきました。今のお話の「修身斉家治国平天下」の孔子さんの子孫、今生きている人が中曽根総理の総理就任を祝って書いてくれたものを、和敬塾にご寄付いただいて、あの壁の裏にかけてありますので、帰りに見ていってください。

平成二年十二月九日　和敬塾予餞会記念講演

前早稲田大学総長　西原 春夫

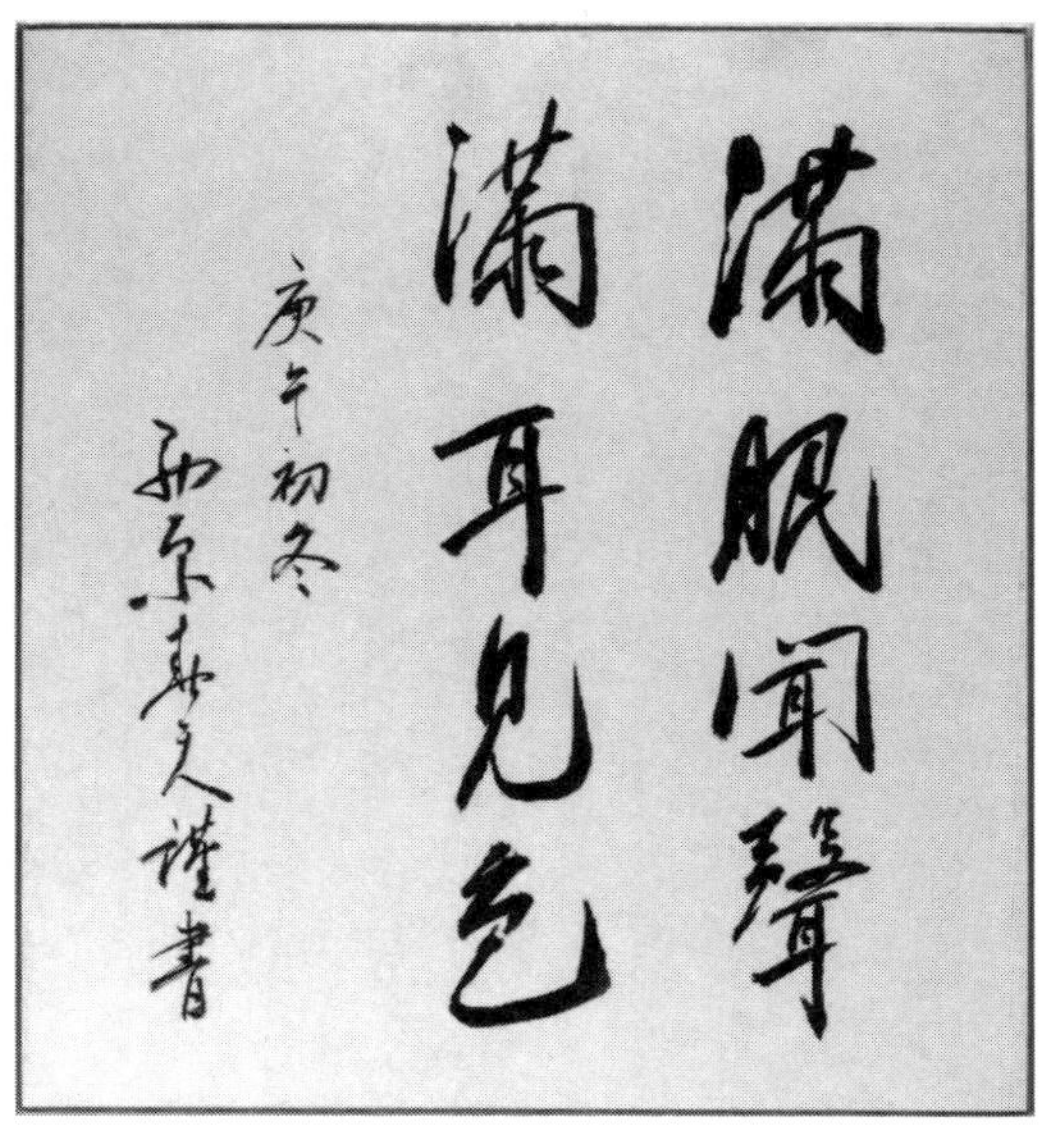

■ 西原 春夫（にしはら はるお） 略歴

1928年（昭和3年）～2023年（令和5年）
東京生まれ。1951年早稲田大学第一法学部卒業。1956年同大大学院法学研究科博士課程修了。1962年～64年、1979年ドイツ・フライブルグ市のマックス・プランク外国・国際刑法研究所に留学。1972年～76年早稲田大学法学部長。1982年～90年早稲田大学総長。1988年～92年日本私立大学団体連合会会長、全私学連合代表。1988年～93年文部省大学設置・学校法人審議会委員・副会長、91年～会長。1988年～95年全国大学体育連合会長。1991年社団法人青少年育成国民会議副会長、93年～会長（現在に至る）。1995年～98年早稲田大学ヨーロッパセンター（ボン）館長。1998年～2005年学校法人国士舘理事長。2005年～特定非営利活動法人アジア平和貢献センター設立準備室代表。

著書「刑法総論」「刑法の根底にあるもの」「21世紀のアジアと日本」「人を生かし、国を活かす　いま国士舘の目ざすもの」ほか、多数。

リーダーシップの条件

「卒業生のみなさん、御卒業おめでとうございました」というにはまだ一つの留保が付いておりまして、卒業試験に合格しなければ、その御祝いの言葉を受ける資格を持っていないわけでございます。しかしとにかく四年間の学業をほぼ終えられ、来年の早々には社会に巣立たれるわけでございます。誠におめでとうと申しあげます。

和敬塾は、塾創立者の前川喜作先輩が、私ども早稲田大学の卒業生であられたということである。また、早稲田大学ともっとも近い所にあるということ、さらにはこの和敬塾に早稲田大学の学生が大変たくさんお世話になっているというようなことから、日頃この和敬塾の活動については、ずっと注目をいたしておりました。その活動の意義を大変高く評価し、したがいましてこの塾の運営にあたっておられます前川塾長、理事長をはじめとする幹部のみなさまと、その御努力に対して心から敬意を表するとともに、早稲田の学生を引き受けて下さっていることに感謝を申しあげるものでございます。本日は、この予餞会に記念講演ということでお招きをいただきましたことを大変光栄に存じている次第でございます。

リーダーの生き方

先程、前川昭一塾長から、そしてただいまは前川正雄理事長から、いわば世界の成り行き、歴史の動きというようなことについてお話がございまして、どうかみなさんも、そういった世界の動きというものを視野の中に入れながら、確かにそれが自分の仕事に直接関係するということはないにしても、そういった動きというものを視野の中に入れながらそれぞれの道で仕事に励んでいただきたいと思いますが、私はどちらかといいますと、みなさんの個人としての生き方について少しお話を申しあげたいと思います。

といいますのは、みなさんはいずれそれぞれの分野でリーダーになられる方であります。もうあと五、六年経つと一つの組織を任せられる。課長、部長、取締役、また大きな会社の社長。必ずこの中から大きな会社の社長が出ます。内閣総理大臣も出るかもしれない。というとみなさん、「まあ、そりゃちょっと」というふうに思うかもしれませんけれども、私は今の海部総理の学生時代を知っております。まあ、みなさんみたいな顔をしてうろちょろそこらを走り回っていただけの男だったんですね。それが今やこの難しい時代に日本を率いていく。いろいろとご批判もありますけれども、そういうポストにあるわけで、みなさんの顔を拝見いたしますと、当時の海部総理よりもっと素晴らしい顔をした人達もたくさんいらっしゃる。この中から総理大臣が出て日本を率いていく、そういう人が出る可能性は十分ある、こういうふうに考えられるわけです。したがって一つにはこれからみなさんはリーダーになっていかなければいけない。

ところがリーダーとしての生き方、これはみなさんも、例えばこれまでも寮の中で委員長というようなものをやったり、あるいはサークルの中で幹事長などをやって、組織を引っ張ってきた経験をお持ちの方もいらっしゃるかとも思います。けれども、学生時代の経験というものは、確かに将来役立つところが多いけれども、学生時代というものは失敗しても許される社会なんですね。ところがこれから大学を出て社会の中に出ていくと、その失敗は許されない。そういう中でリーダーをやっていかなければいけないわけですね。したがってそこにはリーダーとしての技術がいるんですよ。リーダーとしての生き方があるんですね。いわばリーダー学というようなものが必要なんです。

したがってそのことについて少しお話をしたいということと共に、もう一つは今もいいましたように、学生時代というものはやはり世の中から保護された社会の中に生きている。まあ学生だから失敗するのはむしろいいんだということで、失敗しても許される。なにをやっても許される。そういう社会である。ところがこれからはそうはいかない。つまり世の中の荒波の中で激烈な競争社会の中で生きていかなくてはいけない。競争、闘争、戦争なんですね。そういう側面がある。そういう戦いの中で生きていく心構えというものがそこには必要である。その二つについて少しお話ししてみたい。

本当は、そういうことは人の前でお話しすべきような事柄ではないんですね。と申しますのは、例えば私は確かに八年間、早稲田大学という、まあ小なりとはいえ学生生徒が五万、そして先生、教職員が二千三百、卒業生に至っては生存校友だけで三十七万という大きな大きな所帯であるわけだし、またその早稲田というものの在り方というものが日本の私学、あるいは日本の大学というようなものに大変大きな影響を与える。そういう大学を引っ張ってきた経験がある。ですから、そういう経験談をお話しする資格も多少あるかもしれないと思うんです。しかし本当はそういうことは人の前で話すようなことじゃあないんですね。大早稲田といってもたかが小社会に過ぎないじゃないか。

例えば今の海部さんの、辛い辛い心境ですね。中近東でことが起こった。世界からは、なんで日本はお金しか出さんのか。なんで人を出さんのか。他の人達は若者､命を投げ出しておるじゃあないか。なんで日本は命を投げ出さんのかという圧力が諸外国から加わっている。ところが国内では憲法がある。平和主義を高らかと唱えた憲法がある。どんなことがあっても歯を食いしばってでも日本は海外派兵をしてはならんという意見が強い。その間をとって、いったいどうすべきか。海部さんの悩み、いかに大きかっただろうか。こう思います。

ましてや先程も名前が出ましたけれどもゴルバチョフ。ゴルバチョフの決断というのは単にソ連という一国の将来を決定するばかりではなくて、もう世界の歴史に大変大きな影響を及ぼす決断を、最終的にはたった一人でやらなければいけない。そういう厳しい立場にあるのがゴルバチョフだ。そういう人達の悩みの深さ、苦しみの深さに比べれば、まあたかが早稲田の総長の苦しみっていうのはたいしたことがありませんから、普通ならば自分の経験を鼻高々とお話しするようなものではない。それは本当は恥ずかしいことであるので、しないのが普通でありますけれども、しかし今ちょうど八年という総長の任期が終わったところでもあるし、またこれから日本をいろいろな分野で引っ張っていく和敬塾の卒業予定者に対してお話しする機会が与えられましたので、その点について最近私が考えているところを申しあげてご参考に供したいと思っています。

人間性が組織を決定する

もう今の世の中ですから、組織というのは、かなり民主的に出来上っている。その組織をどうすべきかについては、いろいろな会議体で議論して、その方向を決定する。けれども、大変不思議なことに、どんなに民主的な組織であってもそのリーダー、長の在り方、生き方というものが、あるいはその長の人柄、人間というものが、その組織に影響するところが非常に大きいわけですね。これは国というふうな大きな組織の場合でもそうであるし、会社というふうな組織の場合もそうであるし、それぞれの組織の長というものが、その組織の在り方を決定する。

そういうふうに考えますと、私がこの八年間に努力をしてきたことは、いろいろあるんですけども、その中の一つに、長というのはいつでも生き生きと、目を爛々と輝かせて、元気で、そしてはつらつとしていかなくてはいけないということなんです。不思議なことに、長がそのようにあると、つまりはつらつとしていると、いつの間にか組織もまたはつらつとしてくるという側面があるわけですね。

例えば、ここにいる早稲田の学生諸君は、早稲田の在り方をどこかで決定しているわけですが、私の話は入学式くらいしか聞いていないわけなんですね。したがって私の人間とか在り方というものが、個々の学生諸君には影響していない。していないんだけれども、不思議なことに早稲田全体がこういうふうに元気になってくる。こういうふうなところがあるんだろうと思うんですね。長というのはいつでも生き生きと、元気で、はつらつとしていなければいけないということを私は努力してきたんですね。

それはどういうことかといいますと、うまくいっているところでも、組織というものは必ず問題が起きてくるんですよ。不祥事だって起こってくるんですね。それで、困難にぶつかるんです。その組織が困難にぶつかった時に、リーダーが考え込んだり、弱ったなという顔をしていると一体どういうことになるか考えてごらんなさい。部下の人達、つまりその組織の構成員が、いったい俺の属している組織はどうなるんだろうかといって不安を覚えます。心配になってくるわけです。長が考え込んだり、悩ましい顔をしたり、ううん、弱ったというような顔をしていると、その組織の構成員は不安になってくるんですね。自分の生活がかかってるんですから。

おもしろいもので、みんながそういう不安を持つようになると、みなさんの中にも経験したことがあると思うんですけど、普段あんまりものを言わないような人が、突如としてキャアキャアものを言うようになってくるんです。それを取り鎮めるだけでも大変な努力を要するし、それが周りの人に伝播して、もう組織全体がゴシャゴシャになって、統制がとれなくなってくる。こういうことを私はよく経験するんですね。

したがってその組織が困難にぶつかった時ほど、つまりなにか問題が起きた時ほど、リーダーは平気な顔をしなきゃあいけない。蚊がちょっと刺したというふうな平気な顔をして、もうニコニコしなきゃあいかんですね。もう芝居でもいいからニコニコしていなければいかんと思います。ニヤニヤはだめですよ、とうとう、あいつも頭に来たか、ということになりますから。いかにも、もう平気だということを人に思わせるように、悠々と、堂々と、ニコニコと、はつらつとしていれば、その組織の人達は、あんまり困難はたいしたことないんだろう、なんとかしのいで、克服していけるんだろう、あの長にまかしておけば大丈夫だ、こういう気持ちになっていれば、その組織が一丸となって困難にぶつかれば克服できるわけです。

ところが先程もいいましたように、その組織の構成員が、ああ俺の組織はどうなるんだろうかなんてことでは、組織が一丸となって困難にぶつかれない。それでは困難が克服できないということになるわけで、したがってその組織の長がどういう時にも、とりわけ困難にぶつかった時ほど、はつらつと、元気で、ニコニコと、堂々と、悠々としていなければならんということがお分かりになるだろうと思うんです。

まだみなさんは、早急に大会社の社長になる方もあるいはあるかもしれませんけど、そう多くはない。したがってそういう心構えをしなければならない時期というのは、もっと先であると思いますけど、どうかこのことをよく覚えておいていただきたい。来るべきリーダーとなった時によく覚えておいていただきたい。

しかしそうはいうものの、特に困難にぶつかった時に、悠々と、堂々と、ニコニコしているということは容易なことじゃあないんですよ。やはりそのためには周りからの支援とか、あるいは自分自身のお呪（まじな）いみたいなものがやっぱりいるもんなんですね。ところが長というものは、リーダーというものは、弱音を吐いちゃあいけないんですね。周りの人にでも弱音は吐いちゃあいかんのですよ。弱音を吐くということは、同時に組織が不安になっていく、構成員が不安になっていく原因になりますから。組織の長の孤独というのは、本当にこのことをいうわけですね。だけれども、やはり人間というものは弱いですね。どこで弱音を吐くかというと、結局それは家庭なんですね。

信ずるところに従う

私も実はこの総長八年の時代よりももっと以前、ちょうどまだみなさんが生まれる前ですけども、昭和四十年代、これは話には聞いたことがあると思いますけれども、大学紛争のもっともさかんな頃に、私は早稲田の法学部の学生担当というのをさせられたんですね。学部長の補佐役で学生担当というのをさせられた。ちょうど大学紛争の一番さかんな時です。早稲田というのはもともと学生運動のさかんな大学ですから、その早稲田を制するものは天下を制するというようなことで、世の中に存在するありとあらゆる過激派が早稲田の中に集まってきて、校舎を占拠して、朝から晩まで構内をデモが渦巻いていた、そういうような時期なんです。もう本当に、日本がまだ経験したことのない初めての経験で、いったいどうなるか予測もつかない。そういう中で学生の対応をしなければならないポストにあった。

まあ頑張ったわけですけども、やはり時々弱音を吐くことがあるんですね。その時私は学校では弱音は吐けない。親父にそのことを話したんです。「もうなんでこんな苦労をしなきゃならんのか」と、苦労話をちょっと漏らしたんです。その時に親父がこういったんです。「手前の利益を図っているんでないんであれば、なにも恐れるものはないいんじゃないか。正否は問わん。信ずるところに従ってやればいいんだ」といったんですね。

それは考えてみれば当たり前みたいなことであるけれども、そういう学生運動の真っ直中で、本当に極限状況の中で苦しんでいた私にとっては、それは大変大きな励ましであったわけです。実はその言葉、「手前の利益を図っているんでないんであれば、なにも恐れるものはないいんじゃないか。信ずるところに従ってやればいいんだ」という親父の言葉というのは今でも、今でも苦しいことにぶつかった時に、私の頭の中に浮かび上がってきて、そして勇気を奮って、ことにあたってきたんです。

もっと苦労している人がいる

それから女房に弱音を吐いたことがあったんですね。というのは学校から苦労して家へ帰る途中、夜、電車に乗ってますと、みんなが三々五々グループを組んで楽しそうに話しているでしょう。それで自分だけ明日はいったいどうしようか、団交がある、いったいこれをどうやって乗越えようか、というんで一人吊革にぶら下がって悩んでるわけです。夜ですからアルコールが入ってみんな楽しそうに笑ってるんです。それで家に帰ってそのことを話して、「どうしておれだけこんなに苦労しなきゃいかんのか」といいましたら、私の女房というのは普段はまあ私をからかったり、やっつけたり、全然駄目なんですよ。頭が上がらんです。ところが、不思議なことに本当に私がそうやって苦しんで苦しんでいるというのが分かるんでしょう。それでそういう話をした時に女房はこういうことをいったんです。「そうじゃないわよ。電車の中にはね、あんたよりもっと大変な立場に置かれた人が必ずいるに違いない。明日は会社が傾いて従業員三百人の首切りを通達をしなければいけない人事課長がそこにはいるかもしれない。いや必ずいるだろう。明日手形が落ちなかったらこれはもう会社が倒産、従業員もろとも路頭に迷う、いったいどうなるか。そういうその中小企業の経営者もいるかもしれない。必ずいるんだ。笑っている人さえその苦しさをその笑いで紛らわしている人が多いに違いない。だからあんただけが苦しんでいるんじゃないわよ」。こういうふうにいうんですよ。いや、私は女房を見直しまして、おお、さすがはわしの女房じゃ、と思ったくらい見直した。その言葉というのは、考えてみれば当たり前のことであるかもしれませんけど、こういうのがいかに励みになるか、勇気を与えるかということなんです。ですから、やはりリーダーは自分の組織の中では弱音は吐けない。けれども弱音が時に家族に出てくることがあるだろう。そういう時はみなさんは今度は家族として苦しんでいる人に励ましになるような言葉をビシッといっていただきたいと思います。

気位——無の状態で生きぬく

ところで先程申したように世の中というのは、これは戦いなんです。それも相手方をやっつけるとか、叩き潰すとかそういうふうなものとして考えてほしくないんですけど、常にこれは競争なんです。生きるということ自体が戦いなんです。やはりそこには戦いの心得というようなものがあるわけです。

私が最近つくづく思うことは、この中にも剣道の達人もいらっしゃるかもしれませんですけども、剣道の用語の中に「気位」という言葉があるんですね。「気位が高い」というと普通の日用用語ではあんまりいい意味に使っていませんね。「あいつは気位が高い」というと悪い意味に使っていますけれども、剣道の場合の気位が高いというのは、いい意味に使ってるんです。つまり相手方の気力、気迫より、こっちの気力、気迫が勝ってなければ勝てないと。少なくとも技量が同じであれば、相手方の気力、気迫よりも、こっちの気力、気迫、気というものが勝っていなければ勝てない。まさに剣道の極意が、気位が高くなければ勝てないという言葉に表されているわけです。そのことが日常生活の戦いにもやっぱり必要なんですね。

お相撲をテレビで見てますと「仕切り直し」というのがある。で、その仕切り直しを何度も何度もやってる間に、力士は、相手方の気力に上回る気力というものを、体の中に段々段々と充実させて、その充実しきったところで「待ったなし」ということでワァッとぶつかり合う。おそらくその気力の充実というのは土俵の上に上がってからではなしに、その日の朝、稽古場にやってきて段々段々と気力を充実させていくということになってくると思うんですね。そういうことが必要であるということなんです。気力が勝ってなければ勝てない。こういうことなんです。

気位が高い、気力の充実ということですね、いかにも体中に力がみなぎったような状態を想像すると思うんですけど、実はそうでないんです。その気力、気迫の充実した、最も充実した状態というのは、肩の力が抜けているんです。どこからでも来いという状況なんですね。これは剣道でもいうように、相手が面を打ってきたらどう抜いてやろうとか、今度は篭手（こて）を打ってやろうというような思いが出てきたら、もう勝てないんです。そうじゃないんです。相手がどこから来ても、即座にそれに対応するようなものでなければいかん。つまりすべてのものがはいっている状態っていうのは、無の状態というふうによくいいますね。したがってこの気力の充実した状態というのは、もう肩の力の抜けたそういう状態をいうんです。それはそのいかにもスポーツ的な表現でありますけれども、そういうことなんですね。

学生ストでの一件

例えばみなさんのなかにも、人事の担当、労務の担当、組合との団交の担当者になる人達が何人か出ますよ。やっぱりそういうことで人間を鍛え鍛えていかなくちゃいけないんですね。そういう辛い立場に置かれたということは大変有難いことだというふうに受け止めてほしいというふうに思うわけです。例えばそういう団交の席上に臨むというような時には、心を落ち着けて、鏡の前で頭を梳って、さっきいったように苦痛というようなものではなしに、悠々と、悠然とどこからでも来いというふうにいくということではなければいかんですね。

早稲田の場合にも、例えば学費値上げを大学が決定しますと、四年に一遍ずつストライキになるんですよ。全学ストライキになると全学総長団交というのが出てくるわけです。そうすると、やはり私はね、学生諸君が学費値上げを反対する気持ちとか理由とか、よくわかるんです。学生には経営権がありませんから。学費は高くあってほしくないというのは非常によくわかる。だけどこっちは、学費を値上げしなきゃいかん。周りにはたくさんの教職員を抱えている。早稲田の研究・教育をよくしなければいけない。物価もどんどん上がる。そういうようなことがありますからどうしても学費は上げなければならん。そうであるからには、やっぱりリーダーが、最高責任者が、直接出ていって、どうして学費値上げをしなければいかんのかというのをぶつけ合う。学生諸君は最高責任者に対して、どうして学費を値上げするのかというのをぶつけ合う。そこでとことん議論するというようなことが、どうしても必要なんだと私は思います。

したがって、ストライキが成立したと、全学総長団交と、行きましょうと。それで千四百人入る大隈講堂に、千四百人入って満員です。それで、のぼりやなんかが垂れ幕が下がって、前の方にはその先輩方がいるんです。OBのプロ級のようなのがいるんです。五年前はそこで八時間半やったんです。去年は九時間半やったんですね。先程いった昭和四十年代の大学紛争の一番ひどい時に、最前線で苦労した、努力をしたことがありますから、まあ随分強くなっていますけれども、その強くなった私でも、八時間半、九時間半、白紙撤回を求める学生に対して、なぜ学費を値上げしなければならんか説く。これはね、大変辛いですよ。ところが、辛いと思ったままやっちゃあだめなんです。辛いと思ったまま団交に臨んだら、これはもう、押されちゃうわけです。千四百人いるわけですから。千四百人の若いエネルギーがありますと、これはもう押されちゃう。やっぱりね、それじゃだめなんです。怖いというふうに思っちゃあいけない。したがって三、四日位前から自分の中に気力とか気迫というものを段々段々充実させていくんですよ。そうするとおもしろいですね。どんな感じになるかというと体中の細胞が、ずうっと開いていくという感じなんです。みなさん、夏、暑い時に熱いお風呂に入ると非常に気持ちがいい。あれと同じような状況になってくるんです。体中のこの細胞が開いて、よーし、どっからでもこい、というふうな感じになってまいりますと、なんか体中心地良いんです。

団交が好きだなんて思っちゃいませんよ。そういう心境じゃないんですけども、心の中でいやだいやだというのが、段々段々体の隅の方にいって、もうどっからでもこい、おもしれぇや、こういう感じになってきて、そして団交の前には二度ほどトイレに立って、ちゃんと髪を梳って、悠々と、堂々と出て行くんです。そしてやり合うわけですよ。さすがに大変ですよ。それでいろんな団体の代表である十人ほどの議長団が、入れ替り立ち替り、私を責め立てるわけです。

三時間位経った時に、議長団の一人が、マイクの前に立ってワァーとやり出したんです。学費を値上げする必要はないんだというふうにやり出した。背の小さいやつなんです。ところが、彼がしゃべってる中に事実誤認があるんですよ。事実とちょっと違うんです。それを最初から訂正してはいかんので、しばらくしゃべらせるままやって、大体いいたいことはいい終わったなあという頃、ちょっと待て、私がいいたいことがある、とマイクをとったんです。その時にそいつが隣に立っているんです。

背が低いから、つい肩に手がいっちゃったんです、こうやって。前に千四百人の学生がいるんですから、肩に手がいっちゃったんです。そしたらそいつはなんていったかっていうと、小さい声で「肩に手なんかやんないでくださいよ」。考えてみると、なるほど千四百人の議長団が、総長から肩に手やられたらかっこつきません。うん、なるほど、それもそうだなあというんで、しかしなかなか可愛いやつなもんで腰に手をやったんです。前から見えない腰に手をやったんです。

「今この彼はこういうことをいったけれどもそうじゃない。こうである」とやったんです。彼はとうとう私の手を振り払わないんです。ここに立ったままなんです。どこかやっぱりどっか心の通い合うものを感じたんでしょうね。彼は、その後についに一言もしゃべらなかった。議長団の中にいたけれども一言もしゃべらなかった。

つまりこれが一種の気位なんです。議長団だって論客ですから、これは兵の顔をしていますよ。ですからそういうのを見て、私が、うーん、怖いっていうようなことをいったら、勝てないんです。だから勝つ、負けるっていうのは相手を叩き潰すとかそういうことではないんです。その戦い、正々堂々と自分の立場がいえるかどうか、自分の立場が貫けるか。貫けなければ負けなんですよ。貫ければ勝ちなんです。それは相手を叩き潰すとかそういうものではない。その気位、これがやはり一種の心の余裕なんです。そういうものなんだということを覚えておいていただきたい。これはもう四月、社会に入ったら早々にその戦争が始まるわけですから、そういうものだということを覚えておいていただきたい。

共通分母を作る

それから最後にあと二つほど。

自分の仕事に関係があるAという男とBという男があって、それがどうしても折り合わない、あるいは、なにも取り込めない。しかし、なんとか折り合えないと、仕事がうまくいかんということがよくあるんですね。で、比喩的にいいますと、2という数字と3という数字。これは絶対に折り合わないんですよ。2という数字と3という数字がぶつかり合ったら絶対ぶつかり合ったままなんです。これをなんとか折り合わせるために、私が編み出した方法があるんです。それは2と3がぶつかり合った時には、6という数字を持ち出すんです。つまり底辺を作るんですね。共通分母を作るんです。共通分母を作ると2と3とはスーと仲好くなるということなんです。

例えば、慶応と早稲田は、折り合わないんです。早慶戦なんてなると激烈な戦いをやるんですね。これを融和させる方法なんていうのはわけないんですよ。「私学」というものを持ち出せばいいんですよ。例えば国立大学と違った私学というものを持ち出すと、早稲田と慶応はおおっと手を握るわけですよ。ところが今、国立大学と私立大学と対立している時代じゃないと。大学全体が団結して、大蔵省に文句をいわなきゃならんという時には、これはもう「日本の大学」と底辺を広げれば有馬総長(東大)と私が手を握って、一緒に海部さんのところに行くとこうなってくるわけですね。共通分母を作るということ。そして共通分母を広げるということ。底辺を広げる。これが一つの秘訣なんですよ。

一つ例を出しますとね、私の本を出版している出版社がある。本の小売りもやっている。その社長さんは、私の助手時代からの友達です。その社長がやってきて、「いやあ、先生、困りました。最近は漫画だとか、ビデオだとか、テープだとかそういうものが発達したので本が売れなくなった」。そういう話なんです。ここでは、いわゆる今までの本というものと、ビデオだとかそういう情報通信機器、新しく出てきた、漫画だとかそういうものが対立物になっている。ビデオとか漫画とかは、どんどん栄えているわけですから、このままじゃ、本は先細りなわけです。その悩みを社長さんは私に訴えた。

私はなんと答えたかというと、「あなた、いったいなにを志して出版を、本の小売りを始めたのですか。あなたは私にいったじゃないか。終戦直後、国敗れて山河あり。これから日本を救うのは教育だ、文化だ、学術だと。俺は頭悪いから学問を教えることは出来ない。良い本を作ってたくさんの人に読ませることによって日本を、日本の文化を高めよう。そう言ったじゃないか」。彼は、「言いましたよ。だから本を始めたんです。当時は学問、文化の伝達手段じゃないのかと思ったのだから」。そんならそれを利用すればいいじゃないかと。つまり出版社はかつては狭い意味の本を出版するのが出版社だった。だけれどもそれは文化の伝達手段が本しかなかったからそうだったんだ。それに囚われてたら先細りになるのはしょうがないんです。そうじゃなくてビデオだろうと、テープだろうと、漫画だろうとかまわない。教科書だって漫画的教科書があったっていいじゃないか。イラストをうんと利用する教科書を出せばいいじゃないか。ビデオだってそれとくっついた本があったっていいじゃないか。それをやればまだ本屋は、出版社は栄えるよ、という話をしたんです。つまりこれは私の先程いった手法ですね。本と、例えばビデオという全く相容れないものを、学術、文化の伝達手段という共通分母を立てることによって同じ傘の下に入れる。

こういうことによって両方が生きてくる。これが一つの方法なんです。これを是非覚えておいてくださいね。2と3を融和させるには6を持ち出せばいい。慶応と早稲田の学生諸君なら一生これは忘れないでしょう。早慶の話をすればこれはわかるんですから。

右へ行くか左へ行くか

もう一つ最後に。

道が二つに分かれていたとします。右に行くべきか、左に行くべきか悩む。これまでもみなさんそうだったろうと思うんですけど、これからますますそうなる。これまでの悩みは単に個人の将来に係わることだったんですね。どこの大学に行くか。個人の将来に係わることなんです。これからは、右の道に行くか、左の道に行くか、その決断は自分の属する組織の将来に係わる。そういう決断をたった一人でしなければいけない立場になってくるわけですね。おそらくみなさんは比較考量するんです。右の道に行けばこういう短所と長所がある。左の道に行けばこういう短所と長所がある。その長所と短所を比べ合わせて、じゃあこれで右の道に行きましょう。それでいいんです。ところが、頭でいくら考えても五分五分の時があるんですよ。右に行くことと、左に行くことが五分五分なんです。それから先は、わかんないんです。なぜならば世界の成り行きがどうなるかわかんないからです。ところがどっちかをとらなきゃいけないって時に、みなさんはどうするんですか。頭で理論的に考えても五分五分だ。しかしどっちかを取らなければいけないという時が、必ずあるんです。これも私はこれまでの小なりとはいえ早稲田の中でリーダーとしてやってきた一つの知恵がそこに浮かんできた。

実は私の死んだ師匠から教わったんです。師匠が生きている時に教わったんじゃない。その師匠が死んでから教わった、私なりの手法があるんです。それはどういうことかというと、十数年前に法学部の学部長をしていた時代、法学部の将来に係わることで、いくら考えても五分五分という時があった。もうどうしようもない。けれども議論に議論を重ねた結果、あとは学部長の決断ということになっちゃった。本当に辛いですね。それでどうしたかというと、私は、学部から大学院にかけての指導教授に、非常にたくさんのことを教わった。ただ学問だけじゃなくて人間としての生き方、いろいろなことを教わった方です。元は西武線の東伏見に住んでいらっしゃって、自宅に何度も何度も行っていろいろと御指導を受けた。その方が亡くなって、小平の霊園に眠っておられる。私は、もうついにどうしようもなくなって、小平の先生のお墓に参って、そのお墓の前で決断をしようということで出かけて行ったんです。それで型通りお線香を立てて、拝んで、そしてそのお墓の縁石のところに座って、ちょうど生前、東伏見のお宅で、先生とお話をしているのと同じように話をし始めたんです。「先生、困りました」「おお、どういうことだ」「こうこう、こういうことです」「うん、それはなかなか大変だな。で、君はいったいどう思うんだ」「右に行けばこう。左に行けばこう。どっちに行ってもね、五分五分なんで困ってるんです」「うん、そうだなあ。それは大変だな」といって、本当に生きている時と同じような言葉が返ってくるんです。自問自答なんだけど返ってくるんですよ。その時におもしろいんですね。「その、ところで君」、先生はよくそういわれた。「ところで君。君の気持ちはどっちなんだ」とおっしゃった。そこで「気持ちでは右の方です」、そういうふうに答えた。そしたら先生の答えが返ってくるんですよ。「そうだ、それでいいんだ」っておっしゃるんですよ。「そうだ、それでいいんだ」。自分で言ってるんですけどね、本当にそういう言葉が出てくるんです。「よろしいでしょうか」「間違よ。それで行こうという決断がついたんです。

いない。それでやればうまくいく」とおっしゃるんですよ。もうそこで決断がついちゃったわけです

つまりお墓に参るまでは五分五分なんです。もし私が五分五分、こっちでもうまくいくかもしれないけども、こっちでもうまくいかないかもしれない状態でことに臨んだら、私はきっと失敗したと思います。ところが、お墓を出るときには右の道だけが残ってるんです。左の道は消えちゃったんですよ。これで行く、というふうにね、確信を持って。そしたら本当に不思議なくらい、案ずるより産むが易しという言葉が当てはまるくらい、もうことごとく問題なくいっちゃって、十数年たった今から考えてもあの道を取ってよかった、という結論が出たんです。ここが大事なんですよ。迷いを持ってことにあたったら物事は失敗するんです。成らないんです。迷いをふっきらなきゃいけないんです。どっちかにしなければいけないんです。

その場合に、その先生はこういうことを私に教えたんです。この話は、一つは、理論的に考えてどうしようもない時には気持ちに従え。こういうことを教えてくれたんですね。最初から気持ちだけでいっちゃだめですよ。やっぱり、こうすればこうなる。ああすればああなる。プラス・マイナスをよく比較検討するという理論的な過程はとったうえで、どうしてもギリギリ、五分五分の場合には気持ちに従え。これでいいんだ、というのが一つですね。

もう一つは人間というのは弱い存在なんです。不完全な存在なんです。人間というものは絶対的な真理というものがわからない存在なんですね。ところが他方において確信を持って物事をやらねばうまくいかないということがあるわけです。そこで出てくるのが、やっぱり超自然的な存在なんですね。

私の場合には先生というのが絶対的な存在ですから、先生の力を借りたわけなんです。私はみなさんのような年齢の時には、大人っていうのはだらしねえや、なんで神様、仏様みたいなものを頼るのだろうか、なんで自分で自分の道を開拓できないんだろうか、そういうふうに思ったんです。無宗教な人間なんです。今でもそうなんですけど、やはりこういう組織の中で悩みに悩んで、リーダーというのは決断をする。その組織の将来に係わる決断をたった一人でする、そういう厳しい存在である。そういう経験を積み重ねている間にです、絶対的なものがやっぱり要ることになっちゃったんです。当面は先生の存在だと。亡くなった先生っていうのがそれであったわけですけども、それから忙しくなると小平の霊園まで行く時間がありませんから、私の総長室の机の後ろには、仏像が飾ってある。これは備前焼の仏像なんです。八十三才の陶工が天皇様から勲章をいただいたというので、精進潔斉をして仏像を焼いた。気にくわないのはみんな壊して二体だけが残った。その二体のうちの一体。その年にその陶工は死んじゃったんです。つまり自分の全生涯をかけたようなすばらしい仏像が見つかったんですね。これは、備前焼のいい品物を売っている先輩が見せてくれたんです。その先輩にお願いして、「これは私だけのことじゃあない。早稲田の守り神なんだから安く譲ってください」と先輩にサービスしていただいて買ってきて、それを総長室の後ろに飾ってある。一々拝みなんかしないんですよ。そうではなくて、やはり早稲田の運命に係わる重大な決断の場合には、その仏像の前で決断するんです。「私はこれでまいります。よろしいですね」。仏像は答えないんです。答えないけれども、「もうこれでまいります」といって、そこで決断したら真っしぐら。確信してこれでやるんだ、ということでやらなければ、物事はならないんです。そのためには一種の技術がいるんです。まだみなさんの場合には若いから、そういう神様、仏様に頼りたくないという気持ちがあるのはもっともですけど、どこかでそういう絶対的なもの力を借りてでも、つまり自分の力だけではなくて、自分の決断は同時に神様の決断であると思えば、思わなければ、人間というものは弱いものですから、自分の考えが正しいかどうかわかんないそういう存在であります。そういう時期が来るかもしれません。そういうことを記憶していただきたい。そのように希望をいたします。

まあいろいろなことを申しあげましたけれども、要するにみなさんが、それぞれの道で、それぞれの持てる能力、親からいただいた持てる能力を全部発揮して、それぞれの道で、人のため、世のためにお尽くし下さることを心から念願をいたしまして、いささか時間を超過いたしましたけど、私の話を終わらせていただきます。ありがとうございました。（拍手）

平成十年四月十二日　和敬塾入塾式記念講演

解剖学者　北里大学教授

養老　孟司

■ 養老 孟司(ようろう たけし)略歴

1937年(昭和12年)、神奈川県鎌倉市生まれ。東京大学医学部卒。解剖学者、医学博士。1981年以降、東京大学医学部教授、同大学総合資料館長、東京大学出版会理事長を兼任、1995年退官。大正大学客員教授を経て、1998年東京大学名誉教授就任。1989年に「からだの見方」でサントリー学芸賞を、2003年に「バカの壁」で毎日出版文化賞を受賞。

著書「ヒトの見方」「解剖学教室へようこそ」「人間科学」「形を読む」「唯脳論」ほか多数。

脳と現代社会

おはようございます。控室で待っておりましたら、みなさんの大変元気のいい声が聞こえてきました。今度は壇上に私のような元気のない者が出てきて申し訳ありません。

私は去年で還暦になりました。巨人の長嶋監督が還暦になった時に「初めての還暦です」と言ったので「あの人は二回、還暦をやるつもりかなぁ」と思いました。二回目の還暦を迎えるとすれば百二十歳になっているはずですから、長嶋さんはそこまで生きるつもりなのでしょう（笑）。

今回『脳と現代社会』という題をつけたのは、これからの時代に、ものを考えるうえでどのようにしていけばよいだろうか、ということをお話しするためです。

私は昨年（平成九年）十二月に大学院ができた北里大学で、『医療人間科学』という科目を作って講義しようとしています。お医者さんに「医学とは何か」というアンケートをとりますと、九割の方が「医学は自然科学だ」と答えるわけです。しかし患者さんは自然科学者に診てもらおうと思って病院に行っているわけではないでしょう。それでは「医学の基礎になる学問は一体何だろうか？」ということを考えるのが、医療人間科学です。

実は私は解剖を長年やっております。皆さんは解剖というと特別なこととお考えでしょうけれども、解剖というのは、只今述べたようなことを考えさせる学問です。その理由をご説明いたします。解剖では死体があり、それを自分の手でバラすんですけれども、初めは緊張していますから他のことは考えない。しかし十年、二十年とやっていますと、だんだん変なことを考えるようになります。最初に自分が見ている、この亡くなった人って何だろう、ということを考えはじめます。意識的に考えるわけではないのですが、十年経つと、どうしても、どこかで考えている。やがて、だんだんと答えが出てきます。亡くなった人というのは、最終的には自分自身であるということに気がつきます。つまり「私もいずれこうなる」ということです。

皆さんの年齢で解剖をやりますと、亡くなった人は赤の他人、なんか変なもの、自分とは全然違うもの、というふうにお考えになるでしょう。亡くなった人は自分とは全然違う変なものだ、という印象は、実際には世間の九割以上の人が持っているのではないのでしょうか。もし皆さんの中に神戸の震災を経験した方がいれば、そうではないと思うかもしれませんが、現代の日本では亡くなった人は特別なものです。けれどもよく考えてみますと、いずれ誰でも死体になるわけですから、そうすると、それは「自分だ」という結論が出てきます。いずれ自分がなるものだ、という意味で自分である。しかし亡くなった人に触るとか、親しくする――添い寝しろとはいいませんが――ということは何か非常に不気味である、とこれも恐らく九割九分の人がお考えでしょう。そこではっきり出てくることが一つあって、もし自分が死ぬ、死ぬと死体になる。しかし、その死体は他人であり、不気味である。これは我々自身がある性質を抱えていて、その性質と自分の考えていることの間には折り合いがついていない、ということを意味します。お分かりでしょうか。自分だって必ず死んで死体になるのだけれども、人の死体を見た瞬間に「気持ちが悪い」と言って逃げるのが普通ですから、それは、自分が持っている要素の中で自分が受け入れられないものがある、ということを意味します。

私が『脳と現代社会』という題をつけました基本には、その事があります。この場合「脳」というのは「意識」のことでございますけれども、意識は自分自身の一部を否定するわけです。それが死体の「気持ち悪さ」であります。なぜならば、死というのはどういうものか分からないし、死んだという状態がどういう状態かも理解できない。つまり自分の死というのは、意識にとって最も矛盾した状態です。ですから皆さんは死体というと、その辺に客観的にあるもの、「モノ」「ブツ」だと思っておられるでしょう。しかし、死体が気持ち悪いというのは、すでにモノだと思っていない証拠なのですね。普通のモノだったら、気持ち悪くはないのですから。よく私が言われたのは「先生なんか、人間がモノに見えるでしょう」ということでしたが、いつも「私はモノに見えたことはありません」と答えております。

気持ち悪いと思って見れば、必ずそう見えるものです。例えば、解剖教室に、亡くなった方がお棺に入って運ばれて来ます。それを我々が出します。死んだ人は重たいので、職業病として我々のところにはギックリ腰の人が多いのです。そして台の上に置いて処置をしなければなりません。まず防腐剤を注入します。その時に、どうしても顔を見るわけです。そういう方は、大体が初対面ですから、顔が合った時やっぱりどうしても挨拶をせざるを得ないという気持ちになります。ですから一応、目礼をいたします。相手が挨拶をしたら大変ですよ、これは（笑）。もしそうなったら、大急ぎで逃げようと思っておりました。私は三十七年間、解剖をやっておりましたが、一度もそういう経験をしないうちに辞めることができて幸いでした。

そういうふうに考えますと、死体といえども相手は人です。どこまでいっても人ですが、恐らく皆さんはそうお考えではなかったのではないでしょうか。その人のある要素が、死体としてそこに出てくる。そうすると我々は気持ち悪いといって否定する。極端な人は「そんなもの見るもんじゃない」と言います。「それは一体どういうことなのだ？　何で自分自身であるはずのものが嫌なのか」ということを私は訊きたいのです。現代社会というのは、このような傾向が非常に強くなってきている社会です。自分自身の持っているある要素を、徹底的に切り落としていった社会が現代社会である。では、どういう要素を切り落としたのか。私の講義で学生さんから質問を受けるときに、よく言われる言葉があります。それはなにか。「説明してください」という言葉です。「説明してください」ということの大前提には、説明されたら分かるという前提があります。それならば「説明されたら、本当に分かるのか」と私は逆に質問したい。

このことは癌の告知に典型的に出てきました。「自分が癌になったら言ってくれ」という人もいるし「言わないでくれ」という人もいるでしょう。癌告知の是非についての議論がございますが、「その議論は意味がない」と私は言っております。皆さんは恐らく癌ではないでしょう。ですから「あなたは癌で、寿命は大体あと六ヵ月ですよ」と言われた時の気持ちを想像することはできても、実際に言われることはないわけです。しかし、その時に自分が実際にどう考えるかは、実は言われてみないと分かりません。言われてみないと分からないことを議論してみても始まらないでしょう。ですから、それについていかに説明を加えても駄目です。一番簡単な例としてよく申し上げるのですが、私は女の人に「お産する気持ちはどうですか」と訊きません。訊いたって仕方がないのです。私にはお産が出来ないのですから。その気持ちがどうであるかは本人でなければ分からない。そういった部分は、現代社会ではある意味で非常に抜け落ちてきています。それが、現代社会がバーチャルだという意味です。

例えば、死というものが、どのくらい身近なところから無くなってきたか。家庭の日常生活の中で家族が亡くなった方が、この中にどの位いるでしょうか。私はよく「死んだ人を見たことがあるか」と手を挙げてもらうのですけれども、恐らくそういうものを目にしない社会が出来てきています。これは統計から分かります。今から五十年ぐらい前、戦後すぐの時代には、七割以上の方が自宅で死んでおりました。今では死ぬ人はほとんど病院で死にます。都内では九割以上の方が病院で死んでおります。そうすると日常生活の中に死がありませんから、死というのは病院で起こる特別な出来事だ、と皆さんはどこかで思っているのじゃないでしょうか。そこで当然出てくるもう一つの疑問は、戦後五十年の間に、なぜ自宅ではなくて病院で人が死ぬようになったかということです。君らの常識では恐らくそれが当たり前でしょう。なぜなら「うちは2DKで狭いし、そんなところに死人が寝ていたら、場所が足りない」と。実際に私は「母親が亡くなったから、すぐ引取りに来てくれ」と言われたことがあります。その理由は「置いておくと、狭くて場所がない」。あるいは「死にそうな病人が家にいたのでは、仕事にならない」「家では十分な医療ができない」と言うかもしれません。しかし根本の理由はそうではなくて、皆さんが死体を見た時に「そんなもの見るものではない」という気持ちと同じではないか、と私は思います。つまり、人が死んでいくところは普通の状況ではないから、それは外へ出そう、日常生活からは外そう、特別な出来事にしよう、ということではないかと思います。

そういうかたちで、死ぬところは家から外しましたが、死ぬところの対極、人生の別の端は生まれるところです。生まれるところも現在ではほとんど全部病院に入りました。昔はお産婆さんを頼んで、家の中で子供が生まれていたわけです。私はつい二、三年前に大阪へ行き、保健婦さんの会で今のような話をしました。会が終わってパーティーになりました。何人かの方と食事をしたのですが、その中に丈夫な方がおられまして、その方が「先生、私はこの間、四人目の子供を家で産んだんですよ」と言いました。子供を家で産むには、産婆さんを頼まなければなりません。その人は大阪の人でしたが、産婆さんを探してもなかなかいない。結局、探し出したのは二万人取り上げたという八十過ぎのお婆さんだった。その人に頼んで無事に家でお産をしたそうです。お産が済んで、産婆さんの方をふと見たら、胎盤、いわゆる後産ですね、それを押し戴いているので「何をしているんですか」と聞いたら「奥さん、この胎盤は匂いがいいですよ。これ食べられますよ」と言うので、「私は食べちゃいました」と言っていました。さらに付け加えて、その産婆さんが「今の胎盤は匂いが悪くて食べられないのが多いんです」と言ったということです。

　何かとんでもない話をしていると思うかもしれませんが、つまりお産というのはそういうものだったのです。けれども、それを現在では病院に入れてしまいました。生まれるところから死ぬところ、その中間に何があるかというと、年を取るところ。最初に私は去年還暦だったと言いましたが、自分が還暦になるなんて夢にも思っていなかったのですけれども、いつの間にかその年齢になった。生まれるところ、年を取るところ、病気になるところ、死ぬところ、これを「生老病死」といいますが、それは全部皆全部異常な出来事だという気持ちが、皆さんにはあるのではないでしょうか。しかし、それは全部皆さんの人生であります。すなわち、皆さんもどこかで生まれたはずであって、そして今、毎日生きているだけで年を取っていきます。これを昔は「いたずらに馬齢を重ねる」と言いました。そして、どこかで病気になって、必ず死にます。間違いなくどこかで死ぬ、ということだけは予言できます。では、それはどこへ行ったか。

現代社会というのは、そういうものがどんどん消えていく社会であります。私は数年前に新聞を読んで非常に驚いたことがあります。体育祭が嫌いな子が「体育祭をやるんなら、自殺してやる」という手紙を教育委員会によこしたという事件が新聞に報道された時です。どうして驚いたかといいますと、これは天才的だと私には思えたわけです。どこが天才的か。まず、自分の死というものを切り出して、お金のように考え、それと体育祭という授業を交換するという、この発想です。これは徹底的に抽象的で、かつ経済的な発想であります。この場合には、自分の死がお金になっていて、そのお金で体育祭を買うといっているわけです。その裏には、もちろんそれはやらせないという含みがあるわけですが、自分の死というものを取り出して、ここまで抽象化して使える子供がいるということは、私にとっては大変な驚きでした。それは別なことを説明しないと諸君には分からないかもしれません。なぜなら私にとって家族の死——父親の死、つい三年前に死んだ母親の死——これは全て自宅で起こったことだからです。自宅で起こった死を抽象的に切り出して、お金のように考えて、それを何かと交換するという発想は全くありませんでした。父親の死も母親の死も、それはそれで独立した完全な出来事でございます。そういうものを消していった社会がどういう社会になるか。それは諸君がこれから住もうとしている社会であります。その社会を私は『脳化社会』、「脳」が「化けた」社会と呼んでおります。もう少し具体的にいうならば、それは「街」や「都市」です。

和敬塾におられる方は、それぞれ故郷あるいは田舎があるかもしれませんが、現在、本当に日本に「田舎」があるかということをまず質問したい。私は鎌倉で育ちまして、今でも鎌倉に住んでおります。私は昭和十二年に生まれて、小学校の二年生――八歳の時ですね――昭和二十年に戦争が終わっております。その頃の鎌倉をよく覚えておりますけれども、まず車がありません。あったのは木炭バスで、これは坂道を登るとエンコしますので、お客さんがバスを降りて後ろを押したりしていました。大体、木炭でバスが動くということは考えられないでしょうが、薪を焚いて走っていました。せいぜい車といえばそのくらいで、あとは牛と馬、そしてリヤカーです。そういう世界が私の考える田舎ですから、それをいま探そうとすると、どの辺にあるのか。数年前にＮＨＫの仕事でブータンに参りましたが、ブータンは典型的な「田舎」でした。まだ車はほとんど使われておらず、牛と馬がおりまして、完全な田舎でございます。お金があっても仕方がありません。なぜかというと、店がありません。店がないから、金の使いようがない。そういう場所は諸君の頭の中では恐らく「後れたところ」というふうに位置付けられるのじゃないかと思います。そういう後れた世界でありました日本が、この五十年間で急速に現在のようになったのです。その間に、皆さんが要求されてきたことは、できるだけ早く大人になれ、ということではなかったかと私は思っています。

私が大学に入って一番印象的だった出来事は大学紛争なのですね。『東大紛争』という名前は聞いたことがあるかも知れません。私は大学で助手になり、二十九歳の年に初めて給料をもらいました。実はその年に始まった出来事です。その時に一番印象が深かったことがあります。学生が何班かに分かれてケンカをしているわけです。しまいにはホースを持ち出して、相手方に水をかけたり、下に敷いてある石を割って投げたりしていました。割るのは女子学生の役目で、道路の石をひっくり返して、平たい石を割るのです。それを投げるのは男の子の役目でした。それを見ていて「ああ、こいつらは小学生の時にこういうケンカをさせてもらったことがないんだなあ」とつくづく思いました。それが私どもには、その当時の学生の幼さに見えたわけであります。しかし、その後を見ていますと、非常に複雑だということが分かってきました。現在、中学生が先生を刺したり、小学校では学級崩壊と呼ばれる現象が起こっています。大学紛争は今からもう三十年前のことですが、三十年前に大学生がやっていたことを、今、中学生や小学生がやっているんだなあ、と私は思います。つまり、ずっと年齢が若くなっていったということが分かります。ということは、恐らく非常に早く諸君は育ったんじゃないか。つまり子供の時代がなくて非常に早く大人になっていったのではないか。ですから我々が子供の頃に子供としてやっていたことを、やらずに大人になった人が非常に多いのではないかという気がします。急速に大人にならなければならない社会ですから、置いてきた部分があるわけです。

大学紛争の頃には、その置いてきた部分は石を投げたりゲバ棒を持って振り回したりするところに出ておりましたけれども、現在ではそれから三十年経っています。ここまで来ると、もう何を攻撃しているのか分からない状況になってきているのではないかという気すらします。子供が子供らしい生活を与えられないで急速に大人になっていく。それが偏差値に代表される『受験戦争』と呼ばれるものだと思っています。それは大人の作ったシステムで、子供たちが相談をして学校のシステムを作ったわけではありません。そのシステムに入るために非常に時間を使うということは、諸君が非常に長い間、大人の世界に適応させられてきたということだと思っています。それは子供の時期がどんどんなくなってきたということで、私から見ると、皆さんは、ある点では私が子供だった頃に比べると非常に大人であるという気がします。

では、現代社会において大人であるということは、どういうことか。まず第一に、他人のことをよく考えるということです。他人に迷惑をかけない。今の若い人を見て一番気がつくことは、他人を傷つけることを嫌うことです。それは裏を返せば、他人に傷つけられることを嫌うということです。傷つけることを嫌い、傷つけられることを嫌いますから、どちらも得意でない人は『オタク』になります。オタクは他人に対して距離をとる人が多いようです。つまり「おまえ」とか「おい」ではなく「オタク」と呼びかけるわけです。それは他人に対して、できるだけ距離を遠くするということです。そうすれば傷つけられないし、傷つけません。私の子供たちは皆さんよりもう少し年上ですから、よく分かるような気がするんですが、うちの子供たちが、私たち親に対して言うことがあります。「うちの親は人を傷つけることを平気で言う」と。こちらは、そんなことは当たり前だろうと思って言っているのです。

現在の価値観は、人間関係をものすごく大きいものとしてとらえている。しかしそこで人間関係が上手くできなくて破綻を起こす人が必ずいるのですね。それがいじめられる人です。皆さんも記憶があると思います。私の時代にもいじめられる人は必ずいました。ただ、ウエイトが違うのです。

私は二つの世界があるという話をよくします。一つは「人間関係の世界」で、もう一つの人間関係と関係のない世界は「自然」でございます。今、私がお話ししているこの壇上には、自然がほとんどありません。例えば、ここ（壇上）に松の盆栽が飾ってあります。これは人間が作ったものではないから「自然」かというと、この盆栽は、ここに生えたくて生えているわけではないでしょう。こんな格好で生えたくて生えているわけではなくて、人間がこのように作っているということはお分りでしょう。ですからこの場所に置かれているものは全部、何らかの意味で人間が意識的に考えて、作って、置いたものです。都会とは、それだけで出来ている世界です。

そこで厄介なものが一つだけ残っておりまして、それが最初に私が話を始めた人間の体なのです。人間の体は意識して作っておりませんので、どうも具合の悪いところがあります。何のために目玉が二個なければいけないのか、三個のほうが便利じゃないか。指はなぜ五本じゃなきゃいけないか。三本でも四本でもいいんじゃないか、あるいは六本あったらもうちょっと便利じゃないかとか、そういうことが言えない世界が人の体です。それは我々の体が「自然」だからです。皆さんは自分の体が自然だということを意識したことがないかもしれません。一方、都会は「全てのものを人間が意識して作ったもので置き換えていくところ」と定義することができます。例えば東京の町が、なぜ完全に舗装されるかというと、地面は人間が作ったものではありません。泥も人間が作ったものではありません。それは嫌だからコンクリートで埋めるということです。ですから舗装は理由の如何に拘わらず、徹底的に進行いたします。東京の町の中をお考えになって下さい。一番東京らしい、都会らしいと考えられるところは新宿の高層ビル、あるいはお台場の近辺、有明の辺り、天王洲。そういうところに若い人が集まりますが、それは誰かが設計して作った場所でございます。ですから、それは作った人の頭の中だと言ってもいいわけです。それが『脳と現代社会』ということの意味です。君らは何らかの意味で、人の頭の中に生きている。そこで非常に重要になってくるのが人間関係だということは、もうお分かりだと思います。

それとは違う世界がもう一つあって、それが「自然」と呼ばれる世界です。自然というのは、私は「人の意識が作らなかった」と定義します。そうしますと、直ちにそれに当てはまるものが都会の中に一つだけ残るということが分かります。それが、皆さんの「体」です。都会化しますと、体はどんどん隠されます。いろいろな意味で隠されて、無くなっていきます。それが、先ほど申し上げた、生まれるところ、年を取るところ、病気になるところ、死ぬところが現代社会から隠れていった理由です。

さらに直接的な体も隠れていきます。

私の体が「自然」であって、私が作ったものではないということを説明するために一番いい方法を考えたことがあります。それは、本日お話をするために先ほどから控え室で待っていたわけですが、控え室で服を脱いでくれれば良い訳です。真っ裸でここに出て来ようとすると、当然のことですが途中で捕まってしまいます。皆さんに伺いたいのは、その理由を考えたことがあるか、ということです。私がここに裸で立っているということを考えてみて下さい。どこに毛が生えていようが、私のせいではありません。私がそこに毛を生やしたくて生やしたわけじゃない。どんな格好をしていようが、それは本来、私が決めたことじゃないんですから、その形は私の責任ではありません。それを見せたということで、なぜ私が責任をとらなければならないのかということです。

私が子供であった頃の話をちょっといたしましたけれども、その頃、褌一丁で外で働いている人がたくさんいたんですよ。電車の中では、お母さんが赤ん坊によくお乳を飲ませていました。今や、そういう風景は全く見ません。ここにいる皆さんもちゃんと服を着ておられます。「当たり前だろう」

と言うかもしれませんけれども、それが当たり前になったのは、いつ、どこからか、ということです。例えば、文化人類学に興味のある人ならば、地球上にはほとんど完全に裸で暮らしている社会があることもご存じでしょう。そういう社会を、私が現代社会と呼んだ都市社会の人はどう呼ぶかというと、野蛮な社会、原始的な社会と呼びます。しかし野蛮だろうが、原始的だろうが、皆さんの体はさっき言ったようにはじめからあって、それがある形をしていることも事実であり、それが皆さん自身の責任でないことも確かです。勝手にそうなっているのですから、その形に「責任を取れ」と言っても無理です。そこで、どういうことが現代社会の中で起こってくるかというと、「自分が作らなかったもの、人の意識が作らなかったもの」は徹底的に隠すということです。ただ隠すのでは隠しきれませんから、本日のように人前でお話しするときには、私も一応ネクタイを締めてワイシャツを着て、ダークな色のスーツを着て出てまいります。別な機会には別な服装をいたします。これをＴＰＯと言っておりますけれども、これは自分の体があたかも取り替えがきくんだということをお互いに見せ合っている、だまし合っていると言ってもいい。床屋へ行かなきゃいけない、ひげを剃らなきゃいけない、これはみんな同じ理由です。身体は放っておきますと自然の正体を表してまいりますから。それは現代社会、都市の中では許されません。

このようにして、我々はそういうものをどんどん伏せてまいりました。そして皆さんのような若い人にとって一番問題になる点は何か。二つあります。それは性と暴力であります。性の問題と暴力の問題とは、都市社会の中で身体が表してくる二つの重要な自然の問題なのです。都市社会では、まず暴力の方は徹底的に禁止されます。これが許されている職業が二つありまして、警官と軍隊であります。両方とも本来は徹底的に制服を着るのです。これには意味があります。つまり、外に出た時に泥棒と私服刑事が取っ組み合いをしていますと、どっちが泥棒でどっちが刑事か分かりません。軍隊ではご存じのように軍服を着ない私服の兵隊はゲリラと見なされて、直ちに処刑されても文句が言えません。正規の軍服を着ている軍人は国際的な条約によって保護されております。そういう意味で制服は保証する装置であります。そして、昔は学生が制服を着ていたのもちょっと似た理由がありました。その理由はご自分で考えてみてください。

そういう形で文明社会は、暴力をまず徹底的に統御します。戦後の日本の歴史は都市化の歴史であって、都市化にとって最も重要なものは、平和でございます。諸君は日本の戦後の平和主義の中で育ってきておりますから、都市化がこういう根拠を持っていたということはお気付きではないかもしれませんが。

都市は、平和がなければ成り立たない場所です。ヨーロッパにプラハという町がありまして、プラハは中部ヨーロッパのど真ん中にある都市です。いろいろな民族があそこを通り抜けて行ったわけですから、本当は絶えず戦乱にあう場所のはずです。しかしプラハの町に行きますと十二世紀からの建物が未だに残っています。なぜそういうことが可能だったかというと、プラハは戦争があるたびに必ず中立の立場をとりました。都市に絶対に平和が必要だ、ということをヨーロッパでは『都市の平和』と特別な用語を使って言うぐらいです。君らは、日本が平和憲法を持っているから平和だと思うかもしれませんが、私はそう思っておりません。戦後の日本が徹底的に都市化していくために必要であったことが、平和だったと思います。ですから、それは理念というよりは、実際上の必要でもあった。

江戸時代は大変平和な時代でした。そういう時代に暴力がどのくらい規制されていたかということは、『忠臣蔵』という日本人の好きな物語をご覧になれば分かります。討ち入りのところだけを外人に見せると、いかに暴力が好きな国民かというふうに見えるかもしれませんが、そもそもあの事件の最初の原因になったことをお考えください。殿中松の廊下で浅野内匠頭が脇差を抜いて、吉良上野介に切りつけたことが原因であります。当時、侍であるにもかかわらず、江戸城に登城する大名は、二本差のうち大刀は必ず入口で預けなければなりませんでした。丸腰では様にならないから、脇差の帯刀だけは許された。しかし、その脇差を鞘走（さやばし）ったら切腹であります。そのくらい暴力は江戸の城内で厳しく統制されておりました。江戸がいかに平和的な都市であるか、それだけでもお分かりになると思います。都市は、本来そうやって暴力を規制するところでした。

性の問題が全く同じで、江戸の場合には、ある特定の地域に囲い込まれておりました。それが吉原であります。性の問題は、人間の身体が必然的に作ってしまう性格のものです。生まれて、年を取って、病を得て、死ぬ、と先ほど言いましたが、それと似た問題です。これも都市化しますと、非常に扱いに困ってまいります。江戸では特定の場所に閉じこめるという形で、空間的に囲い込みました。

食事の問題も典型的で、十二時になったら、みんなが一斉に腹がすくというわけではないですけれども、特定の時間に特定の場所でするのが食事だということはお分かりだと思います。また何故、物を食べながら道を歩くと、どこの国でも行儀が悪いかという理由は、基本的に身体の統制と関係があると私は考えております。

このように、どんどん私どもの社会は脳の方に寄って、身体の方を統制してまいりました。諸君はそうやって出来上がってきた社会の頂点にいると私は思っています。冒頭で皆さんは元気がいいと申しましたけれども、運動部型のある種の身体的な感覚が今の若い人はかなり弱くなってきた。だから逆に、それをさまざまに社会的な形でもう一度作り直しています。それがこのあいだの長野オリンピックに非常にきれいに出てまいりました。オリンピックでは、非常に元気が良くて成績が良かったですね。あそこに出ていた若い人たちは君たちの理想の姿に近いんじゃないでしょうか。その前にありましたのが、貴乃花、若乃花、イチローの世界であります。そういうものが、現在の都市化の中で若い人が表してきている新体制であると私は思っています。そういう世界に乗りそびれた人たちがいろいろな問題を起こしているわけです。

先ほど言いかけて話がちょっと横へずれましたが、人間の作った世界が都市であり、それに対して人の作らなかった世界があるという話をしました。私が子供だった頃の世界は、全く完全にその二つからできておりました。一つは先生がいて、学校があって、家族がいてという「人間関係の世界」。もう一つが、魚を捕ったり虫を採ったりする時は山へ登ったり川を歩いたりするわけですが、そういう「自然の世界」とに分かれておりました。その二つが均等の重みを持っておりました。いじめの問題は人間関係ですから、それは私の世界では、その半分に属する出来事であったわけです。しかし恐らく君らが育ってきた世界の中では、人間関係が九割ないし十割を占めていたに違いないので、そういう世界を考えると、いじめの重みは二倍になります。なぜなら、それに関わりのないもう一つの世界がなかったからです。皆さん自身は子供の時からその世界で大きくなってきたわけですから、そういう意識はないかもしれませんが。

公立学校の先生方の初任者——つまり四月に先生になったばかりの方ですね——が夏休みに船に乗って日本一周をするという、文部省がやっている研修旅行があります。私もその船に一緒に乗ったことがあります。そういう先生方と一緒に暮らしていますと、非常によく分かることが一つあって、それは先生方の話題が全て広い意味での人間関係だということです。例えば落ちこぼれのないクラス、あるいはみんなが楽しい仲良くできるクラスを作ろうという話を真面目にやっています。そんなことは皆さんも学校でよく聞いたのではないでしょうか。船に乗って十日ぐらいで日本を一周するのですが、ある時、乗っている先生に「先生、私は忙しくて、海を見ている暇もないんですよ」と言われました。船に乗っているのにですよ。そういう方に、私は一つだけアドバイスをします。「一日に五分でいいから、人間と一切関係のないものを見てください」と。そう言われた時に、諸君は何を思い出しますか?

私は鎌倉に住んでいますから、海岸に行って海の波を見ています。あれは人間と何の関係もありません。勝手に寄せては返しています。そんなものを見ても一文にもなりません。しかし「そんなものを見てどうするんだよ」という考え方自体が、人間のすることには何らかの意識的な意味があるということを前提にしています。先ほど学生が「説明してください」と言った時に、私が怒るというか、嫌がるという話をしましたが、そこです。人間の行為が、全て意識的に説明できるのが都会です。まわりに置いてある物、例えばこの机（演台）を見てください。ここに机があって、白い布があって、ここにタオルが置いてあって、タオルを置く受け皿があります。これは全部意味があって置いてあります。ですから、そういう世界に住んでいれば、物事は全て意識的に意味があると考えるようになります。しかし、そうではない世界があることを思い出してください。たまには海に行って、ただ波を見ていてください。五分見ていても、何の意味もありませんが、それが実在しているということがだんだん分かってきます。諸君の体がそうです。自分の体を見ると、不気味になってくるのは、実はそのことなのです。

先ほど死体が不気味だと言いましたけれども、死体と同じようなものが、我々の都会生活の中に忽然として現れてくることがあります。例えば部屋に出てくるゴキブリです。この部屋にゴキブリが出てくると、たぶん誰かが走っていって踏み潰す。あんな小さな、か弱い虫に対して、大の大人がなんでそんな反応をしなければいけないのかと不思議に思ったことはないでしょうか。ゴキブリが出てくると、なぜいけないのか。当然のことですがゴキブリは設計した人がいない。皆さんが今、座っているこの空間は、そもそも誰か設計者の頭の中にあったわけです。建物はひとりでに出来たのではなくて、誰かが設計図を引いて作ったものですから、今座っておられるところは、設計者が設計図の中に書き込んだ空間であって、それを書き込む前は脳の中にあったわけです。その後にインテリアを担当する人が机を設計して入れているわけです。ですから、皆さんが座っているところは脳の中です。脳の中に座っているというだけのことであって、そういう世界がなぜ好まれるかというと、それは大変安心だからです。正体が不明でない。そこにゴキブリが出てきた瞬間に、現代人は錯乱いたします。要するに根本にあるのは「あれは設計図に入っていない」ということです。今度ゴキブリが出てきたら、じーっとよく見てください。全く人間的意味を持たないものの一つであります。あれを見ていて一番困るのは、次に何をするか分からないということです。歩くつもりか、飛ぶつもりか、それが分かりません。どっちへ行くか、それも分からない。さらにじっと見ていますと、あの形が非常に不思議に見えてきます。もう一センチ厚いと、カブト虫みたいにデパートで売れるかもしれませんが、なぜあんなに平らなのか分からない。さらに見ていると、ヒゲが長いのですが、なぜあんなにヒゲが長くなければいけないか。そういうことが一切分かりませんから、そういうものを見ると現代の人は錯乱いたします。そういう世界に慣れていないからです。ですから、ゴキブリは不気味だと嫌われます。ですけれども「それは皆さん自身が抱えているものですよ。それをできるだけ見ないようにしているのが現代社会でしょう」と申し上げました。ですから、せめて海の波ぐらいから始めてください。柿の木でもいいのです。私は、よく庭の柿の木の枝を見ていますけれども、あの枝がどういうふうに張っていようが、別に意味はありません。人間的な意味はありませんが、そういうものが世の中にあることも確かであるということです。

都会の人が、いかにそういうものを現実と見なくなってしまったかをお話ししておきます。人間は自分が住んでいる環境から自然に「現実」というものを決めていくものだと思います。一方に、ちょっと特殊な人たちもいますが、何かを「現実」だと決めるのは、皆さんの脳の働きです。親とケンカしたことはないでしょうか。例えば、皆さんの年齢で「結婚したい」というと、親は「どうやって食っていくつもりだ」と言うでしょう。「コンビニエンス・ストアなどで適当にアルバイトをしていれば、そのくらいの金は稼げる」と答えれば、親は「だから、おまえの考え方は現実的じゃない」と言うかもしれません。その時の「現実」とは何かと考えたことはありますでしょうか。我々の脳は何かを現実と決めてしまいます。私が言いたいのはそういうことで、都市に住んでおりますと、都市が「現実」

になります。その都市は、人間が頭で考えて意識的に作ったものですから、意識的に作った世界こそが現実だと考えるようになります。そうすると、物事はある方向にどんどん動いていきます。

それが戦後の日本が怒涛のように動いてきた方向であり、日本全土の都市化であります。最近の若い人は自然環境などに非常に敏感です。私は北里大学で口頭試験をしておりますが、よく「環境保護の仕事に就きたい」という話が出ます。しかし自然の中には人間の死体が含まれているということは、あまり考えていないようです。つまり、自然にはプラスの面とマイナスの面があるということです。人間関係も全く同じで、プラスの面とマイナスの面があります。その四つ、「自然のプラス面」と「自然のマイナス面」、「人間関係のプラス面」と「人間関係のマイナス面」が揃って、世界が出来ているのですけれども、都会の人の世界は、恐らく人間関係のプラスとマイナスだけで出来ているといっても過言ではありません。そういう世界に入りたければ――入っていくのは結構ですが――何か考えることがあった時には、全く関係のないものを見てほしいと思います。それは路傍の石でもいいし、波でもいいです。

日本では昔から『花鳥風月』といいます。花、鳥、風、月。これは芸術の題材ですが、これは全て、本来人間の生活と関係のないものです。すなわちそれは「自然」でございます。今の人は、その自然がどうやら現実でなくなってしまいました。例えば、バブルの頃、東京の人を車に乗せて千葉県や埼玉県へでもドライブに連れていく。その辺りには、たまに雑木林が残っている。それを見た時にどういう反応をするかで分かるわけです。「あっ、あそこに空き地がある」と考える人は、そこに「マンションを建てたら何棟建つか。一棟毎にいくら家賃を取ったら、どれだけ儲かるか」という計算をいたします。私はそういう考え方を「自然」が「現実でない」といいます。なぜなら雑木林を見た時に、そこに「空き地」があるというふうに見るからです。ということは、そこに生えている木は見えていないわけで、その木にたかっている虫は当然いないことになっておりまして、それを食って生きている鳥はさらにいないわけです。

自然がなくなるということは、外の世界から自然が消えたわけではなくて、諸君の頭の中から自然がなくなったのが始まりであります。頭の中から自然がなくなる典型的な例は、個人でいえば、皆さんの体がなくなっていくということです。例えばそれは自分の体の要求が分からなくなるということで、医者の世界におりますと実際にそういう若い人が非常に増えているのが分かります。その一方の典型が『過食』であり、もう一方が『拒食』です。

過食は、自分が満腹だというのがもう分からなくなっている。体は、満腹になればもう食べないというふうにセットされたシステムを持っているのですが、そのフィードバックが壊れておりますから、どこで満腹しているのか分からなくて、無限に食べ続けることになります。拒食は全く逆で、空腹だったら食べるという行動が発動するはずですが、それが全然出てきません。拒食は、人間の意識、すなわち頭で考えたことが現実の世界であると、ずーっと子供の頃から思って育ってきた人が、自分の体を発見した時に起こす反応ではないか、と私は思っています。ある日突然、自分の体は、自分が考えて作ったものじゃない、意識ではどうにもならないということに気がつきます。つまり自分の思い通りにならないということに気がつきます。特に女性に多いのです。女性には月経があります。そして妊娠があって、そのあと出産が続く。そういうことは、自分がそのつもりでやっていることではないわけですから、それに気がついた瞬間に「嫌だ」と否定する人が出てきます。「そういうことをする体には餌をやらない」という考え方であります。それはある意味で、全くの意識中心主義です。恐らく諸君がこれから入っていく世界は、そういう考え方が非常に強くなった世界だと思っています。

では正解はどこにあるか。私は二つの世界の中間にあると思います。私が「都市社会はこういうものですよ」と説明すると、今の人はすぐに「それじゃあ都市をやめればいいのか」と言う。そうではありません。その考え方自体が現代社会なのです。

伝統的に日本人はどうやって暮らしてきたかということを最後に申し上げたいと思います。今、都市社会といい、一方で脳といいましたけれども、個人の中ではそれを「心」といっているわけです。「心」といい、「人工」といい、「都市」といい、「規則」といい、全て一方向で同じもの、「意識が作っているもの」です。もう一方に、「体」があり、「自然」があります。これは「意識が作らなかったもの」です。その両者の折り合いをどうするかというのは、女の人の日常を見ているとよく分かります。

余談ですが、哺乳類には男は要りません。要らないというのはおかしいのですけれども、どうでも良いのです。基本的には男は付録です。哺乳類は放っておけば女になるということは分かっています。つまりY染色体が発生の過程で突然働き出す。働き出した瞬間に、本来女性と全く同じであった、つまり哺乳類共通の構造であったものが変化していって、諸君が睾丸と呼んでいるものになる。それが男性ホルモンを作り出して、男が出来てくるわけです。それはY染色体によるものです。女性はX染色体を二本持っていますが、男はXYです。Xは男女とも持っていて、女性はXだけでいいわけです。ということはYが余計なことをしなければ、哺乳類は全部雌になります。それは人間の基準であり、普遍的なものであります。それに対して男の方は頭の中にどんどん偏っていっても別に不思議だと思わないところがありますから、そういう人たちが作ってきた世界が都市社会だと私は思っています。

さて女の人の日常を考えてみますと、まず第一にお化粧をしています。鏡と睨めっこをして、何がいいんだか分からないけれども、一時間でも化粧している。「あれは何なのだろう」と考えたことがあるでしょうか。

顔は自分で作ったわけではありません。自分で作ったわけではないから、鏡を見るといろいろと気に入らないところもあります。それで「手入れ」をいたします。放っておくと「自然そのまま」になります。自然そのままというのは、屋久島の原生林とか、世界遺産の白神山地などがありますが、あれは放っておいた自然です。つまり勝手にそうなっているわけです。女性の顔もそうなってしまいますから、毎日毎日、手入れをいたしまして、人工の方へ戻す。行き着く先は不明です。行き先不明だから、毎日やっています。さらに自然が気に入らない人、もっと気が短くて、先が見えなければ気が済まない人は美容整形をします。美容整形なら完全な人工です。これを外側の世界でいえば、有明であり、天王洲であり、幕張であり、新宿であります。そういう世界にするか、あるいは反対側の放っておくかということです。手入れをして、どこかに戻す。真ん中のところを取るというのが私どもの伝統的なやり方だったと思います。

諸君は「手入れ」という言葉を聞いた時に、警察の手入れを思い出したのではないかと思います。これは非常に含蓄のある言葉です。現代社会では手入れといえば、もう警察の手入れしか考えられない社会になってしまいました。本来の意味はそうではありません。白神山地や屋久島の自然に「手入れ」をして我々が作ってきた世界が、田圃里山（たんぼさとやま）であります。田圃里山の風景を君らが見たことがあるかどうかは知りません。そういうところで育った人もいるかもしれないし、全然見たことがない人もいるかもしれません。今度、機会があったら見てください。一番分かりやすいのは、成田空港の上を飛んだときに見られます。あの風景は世界のどこにもない風景です。一方で人工の手が入っていることがはっきり分かりますが、他方で人工が入っているのだから、そこには規則があるはずだと思って、その規則を考えると全く分からなくなります。いわゆる典型的な『複雑系』であります。世界の多くの景色がそうではありません。人工の土地は、極めて見事に「人工」でありま す。人工であるというのは直線の道路が引かれて、人間がきれいにしつらえているということが分かります。ヨーロッパの田園がそうだし、東南アジアではタイのバンコックの周辺ですら、ものすごくきれいな直線状の規則があることが分かります。碁盤目状に運河が走っておりまして、運河の周辺の岸のところ百メートルぐらいの範囲にヤシの木が植わっていて、その中に赤い屋根の家が点々と散らばっているという、見事に人間が作った風景、そして規則が空から読めます。それが全く読めないのが日本の里山でございます。人間が作っているのだけれども、どういう規則かは分からない。

そしてさらに申し上げたいのは、私は虫が好きですが、白神山地や屋久島へ行った時にモンシロチョウを採ったり、アゲハチョウを採ったりしません。そんなものはいません。というのはどういうことか。人間がいなかったら、モンシロチョウはどこにいるのか。田圃里山はそういう生き物がたくさんいる場所で、生物学的に多様性が非常に高いということが分かっています。屋久島や白神山地は独特の生物層を持っていますが、決してその中にアゲハチョウやモンシロチョウはいない。つまり、それはそれで特殊な世界であります。また有明に行ったら何にもいません。田圃里山が生態的に多様性が高いということは、生物が住みやすいということです。生物が住みやすいということは人間が住みやすいということです。

では、田圃里山はどうやって作ってきたか。あれは非常に丈夫な日本の自然に、毎日毎日、我々の祖先が手入れをして作ってきたところです。田圃を作って、畔が壊れれば補修して、カヤを刈って、雑木を炭にして、根こそぎにしないで幹を伐って根を残す。そうすると、ひこばえが生えてきて、またそれが育つ。こういうことを長年繰り返してやってきた時に、最終的に出来上がってきた風景が田圃里山です。そういったことをする作業を私どもの祖先は「手入れ」と呼んでまいりました。女性のお化粧も全く同じで、放っておけばどうなるか分からない顔を、毎日毎日手入れをして人間に近づける努力をしています。土台が悪い場合はお化粧してもどうだろうかと傍目では思っても、やっぱりやっています。

それと全く同じことを女性はさらにやります。それが皆さんの母親がやってきた子育てでありま す。子供も放っておけば、『アヴェロンの野生児』のように自然なままに育ってしまいます。では徹底的に手入れをして天才教育をすれば、天才になるかというとそうはいかない。どうするか。やっぱり毎日毎日やります。毎日毎日やっていることによって、完全な野性でもなければ、完全な人工でもなく、どこかで納まります。どこで納まるかは分かりません。若い人に話していて一番困るのは、はっきりした目的が見えないと何にもしない人です。こういう人は役所や大会社には向いています。それは意識の世界ですから、私はそれを「ああすれば、こうなる」式の発想と言っています。「ああすれば、こうなる」が好きな人は、そういう生活をなされればよろしい。ただし、申し上げておきますが「ああすれば、こうなる」と考えるなら、人生は考えようがなくなります。なぜならば、どうやろうと、生まれて、年を取って、いずれ病気になって死ぬことには変わりがないからです。いかに計画して自分の思うようにしようと考えても「自分の告別式だけは手帳に書いてありませんよ」と私は申し上げております。そこが、現代社会の生き方の一番難しいところでございます。私は若い方に「どうしろ、こうしろ」とは言いません。しかしよく考えていただきたいのは、現実は何かということです。そして世界とは何か。今、私が考えられる限りでは、そこには二つあると申し上げました。一つは人間が作った世界で、もう一つは人間が作らなかった世界です。現代社会は、人間が作った世界が非常に優先している世界です。

最終的な結論は、私は人間の作ったものは基本的に信用いたしません。それは育ちに関係があります。私は小学校二年で戦争が終わりました。それは日本では終戦と言っていますが敗戦と言ってもよろしい。そして、それまでの価値観がガラッと変わるということを子供の時に経験しております。そのくらい人間の作ったものは儚いものだと思っています。それがなぜ、丈夫になり得るか。先ほど「手入れ」と申しました。自然と人間が協力してちょうどいいところが見つかるのですが、それは初めから見つけようと思っても見つかるものではないということです。ですから、毎日毎日手入れをいたします。それが女性のお化粧であり、子育てであり、田圃里山の成立だったのであります。都会はそれとは違う原則で出来ています。「ああすれば、こうなる」で出来ているのです。そこをよくお考えください。自分の一生が「ああすれば、こうなる」でいくものか、それともそうでなくて「手入れ」でいくものか。そこをお考えください、ということなのです。
どうもご清聴ありがとうございました。

平成十一年十二月十二日
和敬塾予餞会記念講演

北陸先端科学技術大学院大学
知識科学研究科長 教授

野中 郁次郎

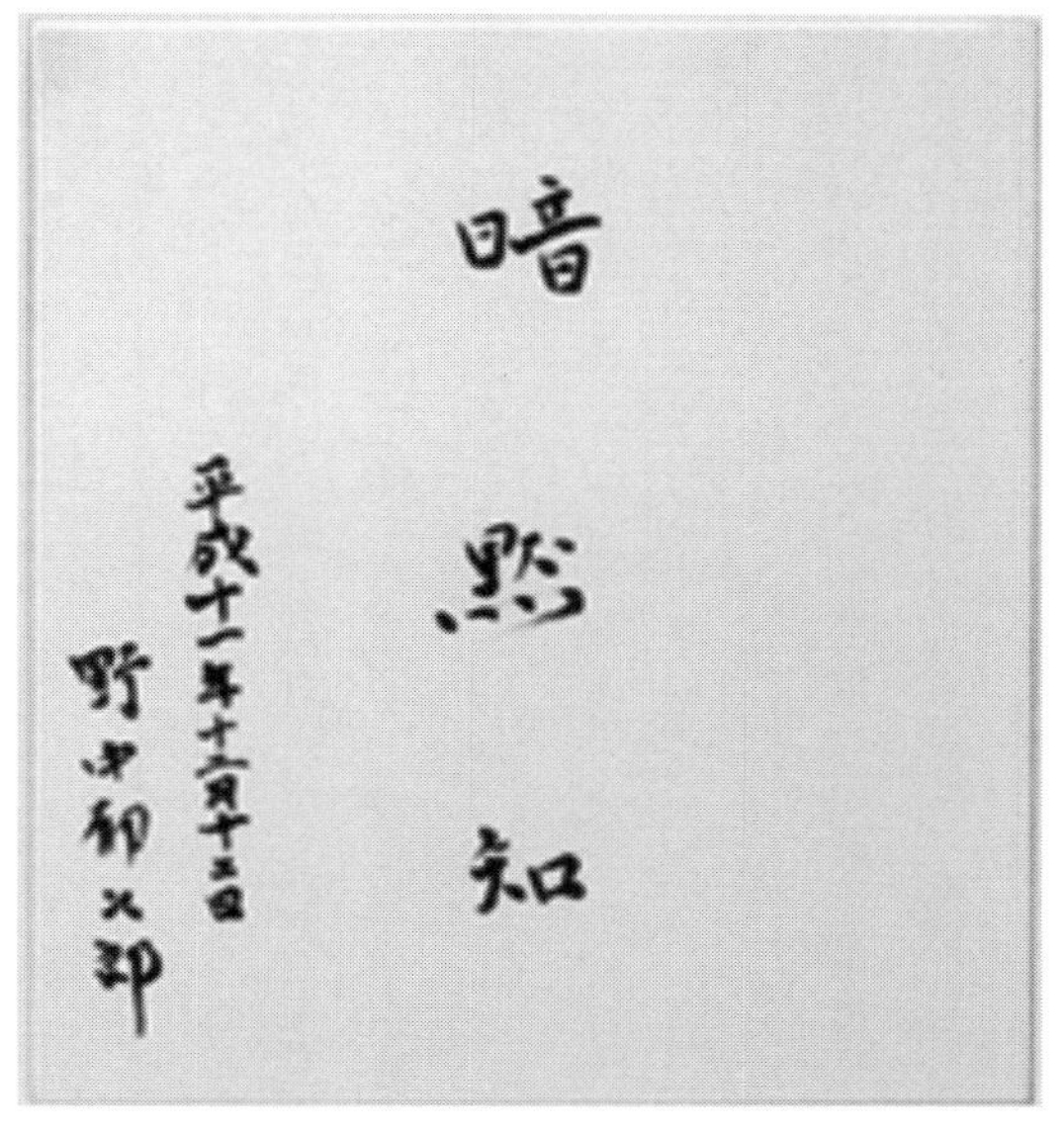

■ 野中 郁次郎（のなか いくじろう）略歴

1935年（昭和10年）、東京生まれ
1964年、富士電機製造（株）勤務ののち、カリフォルニア大学経営大学院（バークレー校）にてPh.D取得。南山大学経営学部、防衛大学校、北陸先端科学技術大学院大学各教授を経て、現在、一橋大学大学院国際企業戦略研究科教授およびカリフォルニア大学経営大学院（バークレー校）ゼロックス知識学特別名誉教授。

著書「知略の本質 戦史に学ぶ逆転と勝利」（共著、日本経済新聞社）、「イノベーションの本質」（共著、日経BP社）、「知識創造の方法論ーナレッジワーカーの作法」（共著、東洋経済新報社）「知識創造企業（共著、東洋経済新報社）ほか、多数。

知識創造企業

みなさん、こんにちは。ただいまご紹介にあずかりました野中でございます。

本日のこの時間で私の考えていることを申し上げて、これから社会に出ていくみなさんのご参考になればと思っております。

さて、我々が世界に発信しておりますコンセプト、概念は、「知識創造企業」というコンセプトです。二十一世紀の日本、あるいは世界の企業のありかたは、「The knowledge-creating company」。つまり「知を創り続けるカンパニー」ではないかと考えております。

非常にダイナミックな「creating」を意味しているのですが、日本語で「知識創造」といいますと、あまりダイナミックな感じが分からないかもしれませんね。

そもそも「知識社会」という概念は、経営学者のピーター・ドラッカーが最初に提示したと思われます。

彼は、知識社会において「ナレッジワーカー knowledge worker（知識労働者）」というものが中心になるという考え方を提唱しております。おそらく皆さんのほとんどはこのナレッジワーカーになるわけであります。

これに対して「ブルーカラー」という言葉がありますね。いわゆる伝統的な手仕事中心のワーカーは、たいていの場合、仕事でやることが決まっているようです。ルーティンワークという言葉もありますね。

ところがナレッジワーカーの大きな特色は、「何をやるか」ということを自分で決めなければならないというところです。つまり、「自分の仕事を定義する」ということを主体的にやらなくてはなりません。もっとも最近は、「ブルーカラー」といいましても大半がナレッジワーカー化しているのが現状ですが。

つまり「目的意識を持つ」ということです。これから「知識」について話をいたしますけれども、「知識」というものは、まずは主体的な目的意識がないと生み出すことができません。一方「情報」は、必ずしも主体的な目的意識が必要ありません。テレビを例に取れば、勝手にやってきて勝手に去っていくという面があります。しかし「知識」というものは、何をやりたいのかということを主体的に確立することが必要です。

ところで、先般（平成十一年）、読売新聞社がノーベル賞受賞者を囲むフォーラムを開催いたしました。

そこで、ノーベル賞受賞者の利根川進さんが、大学生の諸君に向けた言葉として「人生で何をやりたいのかということを、深く考えてほしい」と言っております。

また、脳科学研究者の松本先生は、そもそも人間の脳というのは目的を設定して、それに達するプロセスの中で満足するようにできている、ということを主張している方ですが、その方も、「目的意識というのは非常に重要である」とお話しされています。

したがって、働く者自らが生産性の向上に責任を持ち、自らをマネジメントするということが重要であります。単なる自由ではなく、自律性が必要です。その背後には強いディシプリン（修練）と強い規律、そしてセルフコントロール、いわゆる自己規律がなければなりません。ドラッカー博士はダイエーの中内会長（当時）との往復書簡の中で、自分の過去の成長過程を振り返りながら、ディシプリンと自己規律について語っております。

昔、ギリシャにフィーディアスという有名な彫刻家がいました。いまアテネに行きますと、パルテノンの神殿の上に彫刻がいまだに残っておりますね。

彼が彫刻を作り、アテネの議会に請求書を提出したとき、アテネの議会はそれを見てびっくりし、高過ぎるといいました。その理由は、「フィーディアスよ、君は彫刻の背後まで彫ってくれた。しかし一般庶民に

知識労働の生産性を向上させる条件

(1) 「仕事は何か」を明らかにする。(how to define the task)
→行うべき仕事を明らかにし、その他のことを無くす
(肉体労働では、プログラム化された仕事が与えられる)
↓ (「仕事とは何か」を明らかにすることにより、(2)(3)(4)が可能になる)
(2) 働くもの自身が生産性向上の責任を負う。自らをマネジメントする。自律性を持つ。
(3) 継続してイノベーションを行う。
(4) 自ら継続して学び、人に教える。
(5) 知識労働の生産性は、量よりも質の問題であることを理解する。
(6) 知識労働者が組織にとってのコストではなく、資本財であることを理解する。

とって神殿の上にある彫刻というのは、前からしか見えないのだ。後ろを彫る必要は全くないのだ」ということです。

フィーディアスは答えて曰く、「しかし、神には見える」。この話が若きドラッカーのひとつの支えになったという話があります。

ナレッジワーカーとは、人から言われたことをやるのではなくて、自ら主体的に目的意識を持って自分の仕事をつくり出す事が必要です。それと同時に、その背後には強いセルフコントロールもしくはディシプリンがなければなりません。

そういう意味では、極めて厳しいものであります。継続してイノベーションを行わなくてはいけないし、自ら継続して学ばねばならないし、人に教えなくてはいけない。ドラッカーは「知識労働の生産性は量よりも質の問題である」と主張しております。

実は、既に我々は知識社会に入っているのでありますけれども、そこでは知の生産性ということが非常に重要になるわけであります。そこで大切なことは、改めて「知識とは何か」ということを問い直すことです。

これまでは「情報」という言葉が極めて支配的なキーワードでありました。では、「知識」というと何が見えてくるでしょうか。もともと「知識とは何であるか」という議論は哲学の課題でありましたので、私も哲学を勉強しなくてはいけなかったわけです。私が書いた『知識創造企業』（東洋経済新報社）では第二章で哲学論議があります。

この本は世界的なベストセラーになりましたが、本当に最後まで読んだのは何人いるか、定かではないそうです。本を買ったことは確かなのですが、この第二章の「知とは何であるか」という話でみんな眠くなるらしいですね。したがって大半は二章でやめるというのが現実であります。(笑)

この場で、これだけは覚えていただきたいことを、簡単に分かりやすく申しますと、「正当化された真なる信念」つまり「justified true belief」となります。「Belief」つまり信念とは、「思い」ですよね。「自分の目的」「夢」、あるいは「仮説」、「志」、こういうものをいいます。

一般的に、知識というものは、何か客観的なものので、既に与えられたものであると思いがちですが、そういうことではない。自分の思いから発する、ということが重要であります。

しかし、これだけでは全く個人の思いだけになりますから、知識というものはどこかで普遍化しなければならない。普遍化への憧れがあります。ですから自分の「思い」を何とかして正当化して、

知識とは何か?

西欧の伝統的認識論では
　正当化された真なる信念 (Justified true belief)
　"真実性"が知識の本質である、とされる。

知識の他の側面 :
- 相対的でコンテクストによる
- ダイナミック–社会的関係の中で創造される
- 人間的–個人の価値システムの中に深く埋め込まれている

したがって、ここでは知識を以下に定義する :

"個人の信念やスキルが'真実'へと正当化される、そして / または実践を通してスキルを身につけるダイナミック・ヒューマンプロセス" (A dynamic human process of justifying personal belief and skill towards the'truth')

より多くの人に納得してもらい、そして実現する。これが「知識」です。

そして、ここに「true」つまり「真なる」という条件があります。これが大変難しい問題です。

これから皆さんは社会に出ていかれることでしょう。自然科学の世界では、「何が真か」ということに対する判断が、我々の社会の現象に比べますと相対的に易しい。つまり仮説があって証明する事実があれば、これは「true」であり「真」であるといえます。

ところがこれから皆さんが進まれる我々の社会、そして社会の現象は、大半がそのようにはなっていません。

「何が真か」ということはなかなか分からない。しかしながら、できれば「true」でありたい、周りにも納得してもらいながら、「真」でありたいという強い憧れを背後に持つわけであります。

我々がみなさんと同じ世代のころは、戦後のマルクス主義が荒れ狂った時代であります。我々が大学生活を送った時代には安保闘争がありまして、自由民主主義、資本主義というものを標榜する保守政党と、ソ連社会主義を人類の進歩の理想とする革新政党との葛藤の最中に我々は生きてきました。

ですから、政治論争に明け暮れていた大学の日々でありましたし、私自身、学生運動らしきものの一端に参画したこともあります。結果的にはソ連が崩壊したという事を見ますと、いわゆる「保守」対「革新」という仮説は、少なくとも現時点においては間違えていた、というのは事実であります。ある意味で日本の革新をやってきたのは保守であるということがいえるようです。

以上は私が個人的に現実に経験したことですが、ここで言いたいのは、「何が本当かということはそう簡単には分からない」ということです。重要なことは、現実をよく観察し、そして深く考えるということです。そういう意味で「justified true belief」ということが「知識」であるということだけは覚えておいていただきたいと思います。

さらに、「情報」と「知識」を比べますといくつか重要なことがあります。例えば知識というものには必ず「文脈」というものが必要です。「文脈」とは「コンテクスト」ともいいますが、つまりは「いつも関係性でものを見てくれ」ということです。みなさんには、こういう訓練をぜひやっていただきたいですね。

例えば、「ABC町1234番地」という住所があるとします。これには何の意味もありません。多くの場合、これは「情報」ですね。ところがここに関係性、文脈、コンテクストを入れ込んでみると、どうなるでしょうか。私の友人、あるいは恋人でもいいですが、「山田」という人を入れ込んでみましょう。

「実は山田はABC町1234番地に住んでいる」という関係性を入れ込んでくると、この住所に、ぐっと意味が出てくる。さらに「山田の家は、実は図書館

知には文脈が必要

時間、場所、他者との関係性を特定する文脈を欠いては、知ではなく情報である。

・情　報–「ABC町1234番地」

・形式知–「山田さんは図書館の隣にあるABC町1234番地に住んでいる」

・暗黙知–ABC町1234番地へ行った経験があり、その行き方を知っている。

・暗黙知の表出化–他者がABC町1234番地にたどり着けるように地図を描く。

の隣にある」という関係性をまた入れ込んでくる。するとまた意味が出てきます。つまり「時間」「場所」「他者との関係性」を入れ込む。これを「文脈」「コンテクスト」といいます。このようなコンテクストを入れ込んでくると、情報に意味が出てきます。意味が出てくると頭に入りやすくなり、蓄積されやすくなり、内面化されやすくなります。

この「内面化された情報」が「知識」ですね。だから今、山田さんのところに行こうとして人に道を聞くと、「１２３４番地に住んでいるよ」ということが分かりました。さらに人に聞いたら、「そこは図書館の隣よ」と教えてくれました。こういうことで記憶されている情報のことを「知識」といいます。

ただし、まだこれは頭だけの話です。「頭で記憶されている情報」を「形式知」といいます。自分が実際にＡＢＣ町１２３４番に行ってみれば、「おう、これだ」と分かるでしょう。何回も行っているうちに、もはやそれは頭だけではなく体で無意識に、暗黙のうちに分かったことになります。これが「暗黙知」です。

ここでは、「知」というものを大切にし、絶えず生み出そうとするときには、物事は「関係性」で見てください、ということを申し上げておきます。

さらに「知」はダイナミックで生き生きしており、いつも動いております。しかし同時に重要なことは、「知」というものはどんどん陳腐化していくので、絶えずつくり続けなければなりません。それと同時に人間しか知はつくれないものでもあります。

ですから簡単に言いますと、「知」というのは「自分の思いを真に向かってダイナミックに実現して正当化していくプロセス」ということになります。ですから「A dynamic human process of justifying personal belief and skill to wards the "truth"」、真理に向かって自分の思いをダイナミックに実現していく人間的なプロセス、これが「知識」だと考えていただきたい。

以上のことから、「知」というものは単なる情報じゃないということはお分かりいただけたかと思います。「知識」とは、自分の頭や体の中に内面化されている情報です。つまり本当に自分のものになっている情報です。だからそれは「行動」「行為」に近くなります。そうしますと、知識とは内面化されている情報ですから、実は、言語化し文章化できる知だけがすべてであるとは限りません。

言語・文章で表現できる客観的・理性的な知を、仮に「形式知」とします。先ほどの地図の例でいくと「ABC町123番、山田、図書館の隣」ということは頭に入った、つまり分かった、とします。「頭で分かった」

暗黙知と形式

暗黙知	形式知
言語・文章で表現するのが難しい主観的・身体的な知 経験の反覆によって体化される思考スキル（思い・メンタル・モデル）や行動スキル（熟練・ノウハウ）	言語・文章で表現できる客観的・理性的な知 特定の文脈に依存しない概念や論理（理論・問題解決手法・マニュアル）

相互作用が重要

は形式知ですね。もうひとつ重要なことは、「体で分かる知」があって、それは言語・文章で表現するのが難しい。そういう「主観的・身体的な知」があるということです。これは経験の反復によって「体化」されている、自分の思い、自分のノウハウ、こういうものを「暗黙知」と呼んでいます。

そこで重要なことは、「知識の創造」には、この「暗黙知」と「形式知」という、二つのタイプの知が両方同等に必要だということです。どちらかといいますと、西洋の世界では、言語、つまり言葉になっている理論、思考、マニュアル、データベース、こういうものが知識であるという考え方が支配的です。

彼らは、分析的な考え方、分析的な知、言語の知、が本当だという考え方が強いようです。我々はどちらかというと、暗黙知的な、言葉よりも身体で分かるという「身体知」「経験知」の方が本当だという傾向があります。

こういう面倒くさい話をしなくてもよく分かる例があります。

それは、巨人軍の長嶋茂雄ですね。これはもうほとんど「暗黙知」の塊ではないでしょうか（笑）。非常に質の高い経験知を満々と持っているけれども、言葉にならないんですね。彼が自分の知識を言葉にすると、誰も分からなくなってしまうという性格を持っているわけですね。それと比べれば、阪神の野村監督（当時）は、きちっとした分析的なタイプの監督ではないでしょうかね。

いまの例のように、「知識をつくる」「知の創造」というのは、暗黙知だけでも形式知だけでも駄目であって、実は両者が循環していくということが知識の創造であります。自分の思いやノウハウというものをきちんと言語化すると、何が起こるでしょうか。やっぱり分析し反省するということが起こるわけですよ。

　だから、自分の経験が自覚的に反省されると、実は経験はより高度に磨かれていきますね。と同時にもうひとつ重要なことがあります。この暗黙知というのは「個人の知」です。ここに皆さん全員で四百人いるとして、暗黙知は全部違います。ところが形式知になると、これはコンピュータに入れ込むことができますから、共有が可能になります。マニュアルにもなります。

　ですから、「暗黙知から形式知に変換する」ということは、個人の知が組織で共有可能な知になるということです。そうなると、実は、そこに働く個人もさらに新しい知の創造に絶えず動機づけられていくという良い循環が起こるということなのです。

　これは私の仮説ですが、平成十一年に巨人軍はなぜ優勝できなかったのか？　巨人は、選手一人ひとりは非常に優れた暗黙知、ノウハウ、スキルを持っているのですが、きちっとして分析的言語にならないから、最後まで組織の知が豊かにならない。結局、最後は個人のばらばらな集団で終わる。だから「斉藤、二十勝頼む」ということになりますね。それでその予想の大半は崩れる（笑）。

　ところが野村監督はデータベース野球ですね。野村のＩＤ野球。これはきちっと暗黙知を形式知にして、マニュアル化し、データ化してみんなの頭に教育しています。「暗黙知と形式知」の循環が起こっているので、だからやっぱり一時期首位になった。しかし結局、最後はビリであった。この理由は私の説明でいくと、一人ひとりの暗黙知が貧困であると(笑)。貧困な暗黙知をいくら形式化しても、優れた形式知にはなりません。新庄選手が三番や四番を打っているようでは、とても暗黙知が豊かなチームとは言えないわけですね（笑）。そこは中日ドラゴンズが、うまくバランスがとれていたので優勝したように思われます。

さらにここを突っ込んでいきますと、みなさんはこれから社会に出れば、ベンチャーをやる人もいるかもしれないけれども、多くは組織人になるでしょう。そうすると、組織の知をつくり、個人も知をつくる、ということをやります。個人しか知はつくれないのですが、それが組織の知になるようにする、ということが重要になります。自分も大きくなる、そして組織も大きくなる。こういうことが非常に大切になってきます。

そうすると、暗黙知と形式知というものが絶えず循環するということに努力しなければなりません。この暗黙知と形式知の循環が知をつくるということであれば、それには四つの知のつくり方があります。

一つは暗黙知から暗黙知をつくる。これは直接に経験するということです。暗黙知というのは経験知ですから、「経験を共有する」ということが重要です。例えば顧客と暗黙知を共有するためには、顧客の身になりきるということが必要ですね。相手の身になりきるということが、体験を共有することの最も重要な意味であります。この場合、事前に分析しない。分析するということが、必ずしも真理につながるとは限らないですね。直接に全身で感じることが重要になるわけです。

日本の哲学者で西田幾多郎（にしだきたろう）という人がおります。私がおります北陸先端科学技術大学院は金沢の郊外にありまして、この西田幾多郎が生まれたところです。金沢というのは日本では珍しく、鈴木大拙のような哲学者を生み出しました。

ご承知のように、北陸の金沢というのは暗いでしょう。だいたい明るいところから哲学者は生まれない傾向がありますね。深く深く考え抜くというのは、やはり環境が恵まれているところは駄目ですね。気候温暖とか、食い物が豊富だとか(笑)。こういうところからはあまり哲学者は生まれませんね。

西田幾多郎は世界的な哲学者で、世界的に評価が高まっております。その理由は、分析に明け暮れている、ある意味では形式知過剰の西洋の中であってさえ、分析だけでは真理に到達できないのではないか、という考え方が出てきているからです。

西田幾多郎は、「完全なる真理は個人的であり、現実的である」(※註)といっております。これは先ほどの暗黙知です。それは個人的なことであり、そして生き生きしている、そして人間に体化されているので、完全なる真理は言葉では言い表すことができないのだ、といっております。頭ではなく、「腹」が大事なのですから。

西田は、いわゆる科学的真理は完全な真理といえないとし、「純粋経験」、つまり一切の分析以前の直観こそが真理であるとする立場です。主体と客体が分離していれば、分析になります。そうではなく主客一体になる。登山家は山になり切り、音楽家がバイオリンになり切る。この関係性、他者と自己の関係性が一体となった直接経験こそが本当なのだと言った哲学者でありました。

そういう意味では、日本の誇るべき哲学者であります。共感するということ、これを「共同化」といっております。前川理事長のマネジメントのやり方は、顧客と共感するというのがベースにありますね。暗黙知を非常に大切にしていると思います。

次は、やはりそれだけでも駄目なのです。さっき言ったように、自分の思い、あるいはノウハウというものを、徹底的に議論を通じて形式知にする。つまり暗黙知を形式知にする。先ほどいいました暗黙知から暗黙知のプロセスを「Socialization 共同化」と言います。一方、暗黙知から形式知へのプロセスを「Externalization 表出化」といいます。

やはり、きちんと言葉にすると、反省が起こります。さらにその言葉を磨いて「概念」「コンセプト」にするということが大事です。これについて後で申し上げますが、「対話」というものが非常に重要です。

第三は形式知から形式知をつくる、ということです。これを「Combination 連結化」といいます。知というものは見えないので、形にして見えるようにしないといかん。そうでないと知は実現しないわけですね。このことは言葉だけですから、これを既存の情報、データ、あるいは形式知と組み合わせて、きちっとしたシステムにして、そして最後にそれを実践して形にする。こういうふうに分析しないとやはり形にならない。ここは最近は徹底的にコンピュータを使います。

最後に形式知を暗黙知化するプロセス、これを「Internalization 内面化」といいます。つまり自分の思いを言葉にし、言葉を形にして、自分の思いが、

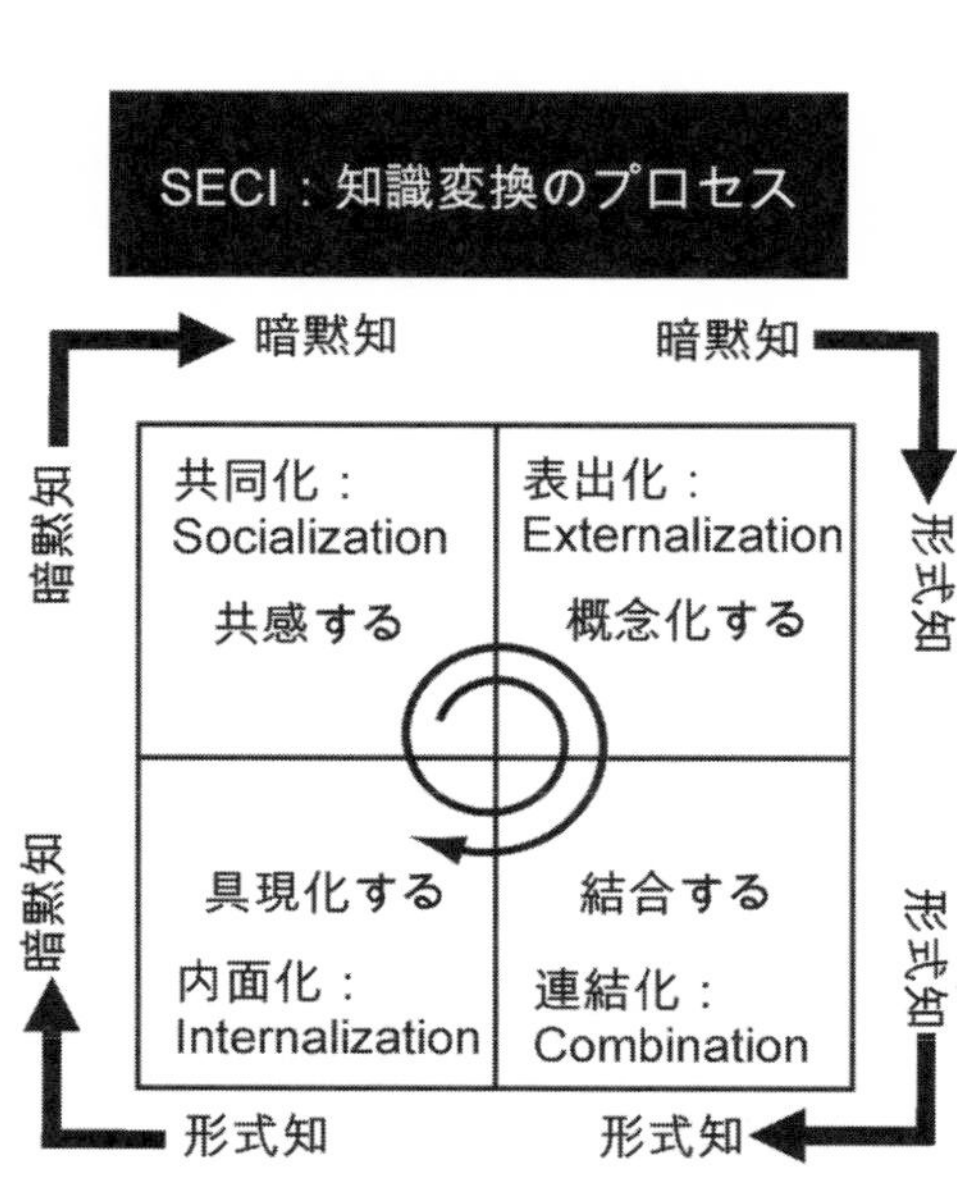

ある具体的な商品、事実、サービスあるいはシステムなどに結晶したときに、「ああ、わかった、俺は知を生み出した」と、いうことになるわけですね。

これを知のフルコースと言います。「Socialization」「Externalization」「Combination」「Internalization」の頭文字をとって、「SECI」といっております。欧米では「セキ」と発音します。「セキ・モデル」というふうに言うわけです。ですから知を組織的に生み出すということは「SECI」を回すということだというふうに覚えていただければよろしいと思います。

最近韓国で金大中大統領（当時）が、これまで本当の意味の、知の蓄積が足りなかったということで、韓国の再建のためには、知識に立脚した国家を構築すると提唱しております。これを「knowledge-based country」と主張しまして、韓国でもこのSECIが導入されております。ところが韓国で「セキ」と言うと「この野郎」という意味があるらしいですね。だから韓国では、「セシ・モデル」というふうに言っております。

きょうはこれを一つひとつ説明していく時間はありませんので、重要なところを駆け足で説明していきたいと思います。つまり、SECIというのは具体的にどうしたらいいかということですね。

例えば、「共同化」は暗黙知から暗黙知の変換ですから「直接経験」です。ここでは、いろいろ歩き回って暗黙知を直感し、あるいは物に触れて直感するということが非常に重要になりますね。

具体的にいえば、社外の歩き回りで暗黙知を直感するという場合、サプライヤーや顧客のところに出掛けて、生きた知をそのまま体で直感するということです。暗黙知は、人間に体化されて、自由に泳いでいますから、現場に行って捕まえるということしかないわけですね。

面白い話があります。アメリカのボストン・コンサルティンググループの社長と会ったときに、新しいゴキブリ捕りの画期的な新製品開発に成功したという話を聞きました。その開発の際、最初は、既存の方法を全部真似してそれぞれを比較するテストをしたということです。つまり自分で何も考えなかった。

けれども、そこからはオリジナルのコンセプトがさっぱり出てこない。これでは駄目だなということになりました。ではゴキブリが本当はどうやって死んでいるのか、みんな知っているのだろうか。実は頭で分かっているだけで、体で分かっていない。では実際に見に行こうとなりました。

調べてみると、実はゴキブリは殺虫剤で死んでいるわけではなくて、溺れ死んでいるということが分かりました。なぜなら顧客はゴキブリが動かなくなるまでスプレーをかけまくっているから。だから本当は水でも良かったということが分かりました（笑）。

そうだからといって、水を売るわけにはいきませんね。しかし、これだけのことでも直接経験の重要性、頭ではなくて体で分かること、経験に対して本当に素直であるということが非常

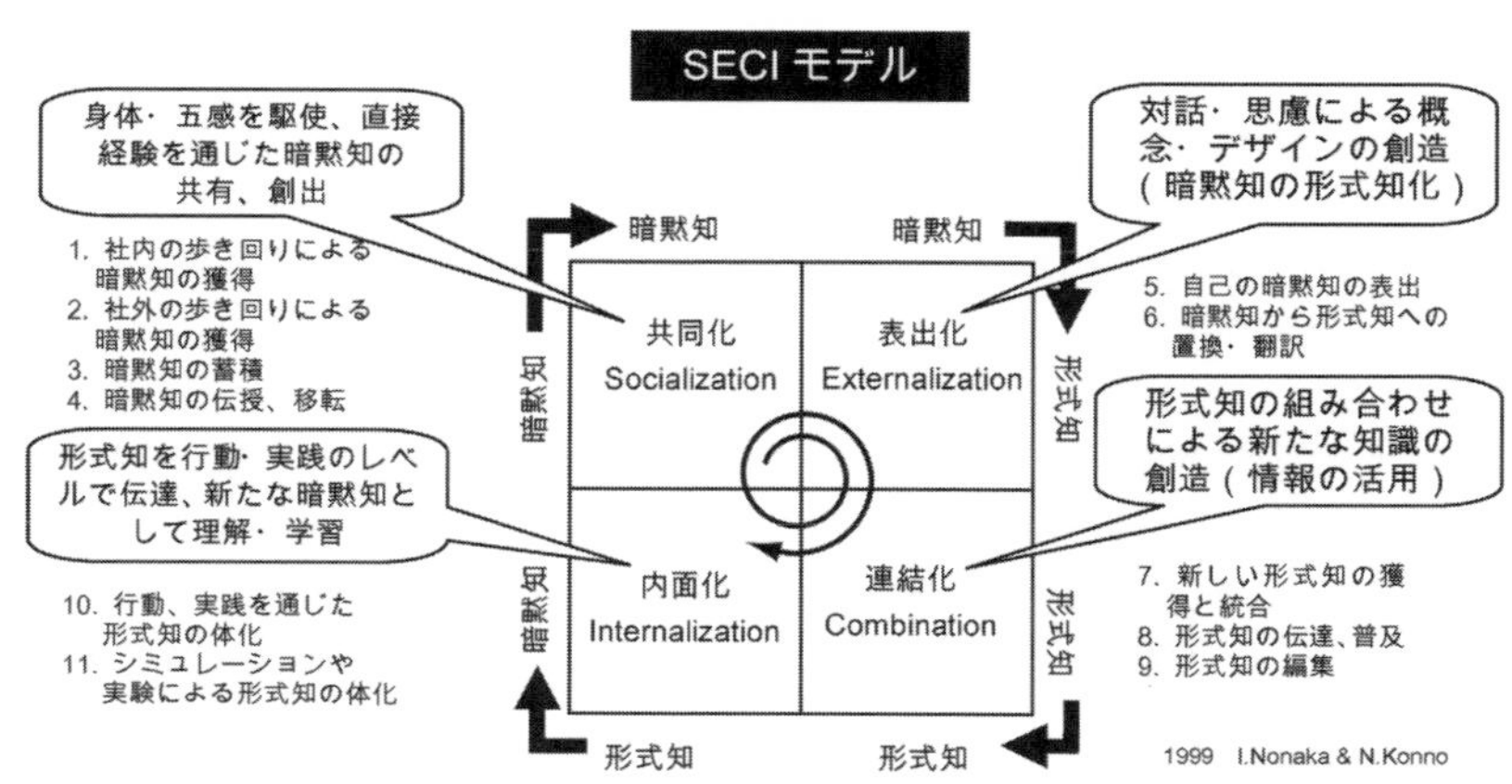

に大切であることが分かったといっていました。

もう一つ重要なことがあります。そういうふうに直接純粋な経験を大切にすると何が起こるでしょうか。それは新しい「気付き」ですね。「あ、おもしろいじゃないの、これ」という新しい発見ですね。ノーベル賞を受賞した業績は、そういう直接経験の中で偶然に発見、あるいは気付いたということが大半のようです。これを「serendipity」といいます。動き回っているうちに思いがけなく直観したということです。

ところがそれだけでは、ノーベル賞はとれません。それを、言葉、概念に変換し、概念と概念を関係づけ、理論にまで高めないと、知を生み出したということにはならないわけです。そういう意味では、「表出化」が非常に重要です。いまだ言葉になっていない自分の暗黙知を言葉にする、形式知にするということが非常に重要になります。

そのときに重要なのが徹底的な「対話」です。なぜ対話が重要かというと、やはり自分の思いや暗黙知を

対話の特質

対話とは、個人間の対面的コミュニケーションを通じて各々の思い・ノウハウを相互に共有し、理解し、表出化していくプロセスである。

1. 体化された情報・知識の伝達
2. 瞬間的フィードバック
3. 同時受発信 / 同時進行
4. 修正可能

以上を通じて、対話は暗黙知の共有と暗黙知と形式知の相互作用を促進する。

他者とのコミュニケーションの中で、相互に共有し、理解し、そして言語化していくプロセスが「対話」だからです。対話は目で語り、顔で語り、ジェスチャーで語り、気で語ることが可能であります。

ですから対話をしているうちに、自分の持っている暗黙知、その関係性、コンテクストがだんだん分かってくるわけですね。それを共有しながら言葉にする。自分の直観を相手に説明する。すると相手は「ちょっと違うのではないか、お前の言いたいことはこういうことではないのか」といい、今度は自分が「ああ、そうか、本当はこういう事が言いたかったのか」と分かる。こういう対話を重ねていくうちに、最後にまさに自分の経験と相手の経験と、それを表現する言葉がぴったりしてくる。そして「ああ、これだね」と分かる。

こういう言葉は磨きに磨いた言葉ですから、これは言葉といわず「概念」「コンセプト」ということが出来ます。そして対話というのは瞬間的フィードバックがあります。つまり顔を見ていればわかります。同時受発信が可能で、修正可能です。これが対話の本質であり、この方法を開発したのがギリシャ人であります。ですからギリシャ人があんな小さな国で世界の文明を最初につくりました。

ということでSECIモデルを要約いたします。

暗黙知から暗黙知へのプロセス、これを「共同化 Socialization」といいます。これは身体五感を駆使して、直接経験を通じて暗黙知を共有し、創出していくことです。

それから暗黙知から形式知へのプロセス、これを「表出化 Externalization」といいます。対話、思索によって概念デザインを創造していくことです。

さらに形式知から形式知のプロセスを、「連結化 Combination」といいます。形式知の組み合わせによる新たな知識の創造、情報の活用のことです。

最後に形式知をもう一度暗黙知化する。形式知を行動実践のレベルで伝達し、新たな暗黙知で理解、学習していくことを「内面化 Internalization」といいます。

このように「SECI」を限りなく回していくことが、知の創造、知を組織的につくる本質であります。みなさんが和敬塾で何を経験したかと私なりに想像してみますと、和敬塾というところはまさにコミュニティーですよ。みんなが直接経験する。そして夜を徹して飲み、かつ対話をする。本当は、飲んでばかりいても必ずしもいい対話にはならんのだがな（笑）。

しかし飲み、かつ対話をしながら、どちらかというと諸君は、この「共同化」と「概念化」をじっくりとやってきたということです。これは貴重なことではなかろうかと思います。そういう中から自分の思いを言葉にして、これを社会に出て組織を利用して、そしてそれを徹底的に実現していくということが、みなさんに課せられた課題であろうと思うわけであります。

最後にもう一つ重要なノウハウを伝授したいというふうに思います。

これは、ぜひこれから実践してもらいたいのであります。先ほどお話ししたように考えると、まず何よりも重要なことは個人個人の暗黙知を豊かにするということでしょうね。これはさまざまな新しい直接経験にチャレンジするということが重要です。

これはことのほか重要です。私も会社に九年おりましたが、我々のころはまだ組織が小さかった。だからいろいろな仕事をさせられましたね。そしていつも社長みたいなことを言っていました。

ですから全体の中でいろいろな部署を回りながら非常にいい経験をしたと思っています。全体の中の自己が見えるということが非常に重要であります。今はどんどん分業化しているので、どんどん経験も狭くなっているから、諸君は、職場、社会に出たら思い切って自分の職務にとらわれず、あらゆる質の高い経験にチャレンジしてもらいたい。

直接経験というのは、みなさん、「頭」ではないのですよ。だから『失楽園』（渡辺淳一著）という小説が流行りましたが、小説を読んで不倫というコンセプトが分かるのか、あれはやってみなければ分からんでしょう（笑）。私の言いたいのは、新しい質の高い経験にチャレンジするということがまず何よりも重要であるということです。

そのためには、やはり自分自身が、他人の身になり切るということが非常に重要ですよ。前川理事長とお話ししていてもそういうことができてきます。「indwelling 内在する」です。直接経験、一切の分析を捨てて率直に自分の五感に忠実になるということは、他人の気持ちになり切るということです。非常に重要なことです。

本田技研の創設者、本田宗一郎という人は偉い人で、「哲学という言葉は、もともとの意味は知恵を愛するということである。人間が人間としてよりよく生きることを言うのであって、思考や体験を積み重ねていくためである」。この次が大事です。「私にとっての哲学は、人の心を大切にするということなのだ」。つまり相手の気持ちを理解する。全体の中の自己、関係性の中の自己。これは経験というものは絶えず関係性の間でしか起こりませんから、そういうことをぜひ心がけていただきたい。

豊かな経験をしていただきたい。そのためには相手になり切るということ、素直な目で世界を見ると、思慮分別を捨てて直接に経験するということであります。これが非常に重要である。

もう一つ重要なことがあります。それは、そういう質の高い経験の中で何が生まれてくるかというと、「気付き」ですね。「アイデア」です。オリジナルな発見ということになるわけでありますが、その段階でとどめておいてはいけないということであります。

これを徹底的に言語にする。単なる言語ではなくて、「概念」「コンセプト」にするということが非常に重要であります。我々日本人はここが最も苦手であります。

もう一つだけお教えしておきたいのは「コンセプト」に当たる言葉は日本でつくり出せなかった。だから日本語にはない。明治時代になって、これを概念と訳しました。コンセプトとは何かというと「言葉」なんですね。

言葉なのだけれども、単なる言葉ではなく、新し

概念とは何か？

1. 定義

新しい観念や考え方

新しいモノやコトを生み出すための枠組み　（フレームワーク）

2. 機能

(1) 属性の集合体

モノ：自動車：エンジン、ボディ、タイヤ、シート（パーツ）

スピード性能、居住性、デザインイメージ（機能）

コト：新製品発表会：会場、出し物、情報ツール、接客係（パーツ）

集客性、話題作り、啓蒙性、好感の開発（機能）

（２） 視点転換（サーチライト）

それまで見過ごされていたモノやコトに光をあて、新しい現象の発見に寄与する。

い視点を持った言葉である。だから絶えず質の高い経験をしながら気付きを言葉にするのですが、できれば、新しい視点を持つ、磨きに磨いた言葉にしてもらいたい。それには手順があります。まずコンセプトというのは何かというと、新しい視点、あるいは考え方を持った言葉ですから、サーチライトだと考えてください。サーチライトとは何かというと、それまで見過ごされていた物や事に光を当てて、新しい現象の発見に寄与するということです。

ですから優れた商品、優れた技術、優れたサービス、あるいは企業の理念など、優れたものはすべて新しい視点を持った言葉ですね。例えば「SECOM」という会社があります。あれはセキュリティ・コミュニケーションの略ですね。だからそれを聞いたときハッと思うわけですね。セキュリティのコミュニケーションとはなんだろうか、と。

NECのキャッチフレーズである「C&C」。これはコンピュータとコミュニケーションが融合す

複眼思考

1. 関係論的なものの見方
眼前のひとつの事象は複数の力（ベクトル）の合成によって現出している。
対象をそれ自体として見ず、○○化 (-zation) 、「○○という状態にいたるプロセス」として見直す。「○○化」を促した主語（原因）探しをする。
e.g. 偏差値教育問題→偏差値教育化
基地問題→基地化
インターネット→インターネット化

2. 逆説の発見
「行為の意図せざる結果」へのまなざし。「にもかかわらず」という接続詞。
「はじめは○○であった。にもかかわらず△△になった。」
e.g. ウエーバー「プロテスタンティズムの倫理と資本主義の精神」

3. 「問題を問うこと」を問う
問題の捉え方自体をもっと根底のところからおろしていくやり方

苅谷剛彦「知的複眼思考法」講談社（1996）

る、そのために我々は生きるという意味をこめています。これは全部新しい視点を持った言葉です。ですからコンセプトをつくるということが非常に重要であります。そのために、三つのノウハウを一応ここで申し上げておきたいというふうに思います。

一つは、関係で考えるということです。さきほど、知の本質は関係だと申しましたが、そういう関係が湧き上がってくる場が大切になってきます。その場がまさに和敬塾だったと思います。

いわば「名詞」で見ないで「動詞」で見るということ、これは『知的複眼思考法』という本の中で言われていることですけれども、例えば「インターネット」と言ってしまうと、もうそれで終わりです。でも、これを「インターネット化」として見ると、これは動詞でしょう。

インターネット化になるとどういう現象が起こるか。

インターネット化の原因は何であるか、というふうに見えてくるわけです。インターネットと言ってしまうと、もう名詞で終わり。だからインターネット化として考える。そういうふうに、おもしろい現象を全部「動詞」で見る、ということが大事です。何々という状態に至るプロセス。何々ゼーション。英語では「ゼーション」をつけると動詞になりますから、物事を動詞で見るということが第一に挙げられます。

第二は、逆説の発見ですね。本当はこうだと思ったのだけれども、にもかかわらずこうなってしまったという見方。これも非常に重要です。例えば、マックス・ウェーバーという有名な社会学者がおりますが、彼の書いた『プロテスタンティズムの倫理と資本主義の精神』という有名な本があります。

通常の常識では、「資本主義」というと「お金」を中心に動いている、となりますね。ところが彼が生み出した新しい視点というのはそうじゃない。実はそれはプロテスタントの倫理から生まれたんだと主張しました。この二つには、一見全く関係性がないように見えます。しかし彼は、キリスト教の中でプロテスタントだけは、職業は神から与えられたもので、そのために努力をすると、その結果金がたまることを容認した。したがってプロテスタントの精神が、実は資本主義を生み出したといいました。こういうふうに、いつも「にもかかわらず」という、現実を直視しながら常識にとらわれない見方が大切です。

三番目は問題の立て方です。その理由は、何かを考えるとき、問題の立て方そのものが間違っていることがある。だから行き詰まったら問題の設問が悪いのではないかということをとことん突き詰めて考えるということです。これは哲学の考え方になります。

あらゆる前提を切って切って切って、それでもなおかつ本当だというところまで深く考えるということです。この三つの方法を、暗黙知を形式知に変換するときにぜひやっていただきたい。これが西洋に比べて、我々が一番弱いところです。

その理由は日本では哲学をあまり勉強しないからね。本当かどうかは分かりませんが、フランスではデカルトの『方法序説』を小学生から読むそうです。みなさんの中で、これを読んでいる人は何人おられますかね。西田幾多郎を読んでいる人が何人いるでしょうか。深くものごとを考える、原点にさかのぼって考えるということはぜひやっていただきたい。

そういう意味では、本屋に行ったらまず哲学のコーナーに行き、そして時にはよく分からない本を買い、そして読む。そうすると両親がまずびっくりするね（笑)。「そうか、お前はそこまで深いか」

ということになります。

最後に申し上げたいことがあります。

実は私どもは終戦後を生きて、ここまでやって来ました。我々、そして前川理事長もほぼ同世代でありますが、必死になって日本のためにやってきたという自負があります。しかし、みなさんは実は第二の戦後ともいうべき大変な時代に生きていると思われます。

これはまさにチャンスであります。それはどういうことかというと、みなさんはこれから経営の世界に入る人が多いでしょうが、今、世界を荒れ狂っている経営のモデルは米国型の資本市場、市場原理、市場主義です。株、株価、株主を第一にした、まさに「資本主義」です。

かつてのアメリカは決してそうではなかったのですが、最近ますますM＆Aであるとか、あるいはウォール街を中心にさまざまな金融革命が起こって、実は日本の製造業を中心にした、我々の築き上げてきた知識ノウハウというものが大きな危機にさらされております。

やはり日本の資本主義が優れていたのは、もちろん株主も大事にしますが、「まず人間ありき」という社員のための資本主義であったということです。トヨタの奥田会長の言葉を使えば「人間の顔をした資本主義」というものを我々はやってきました。アメリカ型の市場主義と日本型の人間本位主義は、どちらも資本主義でありますけれども、この二つの葛藤がいま起こってきていまして、今のところ、我々がつくり上げてきた日本型の資本主義は分が悪い。人を大切にすればするほど、コストがかかりますから。

しかし同時に、我々はこういう日本型経営の本質と、そのよさをぜひ継続したい。同時にアメリカ型の資本主義経営の良さというものも入れ込まざるを得ない。それを入れ込んで、新たな日本型経営を世界に発信していきたい、我々の諸君に対するお願いであります。

二十一世紀は諸君の時代であります。日本の先人が生み出してきた知識、ノウハウというのは一体何であったか、そしてその背後にある人間的な資本主義、その哲学は何であったかということを継続しつつ、古くなった点はどんどん捨てていただきたい。そして欧米のいわゆる資本市場原理も入れつつも、日本のスピリットを持った新しい資本主義をぜひつくり上げていただきたい。

最後のお願いは、我々は企業で働こうとも、どこかで日本というものを念頭に置いていました。つまり、国家論を我々はいつも持っておりました。どこか我々は日本のためにやっていこうというところがありました。みなさんも、ぜひ国家論というものを、どこかで背景に持って頑張っていただきたいと思います。ご卒業おめでとうございました。

※註
完全なる真理は個人的であり、現実的である。それ故に完全なる真理は言語にいい表すべきものではない、いわゆる科学的真理の如きは完全なる真理とはいえないのである。

西田幾多郎『善の研究』より

あとがき

本書をお手に取っていただき誠にありがとうございます。

本書は東京都文京区目白台にあります、男子大学生寮・和敬塾で生活をしている塾生に向けて開催されている、各界の著名人の５００回を超える講演の中から選びぬかれた13人の方々の講演録であります。

和敬塾のモットーである「共同生活を通した人間形成」を日々実践している塾生にとって、在塾中に聴いた各方面で日本を牽引しておられる方々の金言は、さぞや彼らの人生の道しるべになったことでしょう。

また、第二次世界大戦敗戦後の日本復興の真只中で、その後の日本をリードしていく人材育成を目的に設立された和敬塾においても、こうした講演は貴重な財産であることは言うまでもありません。

昭和、平成と時代は移り、令和となった現在においても、塾行事のたびに有識者をお招きした講演会が多感な塾生に向けて開催されております。これまで、ほぼ70年に渡り、約５０００人以上の塾生の多様な人生に素晴らしいご示唆を与えて下さった諸先生のご指導に感謝申し上げ、本書のあとがきとさせて戴きます。

令和6年5月

公益財団法人 和敬塾　理事長　前川　正

和敬塾とは

「共同生活を通した人間形成」を目指して昭和30（1955）年、終戦後の人心の荒廃を憂慮した前川喜作は、「共同生活を通した人間形成」を趣旨として財団法人和敬塾を創立しました。

和敬塾の名前は聖徳太子の十七条憲法「和をもって貴しとなす」からとられ、同時に「和」は人と人の和や四季の自然に心から和むこと、「敬」は人を敬うだけでなく真理を敬うことも意味します。

前川喜作は「人類に秩序と幸福をもたらすのは和と敬の精神しかない」と考えたのです。

創立からおよそ70年。その想いは変わることなく、今に受け継がれています。

旧細川侯爵邸

現在の和敬塾

和敬塾の沿革

1946／昭和21年

•前川喜作、「和敬会」を創設し財団法人和敬塾創設を構想

1955／昭和30年

•3月19日　財団法人和敬塾設立発起人総会

•12月　旧細川侯本邸敷地7,000坪・本館コンクリート建600坪購入

1956／昭和31年

•3月　本館に塾生51名を収容、教育事業を開始

1957／昭和32年

•4月　南寮開設（本館より在塾生が南寮に移る）

•三笠宮崇仁親王殿下による講演「オリエント史について」（以降550回以上講演会を実施）

•7月　西寮開設

•9月15日　和敬塾落成式

1958／昭和33年

•4月　北寮開設

1986／昭和61年

•7月19日　前川喜作死去。前川正雄理事長就任

1997／平成9年

•2月28日　東寮開設

2005／平成17年

•2月29日　大学院生棟　巽（たつみ）寮開設

2009／平成21年

•2月23日　新棟完成（西寮・北寮）

•3月　乾寮開設（旧北寮を改修）

2012／平成24年

•2月1日　公益財団法人へ移行

2019／平成31年

•4月1日　新南寮開設（南寮、乾寮、巽寮の統合による）

2022／令和4年

•6月　前川正雄、塾長に就任。前川正、理事長に就任。

和敬塾
塾生に向けた13名の講演録 I

令和６年５月１日　初版印刷
令和６年５月15日　初版発行

編　集：和敬塾講演録編纂委員会
発行者：佐藤 公彦
発行所：株式会社 三冬社
〒104-0028
東京都中央区八重洲2-11-2 城辺橋ビル
TEL 03-3231-7739　FAX 03-3231-7735
内容を含むお問い合わせにつきましては、三冬社までお願いします。

印刷・製本／日本ハイコム株式会社

◎落丁・乱丁本は弊社または書店にてお取り替えいたします。
◎定価はカバーに表示してあります。

ISBN978-4-86563-109-8